드라마 속 멜로 즐기기
뻔fun한 드라마 찡한 러브

드라마 속 멜로 즐기기
뻔fun한 드라마 찡한 러브

지은이 _ 신주진
초판 1쇄 인쇄 _ 2007년 2월 9일
초판 1쇄 발행 _ 2007년 2월 13일
발행 _ 고갑희
주간 _ 문영희
편집 _ 김지숙 차연
디자인 _ 구수연
그림 _ 전지영
펴낸곳 _ 도서출판 여이연
　　　　　서울 종로구 명륜4가 12-3 대일빌딩 5층
　　　　　대표전화 (02) 763-2825　팩시밀리 (02) 764-2825
　　　　　홈페이지 http://www.gofeminist.org
　　　　　전자우편 alterity@gofeminist.org
등록일자 _ 1998년 4월 24일
등록번호 _ 제22-1307호

값 12,900원
ISBN 978-89-91729-04-9 03680

뻔fun한 드라마 찡한 러브

드라마 속 멜로 즐기기

신주진 지음

도서출판
여이연

그럼에도 나는 멜로가 좋다

뻔하고 또 뻔하다. 유치하다 못해 피식 웃음이 새나온다. 그런데 눈을 떼지 못한다. 왜지? 허구헌날 반복되는 시시껍절한 사랑타령, 그 얘기가 그 얘기인 가족물, 어깨와 목소리에 힘이 잔뜩 들어간 영웅들의 같잖은 활극 따위에 왜 그리 목을 매고 몰두하는 거지?

텔레비전 드라마에 대한 나의 의문과 관심은 여기서 출발하였다. 머리는 유치하고 통속적인 것에 대한 일말의 거부와 자기경멸을 자각한다. 그러나 눈을 비롯한 몸은 기꺼이 받아들이고 즐기며 만끽한다. 이 모순을 해명해보고 싶었다.

하긴 드라마 자체가 모순덩어리인지도 모른다. 방송이라는 매체의 공공성과 거대산업으로서의 상업성이 충돌하고, 흥미위주의 오락적 성격과 작가의 예술성이 혼재하며, 흐름으로서의 TV 매체의 일부인 동시에 그 자체로 독자적인 작품이라는 모순이 상존한다. 대중의 무한한 관심과 사랑을 받다가 하루아침에 비난의 화살과 뭇매질의 대상이 될 수도 있다. 상상력과 판타지성을 무한대로 끌어올려 즐거움을 선사하기도 하고, 명치끝으로 차올라오는 슬픔과 정한으로 눈물샘을 자극하기도 한다. 때론 도저히 보아줄 수 없는 질 낮은 설정과 뻔뻔함의 극치로 분노에 사로잡히게도 한다.

그간 드라마에 대한 접근은 주로 방송산업의 시청률지상주의와 같은 상업적 성격이나 지배체제를 부양하는 허위위식으로서의 이데올로기적 성격을 비판하는 데만 과도하게 집중되어 왔다. 저널이나 시민단체들이 드라마를 대중의 저급한 취향과 연관된 도덕성과 윤리의식의 문제로 취급하는 것은 이런 맥락에서 이루어지는 것이다. 물론 최근 학계를 중심으로 대중들의 자발적이고 능동적인 수용에 대한 연구가 진행되고 있기는 하지만, 그 역시 드라마 텍스트 자체를 문제삼고 있는 것이 아니라는 점에서는 마찬가지다.

그와 달리 나는 드라마를 한 편의 독자적인 작품으로 바라보고자 한다. 드라마는 내러티브와 내적 문법을 지닌 훌륭한 텍스트이다. 드라마에 대한 사람들의 관심과 몰입의 정도, 드라마가 가져다주는 재미와 즐거움의 강도, 그리고 드라마장르의 확대와 확산 속도 등 외적 요소에 관해서는 매체들이 앞다투어 소개해 왔었다. 그러나 드라마 텍스트 자체에 대한 본격적인 비평은 거의 없었다.

이 책은 본격적인 드라마 텍스트 비평을 시도한다. 드라마를 배우의 개인적 사정 등 엉뚱한 요인에 의해 내용이 달라지거나 시청자의 개입에 의해 결말이 바뀌고, 연장 방영으로 이야기가 늘어지는 따위의 모든 변수들까지를 포함하는 작품으로 보고자 했다. 유동적이고 모순에 가득 찬 드라마 자체가 열린 텍스트로 기능하는 것이다.

여기서 특히 중요한 것은 창작자로서의 작가나 생산·유통자로서의 방송매체가 아니라 개별 드라마를 보고 즐기는 시청자이다. 시청자야말로 드라마의 진정한 주체이다. 시청률, 시청의 행태, 관여의 방식, 팬덤의 형성 등 시청자의 존재가 드라마를 말해준다. 시간 되는대로 띄엄띄엄 보는 시청자건 좋아하는 드라마에 광적으로 집착하는 충성도 높은 마니아건, 그들이 보고 즐기고 비판하는 드라마를 해석하고 재구성하고자 했다. 이 책의 글들은 드라마 보기를 즐기고 논평하기를 즐기는 시청자의 한 사람으로 시청자의 시각을 최대한 고려하여 그들 입장에서 쓴 것들이다.

방송시스템이나 생산체계 등 드라마의 외적요인을 배제하고 작품으로서의 드라마에 집중한 것이 또 다른 역편향을 낳을 수도 있다. 그러나 가장 대중적인 예술장르로서 드라마에 대한 연구와 비평을 활성화 해야 한다는 필요성과 의무감이 이 책을 추동하였다. 하지만 사람마다 드라마 취향과 해석의 관점이 얼마나 다른가를 확인하는 순간마다 나의 취향과 문화적 경험에 바탕한 글들이 결코 객관적일 수 없음을 절감하게 된다. 게다가 쉽게 이해하거나 설명할 수 없는 드라마의 대중적 감수성이나 심리, 무의식까지 읽어보려 하니, 논리와 문자의 한계가 점점 명확해짐을 어찌할 수 없다.

이 책의 단평들은 민예총 웹진 〈컬처뉴스〉에 실렸던 글들로 2005~2006년 동안 방영된 드라마들이다. 크게 사랑, 여성, 남성 세 부분으로 나누어 묶었으며, 각 부 끝에 긴 글 한 편씩을 배치하였다.

1부는 멜로라인이 중심이 되는 드라마분석들이다. 사랑의 복잡미묘한 관계가 다각적으로 펼쳐지는 가운데 그 근저에서 일고 있는 감정과 욕망, 가치와 권력에 있어서의 미세한 변화의 기미들을 포착하고자 했다. 2부는 드라마와 여성의 친연성을 보여주는 글들로 여성캐릭터의 주도성이 드라마 성격과 구조를 어떻게 다르게 틀지우는가를 관찰할 수 있다. 3부는 영웅사극을 중심으로 남성캐릭터가 강한 남성취향의 드라마들을 모았다. 계속해서 부활하는 영웅들이 이 시대 고개숙인 남성들의 강박적 재활의지를 확인시켜준다. 마지막 4부는 앞의 글들을 바탕으로 최근의 드라마 경향을 정리하였다.

뻔하고 익숙한 공식들이 반복되고 케케묵은 진부한 인물들이 여전히 브라운관을 뛰어다녀도 시대적 흐름과 변화의 물결은 여지없이 드라마의 중심을 향해 직진한다. 드라마가 변해간다는 건 그것의 살아있음의 표식이다. 자기 안의 모순과 분열이 해석과 수용의 무한한 증식을 낳듯이.

가장 큰 테마는 역시 멜로다. 그것이 자신의 일상을 지배할 정도로 멜로드라마의 사랑에 푹 빠져본 경험이 있는 사람이라면 드라마 속 멜로의 위력을 실감할 것이다. 멜로의 통속성과 감상성은 드라마에 대한 몰입과 감정이입을 낳는 가장 일상적이고 보편적인 요인일 뿐만 아니라, 미세한 조율과 변주를 통해 대중적 정서의 핵심을 파고들기 때문이다. 사랑이라는 순정한 감정의 고양, 그 사랑을 매개로 해서만 인간존재의 궁극적 희구와 한계까지를 마주할 수 있기 때문이다. 그러한 멜로 분석을 통해 빠르게 변해가는 우리시대 대중들의 욕망과 심리의 일단을 들여다보고자 하였다.

나는 여기 실린 글들이 재미있는 하나의 시선이나 해석으로 읽히기를 바란다. 드라마 보기의 즐거움만큼이나 글쓰기의 즐거움이 나를 지탱해주었기에, 독자들 역시 이 책을 통해 드라마 보는 즐거움을 배가하고 또 다른 새로운 해석을 도출하는 즐거움을 만나기를 기대한다.

이 자리를 빌어 〈컬쳐뉴스〉와 여성문화이론연구소의 동료 여러분께 감사드린다. 특히 글을 쓰도록 독려하고 지원해준 〈컬쳐뉴스〉 편집장 김소연, 도서출판 여이연의 문영희 주간님, 일일이 읽어주고 많은 아이디어를 함께 나눈 김지숙, 차연님께 깊은 고마움을 전한다.

이 책이 옆에서 항상 힘이 돼주는 사랑하는 가족들과 지인들에게 작은 기쁨이 되었으면 한다.

2007년 1월 신 주 진

1부 사랑 뻔fun한 거잖아?

2부 뻔뻔fun fun한 여자가 사랑을 할 때

3부 고개 들 뻔fun한 남자의 사랑

4부 드라마가 달라지고 있다

사랑
뻔fun 한 거잖아?

습관처럼 되돌아오는 사랑
〈연애시대〉

드라마와 영화의 만남! 발 빠른 영상산업의 지각변동이라는 불안정한 외적 요인을 차치한다면 낡은 드라마 제작 관행에 새로운 물꼬를 터주는 것처럼 보인다. 무엇보다 폭넓은 인력과 오랜 제작기간이 드라마의 품질을 높이는 데 기여할 수 있으니 반갑지 않을 수 없다. 사전제작제가 필요해지는 이유이다. 물론 드라마가 사전제작되면 시청자들의 개입에 의한 변화무쌍한 드라마 흐름을 지켜보는 재미는 줄어들 수도 있다. 하지만 날림 쪽대본과 당일치기제작의 비인간적 노동여건만 생각해도 사전제작의 점진적 도입은 필수적이라 하겠다. 그래야만 드라마 양은 줄고 질은 높아지는 결과가 가능해질 테니까 말이다.

영화인력이 대거 투입되어 일찌감치 제작에 들어간 드라마 〈연애시대〉(박연선 극본, 한지승 연출, SBS)가 돋보이는 건 어찌 보면 당연한 것이다. 캐스팅의 적절함은 말할 것도 없고, 깔끔하고 재치있는 대사, 공들인 차분한 색조의 안정적 영상, 그리고 주·조연 배우들의 고른 활약 등 모든 것이 조화롭게 어우러진

13

다. 대단한 사건이 일어나는 것도, 어떤 극적인 설정이 따라오는 것도 아니다. 드라마는 가볍고 소소한 사건들과 그것을 겪는 인물들의 미세한 심리와 작은 반응들, 그 일상적인 궤적을 그저 섬세하게 따라갈 뿐이다.

독특하다면 이 드라마가 이혼한 남녀의 사랑을 그리고 있다는 점이다. 스포츠센터 트레이너인 은호(손예진 분)와 대형서점 북마스터인 동진(감우성 분)은 이미 이혼한 사이. 아이를 사산한 이후 서로 더 이상 행복해지지 않을 것 같아 헤어진 이들은 아직 서로의 바닥을 보지 못한 상태다. 이들은 여전히 만난다. 결혼기념일은 호텔 디너할인권을 핑계로, 거의 매일 들르는 도넛가게와 자주 가는 술집에서는 우연을 가장하여, 그보다 더 자주 동생 지호(이하나 분)와 친구 준표(공형진 분)와 함께 못이긴 척 모여 술 마시며 노닥거린다. 그리하여 이들은 한 집에서 살지만 않을 뿐 날이면 날마다 어떤 방식으로건 시간과 공간을 공유하는 관계를 지속한다. 이들은 사소하게 부딪치고 가볍게 티격태격한다. 남은 정을 떼기는커녕, 못다한 회포를 풀고 미련과 그리움을 달랜다.

> "특별한 고통도, 희귀한 기쁨도 일상이 되면 익숙해진다.
> 이별에 동의하고도 우리는 한참을 미적대고 있었다.
> 어색한 상황에 익숙해져 더 이상 어색한 줄도 모를 때……,
> 우리는 갑자기 등을 떠밀렸다."
>
> (동진의 내레이션 中에서)

그들이 본격적인 연애놀이에 빠져드는 것은 각자가 새로 연애를 시작하면서부터다. 그것도 얼떨결에 서로에게 소개시켜준 사람, 매력적인 연하남 현중(이진욱 분)과 도발적인 유혹녀 미연(오윤아 분)을 끌어들임으로써. 은호와 동진은 새로운 연인의 적극적 애정공세에 조금씩 끌려가지만, 더욱 신경 쓰이는 쪽은 자신의 연애보다 상대방의 연애이다. 의외의 복병, 라이벌에 잔뜩 긴장하면서 서로의 진도를 체크하고 과도한 조언을 일삼거나 은근한 훼방을 놓기도 한다. 요는 이들이 새로운 사랑을 선택할 준비가 전혀 안 되어 있다는 것이다.

놀라운 건 네 사람의 사각관계가 무르익어 한창 흥미진진하던 무렵 현중과 미연을 빼버린 과감한 '영화적' 형식실험이다. 이로써 '드라마' 사각관계의 안이하고 고착적인 통속성에서 빠져나와 온전히 은호와 동진의 이야기로 되돌려 놓는다. 그후 다시 새로운 멤버들이 교체투입된다. 이번에는 동진의 첫사랑인 중학교 동창 유경(문정희 분)과 아내와 별거중인 유부남 윤수(서태화 분)다. 은호와 동진은 지난번보다 조금 더 적극적으로 연인에게 다가가지만, 여전히 자신들의 옛 인연에 발목잡혀 있다.

새로운 연인들이 나타났다 떠나가고 또 나타났다 사라져도 이들은 쉽게 서로를 놓지 못한다. 지울 수 없는 과거의 기억과 시간을 공유하고 있기 때문이다. 자주 가는 술집의 분위기나 도넛가게의 달콤한 향기처럼, 마치 오래된 습관이나 취향처럼 몸에 들러붙어 있어서 서로를 각각의 존재로 분리하지 못한다. 그것이 그리 절절하거나 가슴 벅차게 차오르는 것은 아닐지라도, 익숙하고 안온하고 친밀하게 서로의 몸을 감싸고 있다. 이것은 다시 만나기 위해 헤어진 커플을 위한 일종의 예정조화설이 아니런가. 다시 돌아오기 위해 떠나는 사람들의 설렘과 호기심어린 방황과 모험, 그 끝은 궁극적 회귀로서의 원점이다.

그런데 예정조화설의 한계는 이런 것이다. 두 번째 에피소드가 시작될 때, 그들의 설렘과 호기심뿐만 아니라 시청자의 설렘과 호기심마저 맥이 빠져 버린다는 것이다. 그들이 서로에 대한 미련 때문에 첫 번째 연인들을 떠나보냈을 때,

15

그들의 진심은 이미 뚜렷이 확인되었었다. 그러니 새롭게 시작되는 두 번째 연애의 진정성도 긴장의 강도도 떨어질 수밖에. 두 번째 연애는 서로에게 더욱 강력한 자극제가 되어야만 했다. 그리하여 은호는 윤수·윤수처와의 삼각관계의 수렁에 빠지고, 동진은 유경과의 결혼이라는 극약처방을 내리고야 만다. 그러나 서로에게서 벗어나고자 하는 은호와 동진의 이 모든 발버둥에도 불구하고, 인물들보다 한발 먼저 과거로, 예정된 원위치로 회귀하고픈 시청자들의 관극 심리를 어찌할 것인가. 그들은 도대체 언제까지 같은 자리를 맴돌 것이며, 언제 제자리로 돌아올 것인가.

> "마음이 가면 지르고…… 안 되면 포기하고……,
> 그래도 포기가 안 된다 하면 다시 한 번 지르고……,
> 그 쉬운 걸 왜 모르나 몰라……"

(은호의 내레이션 中에서)

그러나 매번 결정의 순간마다 그것을 예정된 운명이 아닌 자유의지에 의한 선택으로 만들어버리는 데 이 인물들의 탁월한 매력이 있다. 망설이고 방황하고 고민하는 선택의 과정이 부여하는, 온전히 자신만의 것인 긴장과 충일의 무한 자유지대. 어쩌면 이 드라마의 진짜 매력은 이들이 벌이는 연애 자체보다 이 인물들이 지니는 그 자유의지에 있는지도 모르겠다. 무엇엔가 예속되지 않은 인간들이 가지는 자유의지들, 그 자유의지를 가진 인물들이 뿜어내는 그 표면성의 가벼움 말이다.

여기에는 징글징글한 가족이나 삶을 위협하는 경제적 곤란, 그 어떤 고통도 삭제한 도시의 일상성의 매혹이 있다. 예쁘고, 기분 좋고, 유쾌한 도시의 표면을 유영하듯 흐르는 영상 속에, 적당한 나른함과 권태, 적당한 우울과 고독, 또 그만큼 적당한 사색과 성찰이 있다. 도시남녀의 쿨한 연애가 있고, 가벼운 위트와 유머가 있다.

그리하여 정통멜로도 로맨틱코미디도 아닌 산뜻한 도회적 일상의 현실적 멜로드라마의 한 가능성이 열린다. 특별히 화려하거나 부유한 것도, 유달리 위력적인 무언가가 있는 것도 아닌데 미묘하게 지적이면서, 미묘하게 세련된 분위기가 드라마 곳곳을 떠돈다. 자전거를 타고 우아하게 출퇴근할 수 있는, 버스를 타고 사색하며 직장에 나갈 수 있는 저 여유로움이 연유하는 곳, 그곳이야말로 번잡하고 극단적이고 휘황찬란한 드라마를 파고든 영화의 틈입지점일 것이다.

〈얼마나 좋길래〉

우리는 때로 동일한 표현이 정반대의 의미를 나타내는 모순적이고 이율배반적인 상황에 처한다. 예를 들자면 영화 〈너는 내 운명〉은 올드해서 좋고, 〈우리들의 행복한 시간〉은 올드해서 마음에 안 든다는 식이다. '올드'하다는 동일한 이유로 하나는 좋고 하나는 싫은 이러한 모순어법을 설명하는 것은 무척 난감한 일이다. 올드란 말에 담긴 무수한 내포들과 미세한 차이들을 멜로드라마의 장르 관습이나 형식에 비추어 꼼꼼히 뜯어봐야겠지만, 개별 작품이 지닌 독특한 색깔과 질감을 온전히 드러내기란 그리 쉽지 않아 보인다.

일일연속극 〈얼마나 좋길래〉(소현경 극본, 박홍균·김경희 연출, MBC)를 보면서 느끼는 난감함이 바로 그런 것이다. 고전적이고 전형적인 갈등라인을 지니는 이런 낡고 오래된 멜로드라마가 시선을 끌고 마음을 움직이는 까닭은 과연 무엇일까?

이 드라마는 한동안 폐기처분되었던 낡고 오래된 구식 멜로의 구도를 따라간

18

다. 그것은 죽도록 사랑하는 두 남녀와 그들을 갈라놓으려는 외부적 방해요인들의 힘겨운 쟁투라는 고전적 테마이다. 두 사람의 객관적 신분조건의 차이, 무엇보다 극심한 경제적 격차는 그들의 결합에 근본적 장애가 된다.

뿐만 아니라 그 배후에는 두 집안에 얽힌 비밀이 있다. 두 집안이 과거사에 뒤얽힌 원수지간이라는 것이 가난한 집 아들과 부잣집 딸의 사랑이라는 원초적 갈등에 덧붙는 근원적 한계로 작용하는 것이다. 과거 고향 완도에서 절친한 친구였던 두 주인공의 아버지들은 한 사람의 배신에 의해 서로 판이하게 뒤바뀐 인생경로를 걸어간다.

잘나가던 선주 집안이었던 남자의 아버지는 선박화재사고로 전재산과 아내마저 잃어버린다. 사고책임자인 여자의 아버지는 또 다른 친구 하선장을 꼬드겨 남자의 아버지에게 죄를 몽땅 뒤집어씌우고 그의 남은 재산마저 훔쳐 달아난다. 그리하여 15년의 세월 동안 남자집안의 패가망신과 몰락, 여자집안의 승승장구 성공이라는 극단적 대비의 양극화가 이루어진다.

이제 두 집안의 화해할 수 없는 운명적 적대 앞에서 두 남녀의 사랑은 목숨을 바쳐 사수해야 하는 절대적인 어떤 것으로 승화한다. 물론 이들의 절대적 사랑을 가능케 하려면 필연적으로 두 가지 오인이 개재되어야만 한다. 남자는 여자가 자신처럼 가난하다고 알고 있어야 하며, 둘은 서로의 집안이 배신과 원한으로 얽혀 있다고는 감히 상상할 수 없어야 한다. 남자는 여자가 부잣집 딸임을 알기 전에 이미 사랑에 빠져야만 하며, 두 집안의 원한관계는 두 사람의 진실한 사랑을 시험하는 마지막 절정의 순간을 위해 비밀로 남겨져야만 한다.

그리하여 이들의 사랑은 현실논리의 강박적 경계를 넘어 순정하고 숭고한 것의 위치를 차지한다. 로미오와 줄리엣이 그러했던 것처럼, 어쩌면 이들도 자신

19

들의 사랑을 완성하기 위해 죽음충동에 근접해야 할지도 모른다.

　이는 두 남녀의 사랑 안에 현대인의 모든 욕망과 계급적 자의식과 댄디한 심리전까지 스며들어 있는 이즈음 멜로물들과는 한참 거리가 있다. 그곳에서 인물들의 객관적 조건은 이미 주체의 심리 안으로 옮겨져 인물의 내재적 성격을 구성하기 때문이다. 이와 달리 객관적 위치와 주관적 주체가 뚜렷이 구별되는 이원화의 세계가 바로 고전의 질서일 터이다. 그 이원적 질서 안에서 주체의 의지로 객관적 현실세계를 뛰어넘는 것이 바로 이 드라마가 보여줄 바이다.

> *" 헤어져 있으니까 내가 너한테 어떤 사람인지 알겠어.*
> *나는 널 만나면서 참 행복한 사람이 됐다……."*
>
> (동수)

　이제 두 남녀의 순정하고 숭고한 사랑을 가능케 하는 것은 그들을 둘러싼 외부적 한계로서의 운명적 적대 그 자체가 된다. 그러나 이러한 숭고한 사랑은 또한 두 주인공의 성격에서 연원하는 것이기도 하다. 멜로의 성격이 상이한 것처럼, 두 남녀 캐릭터 역시 최근 드라마들의 인물 경향과는 상당한 차이를 보여준다.

　남자 주인공 동수(김지훈 분)는 이즈음 드라마의 대세인 도도하고 건방진 싸가지 왕자 스타일에서 완전히 벗어난 인물이다. 얼마 전 투박한 매력으로 인기를 얻었던 〈포도밭 그 사나이〉의 택기(오만석 분)가 도도하고 건방진 싸가지 왕자의 농촌판인 것과는 사뭇 대조적이다. 어촌총각인 그가 그렇다고 최근 유행하는 농촌총각이나 시골처녀처럼, 도시인에 대한 안티로서 존재하는 순박하고 때문지 않은 인간 본성을 대리하는 인물도 아니다. 그는 훨씬 이상화된 인물이다.

그가 가진 외적 조건이 열악하면 할수록 그 자신은 완벽한 인간형을 구현할 수 있다. 그는 건실하고 책임감 강하며 자상하고 따뜻하다. 가난하지만 올곧고 자존심 강하고 정의감도 넘친다. 이런 그가 현실감을 얻는 것은 만만치 않은 세상과 맞붙어 싸워야만 하는 드물지 않은 시련의 순간들이다.

그가 일본과의 톳협상에서 타협하지 않고 자신의 톳에 불을 지른 사건이 그의 올곧은 성격을 단적으로 드러내준다. 하지만 이 사건으로 그는 승리를 얻는 것이 아니라 완도에서 쫓겨나 서울로 올라오게 된다. 그가 초미립자 톳기계 제작에 나서고 특허를 따냄으로써 여자의 아버지가 운영하는 이대양수산의 실질적 브레인인 연적 형철(정 찬 분)과의 대결은 본궤도에 오른다.

그렇다면 여자주인공 선주(조여정 분)는 어떠한가? 그녀 역시 하나같이 씩씩하고 용감한 이즈음 여주인공들과는 많이 다르다. 그녀는 똑똑하고 잘난 구석이 없다는 이유로 아버지의 기세에 평생 눌려 살아온 겁 많고 소심한 인물이다. 잘났건 못났건 씩씩하고 용감한 여자들이 싸가지 왕자들을 순정남으로 바꿔놓는 트렌드와는 달리, 그녀는 사랑을 하게 되면서 비로소 진정한 자신을 찾아 나설 힘을 얻게 된다. 이때 그녀를 구원하는 건 정확히 사랑하는 남자 동수가 아니라 사랑이라는 숭고한 행위와 감정 그 자체이다.

여기에서 드라마의 세계가 다시 한번 두 개로 분열되어 있다는 건 전혀 놀라운 일이 아니다. 이미 오래전 선주의 아버지 이만복(김영철 분)이 이대양이 되는 순간 세계는 이대양 이전 세계와 이대양 이후 세계로 분열되었다. 이대양과 이대양수산은 과거의 모든 기억을 지우고 새 이름을 얻어 도달하고자 하는, '명문가'를 향한 한 가족의 욕망이 만들어 놓은 또 하나의 세계이다.

그러나 선주는 그녀의 엄마가 그런 것처럼 그 세계에 온전히 포섭되지 못한

21

다. 그녀들은 그 세계의 오점으로 존재한다. 마치 이대양수산의 밑천이 되었던 나이트클럽 이카루스가 그 세계의 오점이 되는 것처럼. 이대양이 이룩한 세계는 이제 그가 버렸던 그 은폐된 타자의 침입에 의해 무너져내리기 시작한다. 그 세계는 이대양이 다시 이만복으로 불리어지는 순간 깨져버릴 환상이자 허구인 것이다. 역으로 그 세계는 또한 그 은폐된 오점들에 의해서 유지되는 세계이기도 하다. 그녀들은 이대양의 오랜 죄의식을 상쇄시켜 줄 것이며, 그의 결핍과 욕망에 대한 알리바이가 되어 줄 것이다.

이 드라마는 결국 적대적 세계 속에 놓인 두 주인공이 집안의 반대와 연적의 음모 등 모진 풍파를 헤쳐 나가는 두 연인의 사랑 성공기가 될 것이다. 화합할 수 없을 것 같은 두 세계는 연인의 숭고한 사랑 앞에 자신의 한계를 드러내고 무력하게 무릎을 꿇을 것이다. 그리하여 시련 앞에서 두 남녀의 사랑은 결코 비극적이거나 절망적이지 않다. 그들의 사랑은 애틋하고 사랑스럽기만 하다. 숭고하지만 비극적이지는 않은, 궁극적으로 이 드라마가 현실을 넘어서는 것은 바로 이 순간이다.

얼마나 좋길래

사랑이 외롭지 않다는 거짓말
〈굿바이 솔로〉

노희경이 다시 돌아왔다. 그답지 않게 많은 인기를 누렸던 전작 〈꽃보다 아름다워〉의 울트라휴먼 가족주의가 못내 아쉬웠던 사람들에게 본연의 자기 색깔을 가지고 보란 듯이 돌아왔다. 새로 선보인 〈굿바이 솔로〉(노희경 극본, 기민수·황인혁 연출, KBS)는 그녀의 작품 계보에서 확실히 〈꽃보다 아름다워〉의 대척점에 위치한다. 물론 그녀의 작품들은 항상 가족이라는 벗어날 수 없는 굴레로부터의 원심력과 구심력이 길항하는 갈등의 한복판에 서 있었다. 〈꽃보다 아름다워〉가 어머니라는 영원한 회귀점으로의 시간적 순환에 대한 이야기라면, 〈굿바이 솔로〉는 중심으로부터 이탈한 다양한 인물들이 만들어내는 공간적 지도에 관한 것이다.

카페 스카이를 거점으로 일곱 명의 주인공이 모여든다. 카페 사장 미리(김민희 분)와 미리의 애인인 뒷골목 건달 호철(이재룡 분), 미리의 친구인 집나온 바텐더 민호(천정명 분)와 엘리트 직장인 지안(이한 분), 지안의 애인인 설치미술가 수희(윤소이 분), 여기에 이들이 항상 가는 밥집의 말 못하는 할머니 미영(나문희 분)과 미리 옆집으로 새로 이사 온, 정체가 모호한 이상한 여자 영숙(배종옥 분)이 그들이다.

나이와 성별을 불문하고 가볍고 유쾌하게 노닥거리는 이들이지만, 이들은 모두 내면에 깊은 상처를 지닌 외로운 인물들이다. 인물들의 상처를 드러내는 지독하게 복잡한 개인사들이 다분히 작위적이고 통속적인 건 어쩔 수 없는 일이다. 엄마의 외도로 태어난 민호는 능력 있는 아버지와 형의 냉대를 견뎌왔다. 수희 역시 이번이 마지막이라며 수시로 남자를 갈아치우는 엄마로부터 벗어나 힘겨운 고학생활을 버텨왔다. 지안은 예의바르고 사려깊은 반듯함 뒤에 가난한 청각장애 부모와 여동생을 감추는 위태로운 이중성을 지니고 있다.

호철에게는 어릴 적 아버지의 폭력으로 자살한 어머니에 대한 기억이 자신의 유치찬란한 문신처럼 생생하게 들러붙어 있다. 호철을 사랑하는 미리는 가난하지만 단란한 자신의 가정을 스스로 버려야만 하고, 벙어리 흉내를 내는 미영할머니의 천진난만한 웃음에는 말 못할 사연이 신산한 삶의 그늘과 함께 묻어 있다. 영숙은 학력을 속였다는 이유로 대학교수 남편과 아이들에게 내쳐진다.

이들은 모두 사회의 주변부로 내몰린 열외자들이다. 가난하고 열등하고 외롭고 그리고 무엇보다 혼자이다. 이들 일곱 명의 인물들은 각기 흩어진 점들로 존재한다. 모였다 흩어지는 이들의 분자운동에는 뚜렷한 방향이란 없다. 그저 자신의 위치와 자신과 타인과의 거리를 감지하는 예민한 촉수만이 외로운 자신에게 어떤 신호들을 보내온다. 그리고 그 신호들의 미세한 떨림은 자신들의 의지와 무관하게 타자에게 가닿는다.

그것은 나를 보아달라는, 사랑받고 싶다는 간절한 바람이자 자신이 살아있음을 알리는 마지막 타전이다. 민호가 수희에게, 미리가 호철에게, 영숙이 미영에게, 다시 수희가 민호에게, 미영이 영숙에게 등등. 흩어진 점에서 시작된 관계의 연쇄와 파장이 이어진다. 그들은 조금씩 엇갈리면서도 서로서로에게 간절한 마음 한 구석씩을 내보인다. 물론 드라마의 멜로라인은 민호와 수희, 지안의 삼각관계를 중심으로 이루어지지만, 다른 인물들이 가담한 크고 작은 멜로라인들 역시 주변에 촘촘한 그물망을 형성한다. 이들은 사랑으로 상처받고 사랑으로 고통스러워하면서도 끊임없이 사랑을 갈구한다.

그럼에도 불구하고 이들은 여전히 마음의 벽을 쉽게 허물지 않는다. 짐짓 쿨한 척, 대수롭지 않다는 듯 천연덕스러운 얼굴을 하고 재빨리 마음의 빗장을 채워버리고 만다. 여기서 이 인물들이 수시로 내뱉는 거짓말의 역설이 등장한다 (노희경의 인물들이 왜 그리 거짓말에 집착하는지는 그의 대표작 〈거짓말〉에서도 나타났었다).

민호가 수희에 대한 사랑을 부정했을 때, 호철이 미리에 대한 사랑을 애써 감추려할 때, 거짓말은 그들의 진심을 아프게 드러내준다. 지안이 자신의 부모를 거짓으로 포장할 때, 영숙이 거짓으로 자신의 가정을 유지하려 할 때, 미영이 거짓으로 말문을 닫아버렸을 때, 이들의 거짓말은 자신들의 고통과 상처를 가시화한다.

> *"사랑이 허약한 게 아니라, 마음이 허약한 거야.*
> *……사랑은 아름다운 거야."*
>
> (민호)

이들에게 거짓말은 결핍과 외로움을 숨기려는 일종의 자기보호 본능이다. 때

25

론 위선으로, 때론 위악으로 자신을 방어하고 타인을 밀어낸다. 거짓말과 진실 사이의 거리는 사람과 사람 사이의 거리에 다름 아니고, 그가 지닌 외로움과 고독의 깊이에 다름 아니다. 그것은 거짓말 속에 스스로를 감추려는, 타자에게 다가가기 두려워하는 홀로된 자들의 과장된 몸짓이자 자기검열이다.

여기에는 버려지는 것에의 두려움, 혼자 남겨지는 것에의 두려움이 항존한다. 버려져 본 자만이, 혼자 남겨져 본 자만이 알 수 있는 그런 두려움이다. 결핍과 외로움은 쉽게 익숙해지지 않는다. 그들이 아닌 척 하면 할수록, 쿨한 척 하면 할수록 그들의 외로움은 더 묵직하게 번져나간다.

상처받기 두려워하는 나약한 존재로서의 소외된 인간들에 대한 애정은 노희경의 지속된 관심일 터인데, 그들 가운데서도 이번 드라마에서 단연 돋보이는 인물은 배종옥이 맡은 영숙이라는 인물이다. 속물적이고 허영기 많은 이 인물에게서 우리는 서늘한 외로움을 본다. 〈거짓말〉, 〈바보같은 사랑〉, 〈꽃보다 아름다워〉에 이어 〈굿바이 솔로〉까지 배종옥은 가히 노희경의 페르소나라 할 만하다.

그녀가 이지적인 전문직 여성이건, 남편의 폭력에 시달리는 순박한 여인네건, 그녀는 자신을 얽어매는 현실의 배반적 힘들에 맞서 끈질기게 버텨나가는 독하고도 강단 있는 인물이다. 그녀의 나약함 속에는 강인한 생명에의 의지가 일렁이며, 그녀의 외로움 속에는 서늘한 오기가 배어 있다. 배종옥만이 만들어내는 이 독특한 아우라는 소외된 인간들에게 보내는 노희경의 애정의 방식을 드러내준다.

> "지금 이 순간 니가 전부고, 지금 이 순간 너만을 사랑하고, 지금 이 순간 미치게 사랑한다고 해야지. 왜 영원히를 건방지게 앞에 붙여들!?"
>
> (영숙)

26

그것은 자신의 결핍과 외로움에 쉽게 굴복당하지 않으려는 인간의 자존감을 통해서이다. 작가는 불우하고 결함 많은 자신의 인물들에게 무엇보다 관조의 힘을 부여한다. 그들에겐 자신의 결함까지를 투명하게 들여다 볼 수 있는, 자기 자신으로부터의 객관적 거리를 유지할 수 있는 관조의 힘이 주어지는 것이다. 때론 냉소적이기도 하고, 때론 공격적이기도 한 관조적 시선은 타인을 향하기보단 궁극적으로 자신을 향해 있다.

　이러한 관조의 힘은 자신의 묵은 상처와 배반의 기억과 오랜 미움을 씻어내 주고, 타인의 아픔과 고통까지 끌어안게 해준다. 그리하여 이 고독한 인물들이 더 이상 거짓을 말하지 않을 때, 그들은 소통과 화해와 연대에 이른다. 그것은 독립된 인간들 사이의 소통과 관계맺음으로, 투항 없는 연대이자 종속 없는 화해이다. 그렇게 그들의 사랑은 확산된다. 성별과 나이와 계층을 넘어 뻗어나간 다. 그것이 정녕 한 순간에 끝나버린다 할지라도. 그 사랑을 통해 이들은 살아갈 힘을 얻는다.

나도 불륜을 꿈꾼다!
〈장밋빛 인생〉

불륜을 꿈꾸어본 적 있는가? 뒹구는 낙엽만 봐도 눈물이 나는 것은 소녀들만이 아니다. 청춘의 화려한 한때를 속절없이 보내버린 아줌마들에게도 가슴에 바람 한 자락이 지나간다. 검은 머리 파뿌리 되도록 한 남자만을 사랑한다는 것은 어쩌면 편집증 아닐까? 남편이 곁에 있어도 누군가가 그립고, 먹고 살기 힘겨워도 사랑에의 목마름은 여전하다. 그렇다면? 그래서 어쩔건데? 어쩌긴, 그냥 그렇다는 거지. 늘 하던 대로 남의 얘기나 구경하며 살아가는 거지 뭐. 오랜만에 조조로 〈외출〉이나 볼까나? 아니면 그냥 아침드라마로 때우나? 그나마 다행인 건 형형색색의 불륜들이 휘황한 빛을 발하는 〈장밋빛 인생〉(문영남 극본, 김종창 연출, KBS)이 있어서다. 구성진 대사발도 좋고 최진실 연기도 절절한 것이 아주 그만이다.

이른바 '불륜드라마'들은 항시 있어 왔다. 결혼한 남녀의 바람과 외도, 그로 인한 상처와 갈등, 이별과 파탄, 화해 등은 멜로드라마에서 가장 사랑받는 소재

중 하나이다. 일상적인 가정사를 다루는 가족멜로에서도 빠지지 않고 등장하는 소재일 뿐 아니라, 늦은 밤 불륜만을 주요 테마로 하는 드라마들도 꾸준히 만들어지고 있다.

그러나 누가 뭐래도 불륜드라마의 주 무대는 역시 아침드라마이다. 가족들이 모두 나가고 혼자 남겨지는 아침시간은 주부들이 갖게 되는 온전한 자기만의 시간이다. 그 은밀하고 자유로운 시간과 공간에 오래되고 지독한 습관처럼 불륜드라마가 파고든다. 그것은 삶에 찌든 메마른 가슴과 일상의 무료함 속에 미세한 파장과 긴장을 일으킨다. 내 안에 도사리고 있는, 함부로 표출할 수 없는 은밀한 욕망, 일탈에의 욕구다. 좁디좁은 가정이라는 굴레 속에 포박된 억눌리고 감추어진 자기 검열과 절제의 임계점에서 튀어나오는 내적 욕망의 발현이다.

물론 불륜드라마들은 욕망의 합법적이고 온건한 발현 경로이다. 기껏해야 낭만화 된 판타지를 통한 대리적인 욕구의 해소에 불과하다. 이건 현실에서 못다 이룬 혹은 현실에서는 불가능한 꿈에 관한 것이다. 게다가 금지된 사랑과 일탈은 항상 파국을 맞는다. 가차없이 처벌되어 가정으로 되돌아오거나 아니면 새로운 가정이라는 합법적 틀 안으로 귀속된다. 가족주의의 견고하고 안정된 품안으로 회귀하는 것이다.

그러나 사실 중요한 것은 보수적인 가족주의 이데올로기가 아니다. 강고한 일부일처 가족주의 안에 도사리고 있는 위태로운 그 틈새의 존재다. 사랑하고 싶고 사랑받고 싶다는 인간의 가장 원초적 욕망은 그 틈새를 비집고 새어나온다. 그리하여 우리가 이들 드라마에서 진정 즐기는 것은 일탈과 안정 사이의 긴장이자 유혹과 절제 사이의 갈등이다.

따라서 이들 불륜드라마에는 이중적 동일시 기제가 작동한다. 로맨스에의 욕

29

망과 처벌에의 욕구라는 이중적 시선. 바람피우는 남편의 욕망은 사실은 나(주인공이자 시청자)의 욕망에 다름 아니다. 그것은 나의 욕망의 대리투사이다. 남편의 여자의 욕망 역시 바로 나의 그것이다. 그녀가 아무리 악녀로 등장해도, 남편의 배신에 아무리 치를 떨어도 사실은 크게 달라지지 않는다. 그들에 대한 복수와 처벌의 욕구에는 그들의 사랑에 대한 한없는 시샘과 질투가 뒤섞여있음이 틀림없다. 내가 잃어버린, 내가 하지 못하는 사랑을 그들은 지금 하고 있는 것이다.

이러한 이중적 동일시의 시선은 〈장밋빛 인생〉에서 더욱 깊어진다. 주인공 맹순이(최진실 분)의 남편 반성문(손현주 분)은 제대로 바람이 났다. 아니 바람이 아니라 사랑이다. 자기가 가진 전재산과 아이들을 포기하면서까지 얻고 싶은 사랑이다. 성문과 오미자(조은숙 분)의 사랑에는 추호의 의심도 있을 수 없다. 이것이 순이를 더욱 미치게 만든다. 그들의 사랑이 깊으면 깊을수록 순이의 배신감과 절망도 커져만 간다.

여기서 특히 흥미로운 건, 순이 동생 맹영이(이태란 분)의 존재이다. 영이는 정확히 순이의 연적의 위치에 놓여 있다. 그녀 역시 유부남인 첫사랑 이정도(장동직 분)와 내연의 관계에 있기 때문이다. 순이의 입장에서 성문과 미자의 사랑을 비껴보던 우리의 시선은 이번에는 영이의 입장에서 영이와 정도의 사랑을 안타깝게 바라본다. 이로써 우리는 순이와 영이, 적대적 위치에 놓인 두 사람 모두에게 동일시할 수 있게 된다.

이 드라마는 사실상 순이와 영이라는 짝패를 이루는 두 여자의 공존에 관한 이야기이다. 부적절한 사랑의 피해자와 가해자로서, 또는 한 남자를 둘러싼 두 여자의 서로 다른 연적의 위치에서, 두 자매는 심하게 갈등하면서 서로를 이해하고 화해해 나간다. 처첩의 위치에 놓인 시어머니와 미스 봉의 동거 역시 그녀

30

들의 처절했을 암투의 역사를 반성적으로 되새김질하는 과정이다.

처첩이라는 짝패에 대한 이중적 동일시가 이 드라마의 날줄이라면 고난에 찬 우리네 어머니들의 삶의 역사가 드라마의 씨줄을 이룬다. 그것은 맹순이라는 인물을 통해 보여지는 바리데기로서의 여성의 역사이다. 가장 별 볼일 없는 버려진 자식이 마침내 부모를 살려내는 바리데기이야기가 맹순이의 삶 속에서 면면히 이어지는 것이다.

술주정뱅이 아버지를 봉양해야 하는 것은 잘나고 많이 배운 동생들이 아니다. 동생들 뒷바라지에 자신은 공부도 못하고 억척같이 일만 해온 순이에게 바람난 남편 역시 무책임하게 가족들을 내맡긴다. 그녀는 버려지고 또 버려진다. 우리 근현대사에서 무늬만 가부장인 무책임하고 무능력한 아버지들을 대신해 생계를 꾸리고 가족을 이끌어온 많은 여성들의 삶이 순이의 모습에 겹쳐진다. 그녀들의 억척과 희생 뒤에 돌아오는 것은 싸늘한 비웃음과 책망이다.

'엄마는 왜 그렇게 살았어?'

버려진 바리데기가 자신의 존재 가치를 인정받는 것은 항상 그렇듯이 안타깝게도 죽음을 눈앞에 두고서이다. 남편들은 언제나 너무 늦게 돌아온다. 남편 반성문이 자신의 잘못을 깨닫고 죽어가는 순이를 살리기 위해 고군분투하는 모습은 참으로 눈물샘을 자극한다. 돌아온 탕자의 진정성이 더욱 빛을 발하듯 그는 정말로 진심인 것이다. 그러나 드라마가 재미없어지는 것은 정확히 이 순간부터이다. 죽어가는 아내와 돌아온 남편의 이미 늦어버린 어긋난 해후, 우리는 그의 귀환을 반겨야만 하는 것일까? 아직 젊은 순이의 얼굴에서 늙은 어머니의 모습을 발견한다. 딸들은 가슴이 먹먹해진다.

31

애증이 꽃피는 시대
〈사랑과 야망〉

고백하건대, 나는 김수현을 좋아하지 않는다. 오랜 세월 김수현 드라마의 자장 안에서 성장해왔으며, 거기서 함께 울고 웃으며 드라마의 재미와 감동을 깨달을 수 있었고, 게다가 김수현의 드라마를 통과하지 않고는 대중드라마의 통속성의 본류에 가닿을 수 없다는 것을 너무나 잘 알고 있으면서도, 그녀가 좋아지지 않는 건 어쩔 수 없는 일이다.

그건 아마도 인물들의 독기 때문이 아닌가 싶다. 도망갈 수 없는 현실의 굴레 속에 갇힌 인물들이 뿜어내는 독기. 서로 다른 성격의 인물들이 서로를 향해 내지르는 고약하고 날선 공격과 방어의 신경전. 그것은 서로의 비루하고 나약하고 속된 본성들까지를 낱낱이 헤집고 까발리는 날카롭고 집요한 대사들로 나타난다. 그것은 자주 통쾌하고 후련한 카타르시스를 주기도 하지만, 그에 못지않은 통증과 생채기를 남기기도 한다.

그러나 내가 더욱 참을 수 없는 건 인물들의 독기에 은근하게 스며들어 있는 생경하고 과도한 작가의식이다. 그것은 일종의 윤리의식인데, 때로는 가부장제에 대한 견결한 신념으로 나타나기도 하고, 때로는 속물적 세태에 대한 시니컬한 경멸로 드러나기도 한다. 물론 이 둘은 동전의 앞뒤처럼 달라붙어 노작가의 작품세계를 관통하는, 척박한 방송현실을 수십 년간 온몸으로 뚫고 버텨온 작가의 뚝심일 터이다.

김수현 드라마에 나타나는 엄격하고 도덕적인 가부장에 대한 집착이야 충분히 이데올로기적 비판의 대상이 될 수 있지만, 속물적 세계에 대한 경멸에 대해서는 더욱 복잡하고 미묘한 작가의 심리적 상관물에 대한 신중한 접근이 필요할 듯하다. 다만 대중적 속성에 영합하면서도 그를 경멸해 마지않는 작가의 이중성이 권력을 획득한 고고한 작가의 지배적 위치와 무관하지 않다는 것만은 확실해 보인다. 통속적인 대중극을 쓰는 작가의 이율배반성을 보는 것은 그리 유쾌한 일은 아니다.

게다가 사랑과 증오, 욕망과 배신, 그리고 설사 그것이 화해와 용서라 해도, 인간들의 심리와 속성을 파헤치는 그 날카로움과 깊이에는 인간에 대한 애정이 들어설 여지가 없다. 인물들은 자신들의 욕망과 배신, 복수 등으로 처벌받기 일쑤이고, 작가는 이들에게 어떤 시혜를 베풀거나 용서를 하는 경우는 있어도 쉽게 동정이나 연민 따위의 애정을 주지는 않는다. 물론 인물들 스스로가 그것을 용납하지 않기 때문이다. 이 독기 넘치는 인물들은 웬만한 절망적 상황에서도 쉽사리 절망하지 않으며, 자신에게 주어진 처벌을 기꺼이 받아들인다.

20년 만에 새롭게 만들어진 〈사랑과 야망〉(김수현 극본, 곽영범 연출, SBS) 역시 작가의 대표작답게 여유없고 빡빡한 인물들로 넘쳐나면서 김수현표임을 새삼 확인시켜준다. 그러나 20년의 시차가 주는 격세지감은 예상을 뛰어넘는 것이었다. 그 화려하고 긴장감 넘치던 동시대 로망은 이제 세련되지 못한 칙칙하고 불편한 시대극으로 전락했다. 약한 캐스팅으로 배우들의 휘광이 사라진 걸 감안하더라도, 현란한 대사와 입담도 세월의 풍파와 함께 약발을 다한 듯하고, 특유의 노골성과 자극성도 뒷세대 작가군에 밀려 힘을 잃게 되었다.

그런데 진짜 재미있는 건 이런 요란한 외관과 표면적 수식이 다 떨어져 나가고 나서야 겨우 김수현의 맨얼굴과 정면으로 마주하게 되었다는 점이다. 그것은 아마도 김수현 이야기성의 기본적인 뼈대와 형체에 해당할 것이다. 반갑게도 나는 이 촌스러운 구닥다리 드라마를 통해 노작가의 이야기의 본령에 다가갈 수 있게 되었다.

〈사랑과 야망〉은 두 남자 주인공 태준(조민기 분)과 태수(이훈 분) 형제, 그리고 태준의 애인 미자(한고은 분), 세 사람의 사랑과 사회적 성장에 관한 이야기이다. 여기에 태수의 두 여자 정자(추상미 분)와 은환(이민영 분)의 이야기가 끼어들고, 드라마 내적 화자에 가까운 형제의 여동생 선희(이유리 분)와 그녀의 남편이 되는 태준과 미자의 오랜 친구 홍조(전노민 분)의 이야기가 덧붙여진다.

이 드라마는 인물의 성격을 통해 갈등이 구축되는 가장 고전적이고 전형적인 방식을 보여준다. 가난이라는 시대 상황을 공유하는 이들에게 성격은 모든 갈등과 사건의 처음이자 끝이다. 요즘 드라마들처럼 성격이 인물 각자의 개성에 머무는 것이 아니라, 성격 자체가 사건을 규정하고 성격에 의해 모든 상황이 발생하는 것이다. 자신의 성격적 결함으로 문제와 갈등이 벌어지고, 좌절과 파국의 시련을 겪거나 혹은 고난을 뛰어넘는 불굴의 의지가 가능해지기도 한다.

이는 근대극의 가장 기본적인 특성일 터인데, 여기서는 특히 극단적인 성격의 대비를 통한 갈등 구축이 드라마를 추동하는 힘으로 작용한다. 무능한 아버지와 억척스러운 어머니의 대비, 지적이고 냉정한 태준과 사고뭉치 열혈청년 태수의 대립, 차분하고 이성적인 태준과 충동적이고 열정적인 미자의 갈등이 이야기를 이끌어간다.

태수가 밖으로 나돌며 싸움질이나 일삼은 것은 형에 대한 어머니의 편애와 잘났지만 이기적인 형에 대한 뿌리 깊은 열등감과 반발심 때문이었다. 영화배우가 된 미자가 그토록 사랑하는 태준을 버리고 김감독과 결혼을 한 것은 잘 나가는 태준에 대한 불안과 보란 듯한 경쟁심리 때문이다. 태수는 한순간의 실수로 사랑하는 은환을 두고 제 아이를 낳은 정자를 아내로 맞을 수밖에 없었으며, 태준은 그 잘난 자존심 때문에 떠나가는 미자를 잡지 못했다. 미자 역시 순간의 잘못된 선택으로 두고두고 후회하며 태준을 그리워한다. 이들은 모두 자신들의 성격적 결함이나 실수로, 누구를 원망할 겨를도 없이 되돌릴 수 없는 운명의 굴레 속으로 빨려들어 간다.

그런데 이렇게 명확한 자기 성격을 갖고 주어진 현실을 헤쳐나가는 이 멜로드라마의 주인공들을 통해 우리 현대사의 굵은 자취들이 새겨지는 것을 보는 것은 어떤 감흥을 불러일으킨다. 이곳엔 개별 인간들의 개인사를 관통하는 현대사의 명암 속에, 시대와 조응하기도 했고 불화하기도 했던 이름 없는 개인들이 살아 숨 쉬고 있다. 다소 고색창연한 리얼리즘의 용법을 빌리자면, 이는 시대적 보편성과 개인의 개별성이 만나서 이루어지는 인물의 전형성이 될 것이다.

가난한 집 장남으로 출세가도를 달리는 엘리트 태준이나, 맨주먹으로 자수성가하여 근대화의 건설 주역으로 거듭나는 태수, 겁탈의 기억을 뒤로 하고 성공한 영화배우로서의 부침을 겪는 미자 등이 모두 한 시대의 영광과 상처, 희망과 좌절을 온몸으로 증명한다. 굴종적 결혼생활에서 뛰쳐나가 그보다 더한 기구한

35

현실과 맞닥뜨려야 했던 정자나, 후처로서 며느리노릇, 어미노릇으로 자신을 죽이고 살아온 은환이나, 미자와 더불어 모두 가부장제에 갇혔던 그 시대 여성들의 신산하고 고단했던 삶을 고스란히 보여준다.

평생 동안 지속되는 태준과 미자의 애증어린 동반자적 관계는 남녀 간의 사랑 그 밑바닥에 잠겨 있던 경쟁과 질투의 본원적 감정들을 끌어내준다. 사회적 인정을 향한 남녀 간의 대결적 구도가 사랑이란 이름의 구속으로 치환될 때, 그들의 갈등은 거의 생존을 위한 투쟁이 되어 버린다. 태수와 두 아내 정자, 은환의 불운한 삼각관계 안에는 엄혹한 일부일처 부계가족의 쓰라린 흔적들이 새겨져 있다.

이들은 모두 근대적 욕망을 가진 인물들이다. 여전히 가부장제 사회의 윤리의식이 어깨를 짓누르고 발목을 붙잡아도, 이들 내부에서 끓어오르는 전통적 가치와 새롭게 형성되는 가치 사이의 갈등은 쉽게 가라앉지 않는다. 이들은 자신들의 개인적 욕망을 좇아, 사랑과 성공과 자기 성취의 열망을 따라 힘겹고 위태롭게 나아간다. 그리고 그 끝에는 조국 근대화의 신화가 앙각으로 새겨질 것이다. 한 시대를 포착해내는 작가의 탁월한 감수성은 적어도 그때까지는 펄펄하게 기가 살아있었던 셈이다.

36

사랑하다 죽어버려라
〈이 죽일놈의 사랑〉

〈이 죽일놈의 사랑〉(이경희 극본, 김규태 연출, KBS)은 방송 전부터 한껏 기대를 불러일으켰었다. 기대와 촉망을 한몸에 받고 있는 작가와 연출의 결합, 가수에서 연기자로 거듭나면서 월드 스타로 급부상한 가수 비의 가세, 여기에 제목마저 노골적으로 유혹적인 이 드라마에 쏟아진 관심은 어찌 보면 당연한 것이었다.

뚜껑이 열리고 필요 이상으로 과도한 비난이 주어졌을 때 여기에는 분명 주최측이 자초한 자중지란의 패착이 있었다. 패기만만한, 실험적이고 도발적인 영상은 가수 비의 육체를 전시하는 과도한 선정성의 혐의를 뒤집어쓰기 십상이었다. 응축과 비약, 시간의 혼재 따위로 뒤엉킨 서사의 색다른 배치도 흔해 빠진 뮤직비디오의 얕은 장난으로 치부되기 알맞았다. 무엇보다 극단적 설정과 과잉으로 점철된 비극적 정조의 압도는 편안한 휴식을 원하는 다수 시청자들에게 심히 피로와 부담을 안겼음에 틀림없다.

37

확실히 이 드라마는 과잉으로 넘쳐난다. 드라마의 모든 것이 운명적이고 비극적이다 못해 치명적이기까지 한 두 주인공의 사랑을 향해 숨가쁘게 달려간다. 잔인하고 비정한 복수를 위해 여자를 유혹한 남자가 빠져들게 되는 어찌할 수 없는 사랑은 필시 치명적으로 파국적이다. 여기엔 사무치는 원한과 피할 수 없는 사랑이라는 극단적 감정이 얽혀든다. 영상과 음악의 현란한 감각적 자극과 더불어 생사를 마주한 선택의 갈등에서 오는 폭발적 격렬함이 모순적 감정들의 충돌의 파고를 높여준다.

그리하여 이 드라마는 극한적 통속미의 한 절정을 보여준다. 사랑이라는 이름의, 인간의 가장 보편적인 감수성의 근저에, 고양과 추락의 감정놀음의 원형질에 가까이 다가간다. 이를 통해 가장 순화되고 순정한 형태의 감상에 젖어들게 한다. 물론 이에 따라붙는 인물의 틀에 박힌 상투성이나 상황의 작위성은 눈한번 질끈 감고 넘겨버리면 그만이다(혹은 저절로 넘어간다).

이 비극적 통속미의 한 가운데에 강복구(정지훈 분)라는, 비장미로 오버 코드화된 인물이 버티고 있다. 가수 비와 고의적으로 오버랩되는, 폼으로 현시되는 그의 화려한 육체는 뜻밖에 진한 허무적 색채를 발한다. 여기서 핵심은 그의 육체성인데, 이는 육체에서 폭력으로, 폭력에서 종국에는 죽음으로 연장되는 육체의 극한으로서의 의미에 가깝다.

그 육체성은 불안한 영혼의 자기보호본능의 물화이자 동시에 가학적이고 피학적인 위태로움의 현현이다. 버림받은 인간이, 벗어나고 싶어도 벗어날 수 없는 상처의 기억을 지닌 인간이 세계와 갈등하고 대결하는 그 표면이자 접점이다. 한다정(김사랑 분)의 몸에 새겨진 화상의 상처처럼, 혹은 복구에게 껌처럼 들러붙어 있는 다정의 존재 그 자체처럼, 상처는 그의 육체 위에서 차라리 찬란하다.

그에게는 희망, 미래 따위, 어떤 살아있음의 욕망이 보이지 않는다. 그의 폭력은 절망을 향해 있고, 죽음의 냄새가 배어 있다. 일회용 이종격투기 선수가 될 때도, 조폭의 하수 노릇을 할 때도, 죽음은 늘 그 가까이 있다. 그가 밑바닥 인간의 처절한 파국적 경로를 걷게 되리라는 것은 처음부터 예견된 일이었다.

그런 그에게 식물인간이 되어 누워 버린 형 민구(김영재 분)를 위한 복수의 길은 그가 살아가야 할 이유가 되어준다. 형을 죽음 가까이 몰아간 톱스타 차은석(신민아 분)을 향해 복수의 염을 불태우면서 인간 복구의 삶은 되살아난다. 형에 대한 애끓는 연민과 애착은 세상에 대한 분노와 적개심으로 뒤바뀌고, 그것은 정확히 은석을 향해 모아진다. 이제 그가 사는 유일한 이유는 그의 복수의 대상인 은석 그 자체가 된다.

흥미로운 것은 복구가 행하는 복수의 이중적 성격이다. 그것은 사랑을 수단으로 행해지는 복수가 갖는 이율배반이다. 그는 머리를 자르고 검은 정장을 두르고 그녀의 보디가드가 되어 바로 곁에서 그녀의 숨통을 자기 손아귀에 넣는다. 순수와 잔인, 열정과 냉혹이라는 양날의 칼을 무기로 그녀의 마음을 송두리째 빼앗아 버린다. 완벽남에 가까운 재벌 2세 김준성(이기우 분)의 구애에도 불구하고 그녀가 복구를 사랑하기 시작했을 때, 비로소 복수는 시작된다.

그러나 복구의 복수는 은석을 향해 있는 것만이 아니다. 그것은 동시에 그토록 사랑하는 형에 대한 복수이기도 하다. 10년간이나 자신을 버렸고, 10년만에 찾아낸 형이 단지 여자 때문에 다시 한번 (죽음으로써) 자신을 버렸다는 배반감은 그의 복수를 추동하는 무의식적 근원일지도 모른다. 형 없이 살았던 그토록 외로웠던 세월 동안 형은 그렇게 아름답고 완전한 사랑을 했었다는 것에 대한 질투와 배신감이 그를 괴롭힌다. 그는 누워있는 형에게서 '복구야, 난 괜찮아, 나한텐 은석이가 있으니까' 하는 따위의 환청을 듣는다.

그는 형과 은석에 대한 이중의 질투와 배신감에 휩싸이는 것이다. 그는 형의 연인을 빼앗음으로써 형과 은석에 대한 이중의 복수를 감행한다. 은석에게는 옛 사랑의 기억을 되살려 그 사랑을 자신에게 되돌림으로써, 형에게는 그의 여자를 빼앗아 그 완전했던 사랑을 짓밟음으로써, 형을 위한 복수가 아니라 형에 대한 복수를 한다.

하지만 그의 결단과 행위는 불확실하고 심리는 불안정하다. 그는 끊임없이 흔들린다. 형에 대한 사랑과 원망 사이에서 흔들리고, 은석에 대한 연민과 원한 사이에서 휘청거린다. 그 자신도 예상하지 못했던 것은 표면적인 복수라는 선택 뒤에 도사리고 있는 주체할 수 없는 자신의 '정념'이다. 복수라는 형태로 그의 육체 위의 모든 것이 발화되고도 남는 응어리로서의 정념. 그는 은석을 유혹하면서 스스로도 유혹당하는 것이다.

> *"나, 실수했다 형!*
> *마이 미스테이크!*
> *그런 여잔 처음부터 만나는 게 아니었는데……,*
> *그런 여자 사랑하는 척도 하는 게 아니었는데……,*
> *……, 사랑하는 건 더더욱 아니었는데."*
>
> (복구)

> *"내 심장이 멈추면 그때 너 놓아줄게."*
>
> (복구)

은석에 대한 복구의 사랑은 그래서 치명적이다. 그녀에게 준 깊은 상처가 고스란히 자신에게 되돌아온다. 상처가 깊은 만큼 사랑도 깊어진다. 그것은 그의 마지막 욕망, 살아있음의 확인에 다름 아니다. 그것은 작가의 전작인 〈미안하다, 사랑한다〉의 죽음을 눈앞에 둔 자의 마지막 정념과 같은 것이다. 죽음을 눈앞에 두고서야 자신의 살아있음의 욕망을 되살리는 비극적 인간의 아이러니, 이것이 이 드라마의 극한적 통속미가 일깨우는 죽음과 사랑의 변증법이다.

왜 운명적이고 비극적인 사랑을 꿈꿀까?
〈환생-넥스트〉

최근 들어 멜로드라마가 시대극으로 자꾸 뒷걸음질치는 이유는 무엇일까? 2003년 〈다모〉는 텔레비전 드라마에서 하나의 새로운 분기점을 형성했더랬다. 퓨전사극으로 불렸던 그 드라마의 특징이 유려하고 속도 있는 영상과 현대적인 음악 따위에만 있는 것은 아니었다. 새로움은 무엇보다 멜로드라마와 사극의 본격적 결합이었다. 그것은 이전의 사극에서는 좀체 찾아보기 어려운 것이었다(그전에 〈대망〉과 〈천년지애〉가 있었으나 그리 성공적이지 못했다). 이는 사극의 변모라기보다는 차라리 멜로드라마의 변신에 가까워보인다. 멜로드라마가 한 가지를 사극 쪽으로 뻗었다고나 할까?

〈해신〉에서 〈비천무〉, 〈서동요〉에서 제작 중인 〈태왕사신기〉에 이르는 일련의 흐름들은 멜로드라마가 사극으로 자리를 이동했다는 뚜렷한 증거이다. 이전 사극들에서의 역사적 구체성은 이제 멜로드라마 주인공들의 운명적이고 비극적인 사랑을 위한 화려한 배경으로 물러났다.

문제는 '운명적이고 비극적인 사랑'이다. 정통 멜로물에서 운명적이고 비극적인 사랑은 점점 시효를 다해가고 있다. 〈맨발의 청춘〉이나 〈미워도 다시 한 번〉식의 주인공의 사랑을 갈라놓는 외부적 장애는 더 이상 맥을 못 추게 되었다. 가장 오래된 장애물인 계급갈등은 신데렐라 스토리를 통해 가뿐히 넘어설 수 있는 것이 되었다. 불치병이나 불의의 사고와 같은 죽음, 혹은 얽히고설킨 출생의 비밀이 주인공들을 갈라놓을 수 있는 몇 안 되는 장애요인으로 심심치 않게 되살아나곤 했다.

하지만 불치병이나 출생의 비밀도 〈가을동화〉와 〈겨울연가〉의 화려한 피날레를 끝으로 약발이 떨어졌다. 물론 〈발리에서 생긴 일〉이나 〈미안하다, 사랑한다〉와 같은 비극적 사랑의 독특한 변주들이 없었던 건 아니나 극히 드문 경우이다. 다수의 멜로물은 로맨틱코미디의 해피엔딩 스토리를 향해 빠르게 달려가고 있다. 이제 아름답고 가슴 아픈 사랑은 뮤직비디오의 극단적 낭만화로 채색된 공허한 이미지로만 남았다.

그리하여 멜로드라마가 도달한 곳, 사극은 사랑을 운명적이고 비극적인 것으로 만들어줄 수 있는 온갖 장애들이 활개치는 무궁무진한 선택지들의 보고이다. 서로 다른 계급이나 신분 사이의 뛰어넘을 수 없는 간극, 개인의 운명을 뒤바꾸는 전쟁 등 시대적 격변의 소용돌이는 운명적이고 비극적인 사랑을 위한 절대공간으로 재탄생한다.

〈환생-넥스트〉(극본 주찬옥 외, 연출 유정준 외, MBC)는 멜로드라마가 사극과 어떻게 만나는지를 뚜렷이 보여주는 흥미로운 작품이다. 멜로드라마가 사극의 시대들을 경유하여 마침내 도달하는 '운명적이고 비극적인 사랑'의 과정을 전시하는 것이다. 현재를 사는 네 남녀의 사각사랑은 그들의 전생을 따라 시대

43

를 달리하며 되풀이된다.

정화(장신영 분)는 우연히 만난 기범(류수영 분)에게 운명적 사랑을 느끼게 되면서 그에게 다가간다. 불면증이 심해진 정화가 함께 연극하는 기수(이종수 분)의 소개로 정신과 의사 수현(박예진 분)을 찾아가면서 네 사람의 인연은 점점 꼬여든다. 기범과 수현은 오래된 연인이고, 정화를 좋아하는 기수는 기범의 동생이다. 정화가 최면치료를 받으면서, 네 사람의 전생 인연이 하나씩 펼쳐진다. 조선시대를 거쳐 고려시대로, 다시 일제 강점기에서 고대의 어느 시점으로 서로 다른 네 가지 이야기가 네 사람의 질기고 질긴 인연의 끈으로 엮여진다.

재미있는 건 이야기를 풀어가는 독특한 형식이다. 현재에서 과거로, 과거에서 다시 현재로 시간과 공간을 넘나드는 네 사람의 엇갈리는 사랑은 겹겹이 쌓여가는 다층적 구조를 형성한다. 물론 그 결과는 그들 네 사람의 운명적이고 비극적인 사랑을 점점 고조시키면서 마지막까지 밀어붙이는 것이다. 그러나 그 사랑이 결코 단선적이지는 않다. 단지 주인공 두 남녀만의 절대적 사랑을 향해 치닫지 않는다. 정화와 수현 두 여자의 시점으로 전개되는 두 가지 전생에서 그들은 서로 다른 사랑의 배치 안에 놓인다.

정화가 보는 전생에서는 정화와 기범이 이루어지지 못하는 비극적 사랑을 하게 된다. 역모의 누명을 쓰고 몰락한 가문의 노비가 된 딸 금영(정화)과 조정에 항소를 주도하는 명문가 유학생 명진(기범)의 애끓는 사랑이 전개된다. 반면 수현의 꿈속 전생에서는 수현과 기범이 사랑의 주인공들이다. 몽골군 장수 카사르(기범)와 고려 기녀 자운영(수현)의 목숨을 건 운명적 사랑이 펼쳐진다. 이어 엄혹한 식민지시대 일제의 억압에 맞선 유부남 기자(기범)와 간호사(수현)의 위태로운 사랑이 연출되기도 하고, 고대 신탁에 의해 헤어진 오누이(기범과 정화)의 불가능한 사랑이 펼쳐지기도 한다.

기범이 언제 어디서나 두 여자의 사랑을 동시에 받는 절대지존의 위치에 있다는 것이 이 드라마의 한계로 남지만, 그것은 역으로 두 여자만이 그들의 운명적이고 비극적인 사랑의 진정한 주체임을 드러내는 것이기도 하다. 이것은 확실히 한 남자를 교환하는 두 여자의 사랑의 판타지이다. 두 여자 사이에는 서로 텔레파시를 주고받는 듯한 기묘한 공모의 분위기마저 느껴지는 것이다.

하여 이 드라마는 두 여자가 만들어가는 운명적이고 비극적인 사랑에 대한 일종의 메타텍스트이다. 내가 보는 이것이 전생인가, 아니면 환영이나 망상인가? 두 여자는 끊임없이 반문한다. 두 여자는 운명적이고 비극적인 사랑에 대한 판타지를 간직하면서도, 그러한 자신의 욕망을 바라보는 또 다른 시선을 내면화한다. 그들은 자신의 욕망을 바라보고 해석하면서, 그 욕망의 실체에 접근해간다.

여기서 두 여자가 만나는 전생은 각기 두 여자가 욕망하는 사랑에 대한 서로 다른 판타지이다. 그것은 물론 자신들이 운명적 사랑의 주인공이라는 판타지이며, 전생에서 이루어지지 못한 사랑의 업이 현생에서 이루어지리라는 주문과도 같은 것이다.

운명적이고 비극적인 사랑에 대한 판타지는 사랑을 영원화하려는 욕망에 다름 아니다. 그것은 이루어질 수 없음으로 인해 영원히 욕망할 수 있는 사랑에 대한 최고의 미적 성취이다. 하지만 그녀들은 이미 알고 있다. 영원한 사랑이란 얼마나 부질없고 헛된 것인지를. 자신들의 사랑에 대한 판타지가 자신들의 불가능한 사랑을 힘겹게 지탱시켜줄 그야말로 한낱 판타지에 불과한 것임을. 그리고 우리도 알고 있다. 그녀들의 전생이 되풀이되는 것처럼, '운명적이고 비극적인 사랑'에 대한 우리의 갈망 역시 지속되리라는 것을.

45

'내 심장은 처음부터 네 것이었다.' 자신을 죽이려는 자운영에게 카사르가 건넨 이 한마디가 정확히 겨냥했던 바로 그것, '운명적이고 비극적인 사랑'을 찾아가는 멜로드라마와 사극의 행복한 조우는 당분간 계속될 듯하다.

46

하느님, 순수한 사랑이 전염될까요?

〈안녕하세요 하느님!〉

📺 〈안녕하세요 하느님!〉(대니얼 키스 원작, 강은경 극본, 지영수 연출, KBS)을 보는 내내 2005년 연말 온 국민을 흥분시켰던 황우석 교수 사태가 머릿속을 떠나지 않았다. IQ 65의 정신지체장애인이 뇌수술로 IQ 180의 천재가 되었다가, 수술의 치명적 결함으로 다시 지능이 저하된다는 이 드라마의 설정에서부터 인간배아복제 줄기세포의 극적인 진위 공방이 겹쳐지는 것은 어쩔 수 없는 일이었다.

황우석 드라마가 과학신화에 대한 우리 사회의 집단적 광기가 어느 정도였던가를 새삼 드러내준 것처럼, 〈안녕하세요 하느님〉은 인간 이성의 한계에 도전하고자 하는 무모하고 위험한 열정을 비극적으로 펼쳐 보인다. 하지만 전자가 여전히 줄기세포의 진위와 조작여부라는 문제에 치중한 과학담론의 사회적 영향의 수위에 머문 반면, 후자는 여기에서 한 걸음 더 나아가 인간의 존재 조건과 인간 이성의 한계라는 근본적인 철학의 문제로 나갔다는 점에서 단연 한 수 위다.

47

이 드라마는 제목에서 적절히 암시하듯, 하느님의 위치에 오르고자 하는 인간의 끝없는 욕망과 오만함에 대한 직설적인 우화이다. 자본주의의 맹목적 이윤 추구와 맞붙어 있는 근대과학의 제국적 확장은 인간 육체의 대체와 연장, 개조를 향해 거침없이 달려간다.

'하루 프로젝트'는 그렇게 시작된다. 이제 막 은혜(김옥빈 분)선생님을 좋아하기 시작한 정신지체 3급의 하루(유건 분)는 자신을 똑똑하게 만들어주겠다는 뇌신경외과의사 동재(이종혁 분)의 제안을 받는다. 동재는 한낱 사기꾼에 불과한 은혜에게 하루가 임상수술 제안을 받아들이도록 도와달라며 몫돈을 제시한다. 이렇게 하루 프로젝트가 시작되면서 세 사람의 삼각로맨스도 시작된다. 은혜가 세상의 전부가 되어버린 하루, 동재가 욕심은 나는데 함부로 다가갈 수 없어 바라보기만 하는 은혜, 은혜에게 서서히 마음이 열리는 동재.

수술 성공 후 하루의 지능은 가파르게 상승곡선을 그린다. 아는 것이 많아지는 만큼 자신의 정체에 대한 고민과 더불어 사랑과 질투의 고통 또한 커진다. 동재를 이기고 싶은 욕심도 생겨나며 비틀린 세상에 대한 분노도 자라난다. 하루가 성장통을 겪으면서도 순수한 배움의 열정과 주는 사랑의 기쁨으로 자기 행복을 찾아가려는 순간, 그의 뇌는 이상 증세를 일으키기 시작한다. 시간이 얼마 남지 않았음을 안 하루는 은혜를 멀리하면서 도박과 주식으로 돈을 끌어 모으기 시작한다. 이미 은혜의 마음이 자신을 향하기 시작했음을 모르는 하루는 그것만이 은혜를 위해 자신이 해줄 수 있는 유일한 일이라고 믿었기 때문이다.

> *"바보, 나는 너한테 착한사랑을 배웠는데,*
> *너는 나한테 못된사랑만 배웠구나!"*

(은혜)

48

그렇게 동재의 하루 프로젝트는 결국 실패했다. 아니 하루의 지능이 퇴화를 시작하기 이전부터 이미 그의 계획은 실패한 거였다. 하루는 이미 동재의 통제를 벗어나 버렸고, 동재에게 연민의 시선을 보낼 정도로 그보다 부쩍 커버렸다. 그리고 그때 이미 은혜의 마음이 점점 동재 자신을 떠나고 있음도 알고 있었다.

" 정말 이상하죠?
내 껄 다 잃고 나니까 그제서야 내 옆에 있는 사람들이 보이니 말입니다."

〈동재〉

실패한 것은 물론 동재만이 아니다. 하루 역시 일곱 살 지능인 자신의 원래 상태로 되돌려지면서 예전이라면 결코 몰랐을 엄청난 상실의 고통을 겪는다. 은혜 또한 뒤늦게 하루에 대한 자신의 사랑을 깨닫지만 이미 그는 그 사랑을 받아들일 수 없는 처지가 되어간다. 그리하여 세 사람 모두 자신이 꿈꾸었던 어떤 것도 얻지 못하게 되며, 엇갈리기만 하는 그들의 삼각사랑은 모두 실패로 끝이 난다.

하지만 이들 모두가 정말로 패배한 것은 아니라는 데에 이 드라마의 숨은 매력이 있다. 이 드라마는 하루라는 한 정신지체 장애인의 집약적이고 극적인 성장담이지만(애석하게도 '장애인'은 편의적으로 이용된 극적 장치에 불과하다), 주인공인 세 인물 모두의 성장드라마이기도 하다. 이들은 서로서로를 통해 전혀 다른 세계를 겪고, 전혀 다른 가치를 만나면서, 자신이 찾는 행복이 무엇인지 사랑은 어디 있는지 자신의 마음을 볼 수 있게 된다. 이들은 실패를 통해서만 성장하는 비극적 주인공들이다.

이들을 실패로 몰고 가는 것은 상반된 가치로 인해 극단적으로 이원화된 세계 그 자체인지도 모른다. 염교장집과 하늘병원으로 양분된 두 세계는 도식적으

49

로 보일만큼 극단적 대비를 보인다. 갈 곳 없는 가난하고 외로운 사람들이 모여서 공동체를 이루는 염교장집은 뇌연구로 투자자를 끌어들여 명성과 이윤을 얻고자하는 허원장의 하늘병원과 맞짝을 이룬다. 정신/물질, 정서적 유대/합리적 이해利害로 갈리는 두 세계는 처음부터 첨예하게 부딪치고 갈등한다.

하루와 동재는 각기 양 극의 두 세계에 속해 있다. 그리고 그 둘 사이에 두 세계 그 어느 곳에도 속하지 못하고 부유하는 은혜가 있다. 따라서 세 인물이 만들어내는 삼각로맨스는 다른 삼각사랑들과는 많이 다르다. 하루와 동재는 단지 연적으로서만 존재하는 것이 아니다. 그들은 서로 다른 세계의 충돌, 서로 다른 가치의 부딪침에서 오는 어떤 격렬함과 통증에 휩싸인다. 은혜가 결국 하루에게 돌아올 때, 그녀는 아마도 원래 자신의 세계로 귀환한 것일 터이다.

> "은혜가……, 나 때문에 자꾸만 웃음을 잃어가요.
> 왜 그런지 난 알아요.
> 그건 내가……, 아파하고 힘들어하기 때문이에요.
> 그래서……, 이젠 그만 돌아가고 싶습니다."
>
> (하루)

도덕적으로 올바른 이 드라마는 시종 하루의 편에 서 있는 듯 보인다. 그가 마지막 나락의 순간, 보란 듯이 반대 쪽 세계의 타락을 흉내내고 있을 때조차 그는 자신을 희생함으로써 타인들을 구원하는 예수의 거룩한 고통을 보여준다. 결국 이 이야기는 어찌 보면 하루의 성장담이 아니라, 순정하고 맑은 영혼을 가진 하루에 의해 속계의 두 인물이 변해가는 이야기라고도 할 수 있겠다.

고답적 도식성에도 불구하고 이 드라마가 감동을 주는 건 순전히 그 인물들

50

의 비극적 실패와 그들 사랑의 비극성 때문이다. 그들의 비극은 세 인물 모두 어느 한 세계에도 온전히 귀속되지 못한다는 것에 있다. 그들은 세계가 분열되어 있는 것처럼 그렇게 분열되어 있다. 그들은 자신이 서 있는 자리에서 불안해하고 흔들린다. 다른 세계를 엿보고 동경하거나 휩쓸리거나 머뭇거린다. 그러는 동안 그들의 사랑은 한번도 성공적으로 이루어지지 않는다.

내면의 결핍과 외로움에 시달리는 이들 주인공들은 무모한 집착과 욕망으로 자신들의 존재를 간신히 지탱하지만 모든 것을 잃어버리기 전까지는 서로가 서로의 구원이 되어주지 못한다. 그들은 모든 것을 잃고 나서야 그 허망함을 아프게 깨닫는다. 이미 가속도가 붙어버린 브레이크 없는 무한질주의 욕망의 광풍 속에서 떨어져 나와 결국 제자리로 돌아오는 이들은 우리의 삶의 현실과 존재 조건을 되돌아보게 한다. 이것이 도덕적이면서도 감성적인 이 드라마가 우리에게 주는 가슴 아프지만 값진 선물이다.

질주하는 욕망, 흔들리는 사랑
〈오버 더 레인보우〉

여기 비정한 생존의 정글 속에 내던져진 청춘들이 있다. 화려하게 떠올랐다가 한순간에 사라져버리는 무수히 뜨고 지는 별들, 그 스타를 꿈꾸며 자신을 벼리는 다수의 무리 속에 그들은 뛰어들었다. 온 생애를 다 걸어도 좋을 한순간의 반짝임을 위해, 끝을 가늠할 수 없는 대중의 가파른 욕망 앞에 그들은 자신들을 기꺼이 내던졌다.

〈오버 더 레인보우〉(홍진아·홍자람 극본, 한 희 연출, MBC)의 렉스, 희수, 혁주, 상미, 영달, 킹마트, 만종 등등. 주체할 수 없는 열정으로, 최고가 되려는 열망으로, 무대 위의 스타가 되기 위해, 빛나는 스포트라이트의 주인공이 되기 위해 이들은 부나방처럼 모여들었다. 이 드라마는 젊은이들이 스타라는 욕망을 향해 내달릴 때 이들을 가르는 날카로운 명암과 위태로운 음영을 생생하게 담아낸다. 주목받고 인기를 끌기까지 온갖 냉대와 모멸을 감수하고 극한을 넘는 연습의 고통을 견뎌야만 한다. 가슴 벅찬 사랑의 떨림과 느닷없는 배신과 실연

52

의 고통이 찾아오고, 진하고 *끈끈한* 동고동락의 열락이 있으며, 냉혹한 경쟁과 엇갈린 승패의 내막이 펼쳐진다. 이는 처음 사회와 맞서는 젊음이 통과해야할 만만치 않은 삶의 통속적 중핵에 해당할 터이다.

그렇다고 드라마가 만들어내는 갈등은 그리 굵직하지도 진폭이 요란하지도 않다. 역동적인 춤과 격정적인 노래, 대담하고 화려한 카메라 연출과는 대조적으로 인물들이 서로 부딪치며 엮어내는 흐름의 결은 미려하고도 세심하다. 그리하여 이야기는 이들이 마침내 스타로 우뚝 서게 된다는 성공담이 아니다. 드라마는 스타산업의 그 너머, 비정하고 음울한 그 이면에 닿아있다.

중심을 향해 내달리는 서로 다른 위치와 거리의 네 명의 인물들이 어떻게 만나고 어떻게 어긋나며, 어떻게 성공하고 어떻게 무너져내리는가, 네 주인공의 엇갈린 사랑의 이야기가 연쇄적으로 맞물려 이어진다. 프라이드라는 업계 최고의 기획사를 중심으로 최고의 가수, 최고의 춤꾼이 되기 위한 이들의 열망은 동심원을 그리며 중심에서 주변부로 확산된다. 정점인 렉스(환희 분)를 중심으로, 그 바깥에 희수(김옥빈 분)가 있고, 그보다 훨씬 떨어진 바깥에 혁주(지현우 분)와 갱스터가, 그 언저리에 상미(서지혜 분)가 있다. 이들이 그리는 동심원들, 그 몇 겹의 원들 위에 이들이 위치한다. 이들은 모두 중심으로부터 서로 다른 거리에 있고, 중심을 향한 위치이동을 꿈꾼다.

네 남녀의 사랑을 규정짓는 건 정확히 그들이 위치한 멀어지고 가까워지는 동심원들 사이의 거리이다. 희수가 가수가 되려는 일념으로 아버지의 기대를 배반하고 뉴질랜드에서 도망쳐 달동네 혁주의 집 문간방을 차지했을 때, 그들의 사랑은 그들의 빛나는 젊음과 가난만큼 투명했었다. 대담한 자기표현과 찬스에 대한 동물적 감각으로 희수가 먼저 스타가 될 가능성에 바짝 다가섰을 때, 그들

53

사이에 발생한 거리만큼 사랑도 멀어져갔다.

이 드라마에서 가장 흥미로운 지점은 젊은 그들의 불안정한 위치만큼이나 흔들리는 사랑이다. 희수가 렉스와의 스캔들 이후 스타로의 욕망을 향해 사랑하는 남자 혁주를 부정해야만 했을 때, 그것은 사랑 대신 성공을 택하는 것은 아니었다. 그녀의 사랑은 혁주와 렉스 사이에서 이미 흔들리고 있었다. 그녀에게는 사랑과 욕망 사이에 어떠한 틈새도 존재하지 않았다. 희수의 비애는 성공에의 욕망과 렉스에 대한 사랑 사이의 구분이 모호해지는 순간 시작되는 것이다. 그리하여 희수의 선택은 이 시대 최고의 스타 렉스와 그의 볼품없는 백댄서 혁주 사이의 선택이라기보다 차라리 스타가수 정희수를 향한 집념어린 자기애로 해석될 수 있다. 립싱크 섹시 댄스가수라는 라벨이 그녀를 불안하고 초조하게 만들수록 진짜 가수에 대한 집착도 커져간다.

그러나 희수가 렉스를 사랑(욕망)하기 시작했을 때, 이미 렉스는 다른 삶을 꿈꾸기 시작했다. 스타라는 정점에서 스스로 뛰어내리기라도 할 것 마냥, 스타로서의 그가 아닌 잃어버린 자신의 모습을 찾기 위한 하릴없는 방황과 투정의 과잉행동들에 돌입한다. 희수에 대한 그의 고의적 모욕과 위악은 자신에 대한 모멸감의 투사에 다름 아닌 것이다. 이들의 사랑은 처음부터 어긋나기 시작했다.

이제 렉스의 눈에 자신의 팬이라며 주변을 맴도는 초라하고 한심한 여자 상미가 들어오기 시작한다. 데뷔 때부터 자신을 보아온, 자신의 모든 한계와 잃어버린 열정과 제조된 스타의 비애까지를 알아보는 한 여자. 그는 희수와 상미 중 누구를 사랑하는 것일까? 그가 누군가를 사랑하기는 하는 걸까?

흔들리는 사랑은 혁주에게도 예외가 아니다. 렉스의 백댄서 시절 혁주가 희수와의 경쟁과 희수를 위한 희생 사이에서 미묘하게 흔들릴 때, 혁주에게 한순

54

간 그녀가 연인보다 경쟁자로 각인되었을 때, 이미 그의 사랑도 흔들리고 있었다. 희수에 대한 배신감과 그리움으로 지쳐가던 그에게 위로가 되어주는 건 다시 상미이다.

순수한 열정과 자존심을 지닌 혁주가 결국 댄서에서 가수로 변신하기로 작정했을 때, 특출한 재능도 없이 마침내 프라이드의 기획상품으로 스스로를 내몰 때, 거기에는 희수와 렉스에 대한 오기에 찬 선망과 질투만 있는 것은 아니다. 그들은 단지 중심을 향해 날아오르고픈 혁주의 잠재된 내면의 욕망에 불을 댕긴 것뿐이다. 이제 프라이드에선 렉스에서 혁주로의 선수교체가 냉혹하게 진행되고, 이와 대조적으로 드라마 멜로라인의 중심은 희수에서 상미로 급격히 이동해버린다. 렉스와 혁주의 사랑이 희수에서 상미로 옮겨간 것은 정확히 그들이 스타시스템의 한계를 느끼기 시작하는 것과 맞물린다. 그들은 중심에 섰을 때에야 비로소 그 세계에서 벗어날 가능성을 찾을 수 있게 되는 것이다.

이들은 모두 스타라는 중심으로의 같은 길을 다른 시간대로 통과하고 있다. 그 시간차가 만들어내는 거리만큼 사랑은 엇갈리고 감정은 사랑과 우정, 질투와 연민 사이에서 흔들린다. 이 모든 것이 아티스트가 아닌 엔터테이너를 키워내기 위한 기획사의 조직적이고 체계적인 전략과 관리의 소산임은 분명하다. 이들의 불투명한 미래, 젊음과 열정과 끼의 뒤안, 그 불안하고 부유하는 젊음은 뜬구름을 잡는 불확실한 스타산업의 어두운 이면과 정확히 짝을 이룬다. 냉철한 렉스의 매니저 정상무(이형철 분)가 냉정함과 온정 사이에서 언뜻 흐르는 순간적 갈등의 흔들리는 눈빛을 보여줄 때, 안쓰럽게도 화려한 문화산업의 허약한 토대가 드러난다.

그러나 대립은 스타시스템과 개인 사이에 있지 않다. 이들은 시스템에 희생되기도 하고 맞서기도 하지만, 그 시스템을 이용하기도 하고 기꺼이 포섭되기도 한다. 진실은 스캔들은 만들어지고 조작되고 관리되는 것이지만, 또한 그 스캔들의 화려한 추이만큼이나 우리의 주인공들은 극심한 감정의 변화와 어찌할 수 없는 정염의 유혹에 흔들린다는 것, 그리고 쉽사리 꺼져버릴 순간의 격정에 휘말릴 수밖에 없음을 보여준다는 것에도 있다.

> "겁쟁이보다는 깨지고 부딪치는 게 훨 나으니까요.
> 일이건 사랑이건 전 많이 해볼수록 좋다는 주의거든요.
> 그렇게 부딪치고 깨지고 상처받고 계신 마음,
> 그래봐야 그 사람과 내가 맞는지 틀리는지 진짜 사랑인지 아닌지 알 수 있는 거잖아요.
> 어쨌든 모든 사랑 앞에 그리고 꿈 앞에 고민하는 모든 20대에게 모두 고합니다.
> 깨지고 상처받아도 다시 사랑하시길……, 그리고 도전하시길……,
> 왜냐……, 20대니까요!"
>
> (희수의 라디오 DJ멘트 中에서)

이 드라마의 매력은 잔인하고 냉혹한 시스템과 주인공들의 사랑과 열정, 욕망이 서로를 부추기면서 나란히 진행된다는 점에 있다. 비상과 나락, 정점과 파국의 부침 속에서 그들은 쓰러지고 상처를 입지만, 그렇게 그들은 성장하고 거기서 다시 사랑하고 일어설 힘을 얻는다. 하지만 주인공들의 핑크빛무드와 빛나는 청춘들의 아름다운 성공기 대신, 우리가 열정과 욕망에 휘둘리는 비정하고 음울한 그들의 이면을 안타깝게 지켜보아야만 한다는 것, 그것이 이 드라마만의 매력인 동시에 대중적 지지를 받지 못한 한계이기도 한 것이다.

소울메이트를 만난다는 건 기적일거야
〈소울메이트〉

📺 ~♥ 　본격 성인시트콤을 표방한 〈소울메이트〉(조진국 외 극본, 노도철·선혜윤 연출, MBC)에는 확실히 아슬아슬하게 자극적이고 선정적인 뭔가가 있다. 헬스클럽을 배경으로 수시로 남자주인공들의 근육질의 벗은 몸을 전시하고, 여성들의 눈부신 팔등신 S라인을 부각시킨다. 남녀가 밀착된 섹스씬을 연상시키는 기묘한 포즈와 표정을 슬로모션으로 보여주기도 한다. 물론 색스럽고 노골적인 대사가 따라붙고, 나른하게 관능적인 음악이 분위기를 고조시킨다.

　사실 이런 장면 정도야 밤 시간대 채널만 돌리면 여기저기서 다채롭게 볼 수 있는 대수롭지 않은 수위이다. 근데 정말 흥미로운 것은 이 드라마가 코미디와 에로의 경계선에서 시청자를 향해 장난스런 도발을 감행하고 있다는 사실이다. 그것은 오로지 몸 자체에 집중되는 과잉 에로티시즘의 지점을 형성함으로써 이다. 드라마의 애정이나 사랑의 전개와 별 상관없이, 그리고 인물들 사이의 관계와도 전혀 무관하게 순수한 육체적·성적 환기의 순간이 펼쳐진다.

그러나 충동과 몰입을 향해 달려가던 우리의 호기심과 긴장은 그 액션과 눈빛, 대사의 과잉성으로 말미암아 바로 민망함으로 곤두박질치고 만다. 시청자의 호색심리와 시선을 꿰뚫어보는 이러한 상승과 하강의 의도적 도발은 조금 어설퍼 보이기는 하지만 성인시트콤의 실험적 경지로서는 그리 나쁘지 않은 출발이다.

물론 여기에는 연애 안에 은밀하게 기입되는 육체적·성적 욕망의 코드를 대놓고 전면화하려는 만만치 않은 의도가 깔려있다. 명확히 강남의 있는 집 아이들임에 분명해 보이는 주인공들에게 직업이나 경제적 능력 따위의 조건을 따지는 현실적 연애관은 오히려 부차적이다. 이들은 오로지 심리적 접근과 육체적 접촉을 위한 순간적 연애행위를 향해 돌진한다.

특히 여성들의 주도성이 두드러지는 것이 흥미를 더해 준다. 남성 육체에 대한 대상화 전략은 여성시청자를 향한 소구에 그치지 않고 드라마 속 여자주인공들의 성적 욕망을 자극하는 직접적 수단이 된다. 남성들의 육체가 이중적으로 대상화되는 것이다. 이것은 기존의 여성들의 육체에 대한 대상화 방식을 고의적으로 뒤집고 모방하는 것이다. 아니 이보다 한 발 더 나아가기도 한다.

여러 명의 남자를 동시에 사귀는 민애(장미인애 분)의 경우가 대표적이다. 그녀는 자신을 대상화함으로써 남자를 유혹하는 평범한 섹시걸에서 어느 순간 남자들을 지배하고 장악하는 놀라운 카리스마에다 그들이 함부로 범접할 수 없는 위엄까지 보여준다. 남자들에 대한 육체적, 성적 욕망을 숨김없이 드러내고 자신의 욕망에 따라 남자들을 전유하고 배치하는 주도적 위치를 차지하는 것이다.

미진(김미진 분)의 경우도 이에 못지않은데, 그녀는 예쁘고 늘씬한 여자만 보면 무턱대고 껄떡대는 천하의 바람둥이 정환(정환 분)을 향해 그보다 더 한 강도와 노골성으로 껄떡거림으로써 그의 색기를 무색하게 한다. 색 밝히기 내공대결

58

에서 그녀가 단연 한 수 위인 것이다.

결국 이 드라마는 작업녀, 작업남들이 펼치는 고도의 연애게임이다. 이리저리 얽힌 네 명의 여자(수경, 유진, 민애, 미진)와 네 명의 남자(동욱, 필립, 료헤이, 정환)가 자기 짝을 찾아 온몸의 촉수와 신경줄을 곤두세운다. 그가 나에게 넘어올 것인가 말 것인가, 내가 그에게 넘어가 줄 것인가 말 것인가. 몸을 매개로 하는 공략과 방어, 사랑이라는 심리적 거래에서 우위를 선점하기 위해 이들은 작업기술을 갈고 닦는다.

여기에 등장하는 작업기술이란 뭐 그리 대단한 것이 아니다. 상식적이고 관습적인 것들이거나 한껏 말재간을 부리는 것이거나 또는 기껏해야 첨단통신 장비를 이용한 악의 없는 속임수나 감시 같은 것들이다. '연애라는 게임에서 항상 덜 사랑한 쪽이 유리하다', '사랑은 확인하는 것이 아니라 확신하는 것이다', '사랑은 하는 게 아니라 오는 것이다' 따위의 잠언은 들을 때마다 새롭게 느껴지는 수십 년 전에도 존재했을 법한 진부한 것들이다.

작업기술 그 자체보다는 오히려 작업기술과 비법의 전파와 공유과정이 더 중요해 보인다. 그 정보의 흐름의 경로에 따라 형성되는 내밀한 작업 공동체의 탄생이 더욱 흥미롭다. 이 공동체는 어찌 보면 상당히 허구적인 것으로, 이는 마치 인터넷시대의 사이버공동체와 유사해 보인다. 그것이 연애라는 유일한 공통 관심사로 엮인, 연애 이외의 모든 일상과 직업과 생활세계가 전면 배제된 순수 동호회적 공동체이기 때문이다. 작업비법이 담긴 연애다이어리가 주희(하주희 분)의 손을 거쳐 민애에게, 다시 유진(사강 분)과 수경(이수경 분)에게로 면면히 이어져 오는 것처럼, 작업기술은 확산되고 공동체는 확대된다.

그런데 그들이 그렇게 갈고 닦고 공유해온 그런 작업기술들이 대개는 실패로 끝나고 만다. 여기서 정작 중요해지는 건 작업기술을 적용할 때 실패의 지점에서 형성되는 예외적 상황과 뜻밖의 발견같은 것들이다. 그것은 작업의 정석과 실제 국면과의 어긋남과 불일치에서 오는 (불)쾌감이다. 그 작업기술의 필연적 실패, 이론과 실제의 간극, 진실은 그 사이 어딘가에 있다.

서서히 멀어져가는 필립(최필립 분)의 마음을 떠보기 위한 수경의 작전이 무위로 돌아갈 때, 유진이 동욱(신동욱 분)을 자신의 운명적 사랑으로 만들기 위해 헛된 노력을 기울일 때, 이들의 작업은 이미 실패를 예고하는 것이다. 예측할 수 없는 인간들 사이의 관계, 상이한 감정의 색깔과 크기, 서로 다른 기대치와 의존도, 연애의 묘미는 어긋남과 불일치 그 자체에 있다. 혹은 실패 뒤의 늦은 깨달음과 후회에 있다.

'소울메이트'라는 판타지가 위치하는 곳은 바로 거기이다. 모든 연애는 실패할 수밖에 없다(결혼은 연애의 성공이 아니라, 실패한 연애를 계약이라는 전혀 다른 국면으로 치환시키는 것이다). 실패할 수밖에 없는 연애로부터 타인과의 완전한 소통과 합일에 대한 갈망이 솟아난다. 그러나 그것은 당연히 그 소통불가능성을 역설적으로 드러내주는 것이기도 하다.

"그래도 혹시 운명의 짝이란 게 있다면……,
지금 내가 집은 이 CD를 먼저 집지는 않았을까?"

(동욱)

"당신 때문에 꿈을 꿨었나봐요. 좋은 꿈이었어요. 마치 내 것처럼."

(수경)

60

수경과의 몇 번의 우연한 부딪침에서 동욱은 수경의 마음 속 목소리를 들을 수 있게 되고, 그것은 그에게 그녀가 자신의 소울메이트라는 운명적 예감으로 다가온다. 그러나 그것은 번개처럼 스치는 환상일 뿐, 그 이름에 걸맞는 두 사람의 영혼의 교류나 정신적 교감 같은 형태가 전혀 아니다. 망상이거나 혹은 기적이거나, 그것은 소울메이트라는 계시로부터 거꾸로 사랑이 형성되기 시작하는 일종의 도착이다.

이는 다름 아닌 소울메이트의 불가능성에 대한 역설이다. 순수한 환상이나 기적이 아니라면 소울메이트 따위는 결코 존재할 수 없다는 것을 반증하는 것이다. 이것이 아마 육체적 성적 욕망이 난무하고 숨막히는 연애작업이 기승을 부리는 이 드라마에 〈소울메이트〉라는 제목이 붙은 이유일 것이다. 이같은 이 시대 최첨단 연애 풍속도에서 동욱과 수경의 만남이 왠지 모를 애조와 서글픔을 띠는 것도 바로 그런 이유 때문일 것이다.

먼저 결혼하고 사랑하면 안 되겠니?
〈웨딩〉〈비밀남녀〉

서로 다른 두 편의 결혼이야기가 같은 시간대에 펼쳐진다. 월화드라마 〈웨딩〉(오수연 극본, 정해룡 연출, KBS)과 〈비밀남녀〉(김인영 극본, 김상호 연출, MBC)가 바로 그들이다. 이들 드라마에서 출발은 주인공 남녀 사이의 사랑이 아니다. 결혼이다. 어떤 사람을 만나 결혼을 할 것인가가 최대의 이슈라는 거다. 따라서 이것은 운명적 사랑에 관한 이야기가 아니다. 단지 선택에 관한 문제이다. 과연 누구를 선택할 것인가, 그 선택은 나에게 어떤 손익계산서를 가져다 줄 것이며, 결과 내 인생을 어떻게 바꾸어놓을 것인가의 문제이다.

사실 우리사회에서 결혼만큼 한 인간을 자신이 처한 구질구질한 현실의 늪에서 한 큐에 건져줄 튼튼한 동아줄은 더 이상 없다. 그것은 개천에서 용 난다는 학력자본보다 훨씬 손쉬우며 일확천금이 걸린 로또보다 확률이 엄청나게 높다. 물론 결혼이 신분과 계급의 횡적 동맹임에는 틀림없지만, 사회적 위계의 아랫길로 내려올수록 이동과 변수의 진폭은 커지기 마련이다. 결혼을 둘러싼 청춘 남녀들의 욕망의 지형도가 펼쳐질 수 있는 것은 바로 이 때문이다.

젊은 남녀들의 욕망의 수읽기로 치자면 단연 〈비밀남녀〉가 한 수 위다. 사랑과 교감과 소통이라는 표면 아래 물밑에서 빠르고 은근하게 진행되던 수지타산과 대차대조는 이제 수면 위로 완전히 떠올랐다. 밀고당기는 네 남녀의 사랑게임은 정확한 공격 목표와 무기고를 앞세운 전략과 전술로 바뀌었다. 사랑은 결혼을 향한 치밀한 두뇌플레이이자 고도의 정치가 되었다.

〈비밀남녀〉는 두 세계로 나뉘어 있다. 성형외과 의사 정아미(송선미 분)와 아트센터 부원장 김준우(김석훈 분)가 거주하는 밝고 화려하고 고급스러운 세계와, 가난한 소녀가장 서영지(한지혜 분)와 남자신데렐라를 꿈꾸는 최도경(권오중 분)이 살아가는 힘겹고 칙칙하고 '빈티나'는 세계가 그것이다. 이 두 세계 사이에는 건널 수 없는 강이 있다. 영지와 도경이 잠시나마 그 강을 건너가는 것은 생뚱맞게 파출부가 되어서거나 혹은 짝퉁 명품을 걸치고서이다.

자신들의 현실적 욕망에 좀더 솔직하고 적극적인 쪽은 도경과 아미이다. 도경은 다니던 은행에서 30억 횡령 프로젝트가 실패한 후 자신의 현실을 일거에 뒤바꿔줄 꿈의 여자로 아미를 점찍는다. 아미는 도경의 집요하고 노골적인 접근을 은근히 즐기면서도, 결정적인 순간에는 사정없이 도경의 주제를 일깨운다. 예를 들면 이런 식이다. 도경 왈 "당신을 가지려면 제가 어떻게 해야 되나요?", 아미 왈 "다시 태어나세요." 아미 역시 세컨드 딸이라는 자신의 콤플렉스를 무마시켜줄 준우와 같은 완벽한 조건의 남자가 필요한 것이다.

이에 비해 영지와 준우는 사랑과 현실적 조건 사이에서 갈등하고 흔들리는 인물들이다. 이들은 서로를 사랑하지만, 현실의 벽을 넘어서기엔 세상 돌아가는 이치를 너무 잘 알고 있다. 이들은 자신들이 속물이 아님을 강변하기 위해 무진

63

애를 쓰지만, 그럴수록 고민은 깊어지고 맘고생도 심해진다. 실상 영지의 준우에 대한 사랑 안에는 신분상승에 대한 욕망이 함께 자리하고 있다. 그것은 그녀가 갖고 있는 동화작가의 꿈만큼이나 매력적이고 황홀한 것이다. 지긋지긋하고 꾸리한 현실에서 벗어나는 것, 그것은 그녀의 꿈이 도경이 꾸는 꿈과 그리 다르지 않음을 말해준다.

〈비밀남녀〉가 결혼에 대한 젊은이들의 현실적인 욕망을 노골적으로 드러내고 있다면, 〈웨딩〉은 그보다 훨씬 낭만적인 사랑과 결혼에 대해 말한다. 결혼에서 사랑으로의 역순을 밟고 있는 이 드라마에서 결혼은 최근 각광받는 동거 컨셉과 크게 다르지 않다. 이것은 결혼생활이라기보다는 함께 살면서 시작하는 새로운 연애에 관한 이야기라는 거다. 중매결혼을 한 세나(장나라 분)와 승우(류시원 분) 부부 사이에 윤수(명세빈 분)와 진희(이현우 분)가 끼어들면서 네 남녀의 복잡한 사랑이야기가 펼쳐진다.

하지만 이 드라마 역시 결혼에 대한 중요한 화두 하나를 던진다. 그것은 전혀 다른 성장배경을 가진 인물들 사이의 가치관과 취향의 차이라는 문제이다. 결혼의 일상적이고 생활적인 면은 많이 빠져 있지만, 자라난 환경과 가치관·취향의 차이가 빚어내는 주인공들의 미묘한 심리를 매우 섬세하게 포착해내는 것이다. 여기에도 세나·진희와 승우·윤수 사이에는 깊은 골이 놓여있다. 모자람 없이 풍족하게 자라난 세나·진희와 가난하게 고학으로 성장한 승우·윤수 사이에 놓인 그 갭은 서로 엇갈리게 맺어진 세나·승우와 윤수·진희 커플 모두를 결합의 어려움으로 몰고 간다.

여기서 흥미로운 건 취향과 가치관의 차이로 예쁘게 포장된 낭만적이고 순수한 네 명의 인물의 배면에 놓인 가려진 욕망의 존재이다. 이들은 현실적 조건을 저울질하는 〈비밀남녀〉의 주인공들과는 다르게 자신도 깨닫지 못하는 현실적 욕망의 담지자들이다. 이들은 정확히 자신이 가지지 못한 것에 대한 욕망을 드러낸다. 자신의 결핍을 메워주고 결함을 채워줄 더 나은 누군가를 선택하는 것이다.

승우와 윤수의 오누이 같고 연인 같은 오랜 사랑은 상대방이 자신보다 더 나은 짝을 만나야 한다는 바램 때문에 맺어지지 못한다. 이들이 암암리에 서로 용인한 현실적 필요는 이들이 겪어야 할 사랑의 상실이나 이별의 아픔보다 더 절실한 것이었다. 승우가 세나와 결혼을 하고 윤수가 진희와 맺어지는 것은 어찌할 수 없는 운명의 장난이 아니다. 그들은 사람을 선택하고 그리하여 자신의 사랑마저 선택한 것이다.

그렇다면 세나의 경우는 어떠한가? 낭만적 사랑과 결혼을 꿈꾸는 우리의 주인공 세나 역시 마찬가지이다. 그녀는 세상물정 모르는 순진한 부잣집 딸이지만, 승우를 선택했을 때 그때는 이미 그녀의 부모들처럼 현실적 계산을 끝낸 다음이다. 그녀는 자신이 가지지 못한 지적 자원과 문화적 소양을 승우에게서 발견한 것이다. 게다가 그녀는 자신이 선택한 결혼을 사랑으로 완전화하려는 낭만주의자(아니 현실주의자!)이다. 낭만적 결혼에서 진정한 사랑의 깨달음으로 넘어가는 것은 어쩌면 당연한 수순인 듯 보인다.

〈비밀남녀〉의 영지와 〈웨딩〉의 세나는 전혀 다른 인물이면서 결국은 같은 인물이다. 낭만적 사랑과 결혼을 꿈꾸지만 거기에는 지독한 현실적 욕망이 내재돼 있는 이들은 영악한 낭만주의자들이거나 혹은 꿈꾸는 현실주의자들이다. 이들에게 결혼과 사랑 사이의 이분법은 무의미하다. 결혼이 현실적 요구이듯이 사랑은 그에 맞게 만들어갈 수 있는 것이기 때문이다. 이런 점에서 이들은 결혼 따

65

로 사랑 따로 하는 〈결혼은 미친 짓이다〉의 연희(엄정화 분)보다도 현실적이다. 텔레비전 드라마의 결혼풍속도는 우리시대 욕망의 무한확대 재생산을 따라 사랑마저 빠르게 잠식해간다.

사랑에는 전략이 필요해
〈프라하의 연인〉

다른 건 몰라도 노무현대통령의 탈권위주의만큼은 인정해야 할 것 같다. 한낱 텔레비전 멜로드라마 속에서 언감생심 대통령이 이토록 쉽게 사칭(?)되는 사태는 일찌감치 예견치 못했던 일이었다. 가슴 아프게도 어쩌면 노통의 탈권위주의가 제대로 빛을 발하는 곳이 유일하게 드라마 속 세계인 듯도 하다. 〈패션 70s〉에서는 인간미 넘치는 대통령이 주인공의 그럴듯한 백그라운드가 되어주더니, 〈프라하의 연인〉(김은숙 극본, 신우철 연출, SBS)에 이르러서는 주인공이 감히(!) 대통령의 딸이 되는 상황까지 발생했다.

사실 공주와 '아랫것'과의 사랑이야기는 새롭게 등장한 이야기가 아니다. 그것은 멜로드라마의 오래된 심층구조의 하나이다. 〈토지〉의 서희와 길상에서부터 〈모래시계〉의 혜린과 태수(재희까지)를 거쳐, 〈서동요〉의 선화공주와 장이에 이르기까지 공주와 하인(또는 범부)의 사랑이야기는 여러 유형으로 반복과 변주를 거듭해왔다.

흔한 신데렐라이야기가 기존의 남녀 권력관계에 기대어 여성의 신분상승의 욕망을 주재하는 거라면, 공주이야기는 그러한 남녀 권력관계를 뒤집는 전치된 권력관계를 드러낸다. 공주와 아랫것과의 사랑은 정확히 전치된 권력관계가 주는 매력에 근거한다. 그것은 남자가 여자를 취하는 멜로드라마의 일반 공식을 거스르는 데서 오는 도저한 쾌락과 즐거움이다. 모든 남녀관계는 권력관계이고, 권력은 위에서 아래로 흐르기 때문이다. 말하자면 공주이야기는 도도하고 당당한 높은 신분의 여자가 자신을 연모하는 비천한 남자를 선택하는 이야기에 다름 아니다. 물론 그들 사이의 신분적 거리가 클수록 그들 로맨스의 비극적 낙차는 커지기 마련이고, 사회적 제약과 위계를 뛰어넘는 사랑의 숭고함도 고조되기 마련이다.

그러나 여기까지는 아직 온전한 진실이 아니다. 공주이야기의 핵심은 도도하고 당당한 공주가 신분이 비천한 한 남자에게 어떻게 복속되어 가는가에 있기 때문이다. 중요한 것은 이 복속에 있다. 신분을 거슬러, 위계를 뒤집어, 그리하여 한 여성이 결국 한 남자에게 복속되어지는 이 영원한 회귀. 이는 공주가 비천한 한 남자를 통해, 어떻게 한 여성으로 재탄생되는가의 오묘한 사회적 젠더 형성의 과정에 다름 아니다.

그런데 공주이야기의 진짜 핵심은 사회적 젠더 위계의 재확인에 있는 것이 아니다. 더욱 중요한 것은 '어떻게'에 있다. 신분을 달리하는 두 남녀가 어떻게 서로에게 끌리고, 어떻게 서로의 감정을 확인하고, 어떻게 사회적 위계를 거슬러 사랑을 이루어가는가 하는 그 과정에 있다. 여기에는 여고남저의 신분적 질서와 남성우위의 통상적 남녀 위계의 부딪침에서 오는 팽팽한 긴장과 요동치는 역관계가 주는 묘미가 있다. 이중으로 포개진 상반된 권력관계의 밀고당김에서

68

발생하는 위태로운 불균형과 그 심리적 파장의 섬세한 추이가 있다. 따라서 여성의 신분상승이 주가 되는 신데렐라이야기와는 달리, 여기서 중요한 것은 남성의 신분상승이 아니다. 중요한 건 남녀 간 치열한 사랑의 권력다툼 그 자체이다.

〈프라하의 연인〉이 우리에게 선사하는 매력의 근원은 정확히 이 지점이다. 대통령의 딸이 일개 말단 형사와 벌이는 사랑의 권력게임이 바로 그것이다. 현직 대통령의 딸이자 외교관인 윤재희(전도연 분)는 프라하에서 우연히 만난 강력계 형사 최상현(김주혁 분)과 미묘한 사랑의 감정에 휩싸인다. 이들이 서로에게 사랑을 느끼게 되는 것은 역설적이게도 그들 각각에게 그림자처럼 들러붙어 있는 과거(에서 현재에 이르는)의 연인들 덕분이다. 재희에게는 5년 만에 나타난 현직 검사이자 재벌 총수의 아들 지영우(김민준 분)가 있고, 상현에게는 자신을 배신하고 임산부가 되어 돌아온 강혜주(윤세아 분)가 있다.

이 과거의 연인들은 재희와 상현의 과거 사랑의 상처이기도 하지만, 다른 한편으로 그들 계급적 실존의 현재적 얼룩이자 구멍이기도 하다. 그들은 각각 재희와 상현의 신분적 차이를 역설적으로 증명해주는, 벗어나기 힘든 현실적 조건에 대한 상징적 징표인 셈이다. 따라서 그것은 지나간 사랑으로 치부해버리기에는 너무도 큰 존재론적 굴레가 되어 주인공들의 발목을 붙잡는다. 그리하여 문제는 다시 대통령의 딸과 말단 형사의 사랑의 권력게임으로 되돌아온다.

> "사랑 그 따위 것 믿게 해줄게요. 그러니까 나랑 정식으로 사귈래요?"
>
> (재희)

> "오늘부터 윤재희! 종로서 강력3반 최상현 소속입니다!"
>
> (상현)

여기서 칼자루를 쥐는 것은 단연 더 많은 권력을 가진 윤재희의 몫이다. 그녀는 이 사랑의 적극적 기획자이다. 그녀의 무기는 자신의 신분은 속이되 사랑의 감정은 적극적으로 드러내는 양동작전이다. 이것은 자신의 처지는 그대로 보여주되 상현에 대한 사랑의 감정을 숨겨온 혜주와는 정반대의 전략이다. 물론 승리는 재희의 것이 된다. 그녀는 대통령의 딸이라는 신분 대신 진실하고 솔직한 사랑의 감정이라는 무기로 한 남자를 쟁취하는 것이다.

그러나 그녀가 자신이 쥔 권력의 알리바이(부재증명)를 위해 휘두르는 진짜 무기는 앞서 언급한 한 남자에 대한 복속이라는 바로 그 제스처이다. 물론 그것은 대부분의 공주이야기가 그러하듯 재희 스스로에 의한 '주체적 복속'이다. 쉽게 말해 자발적 복종이고, 더 쉽게 말해 순진한 얼굴로 꼬리를 내리고 알아서 기는 것이다.

거칠고 예의 없지만, 심지 굳고 함부로 대할 수 없는 위엄과 카리스마가 있는 남자 상현을 향해 재희는 무작정 달려든다. 자존심도 죽이고 어떤 수모도 감수하며 사정없이 들이대는 이 여자, 한심한 듯 하지만 안쓰럽고 귀엽기까지 하다. 거기다 그녀는 타인의 마음을 읽을 줄 아는 고수이다. 결코 밑지는 장사를 하지는 않는다. 그의 마음이 움직이고 있음을 알고 있기 때문이며, 그를 길들이는 방법을 알고 있기 때문이다. 그녀가 구사하는 주체적 복속이라는 전략의 아이러니와 이율배반은 이들 두 남녀의 사랑의 권력게임을 이끌어가는 진정한 묘미이다. 그리고 이 승자 없는 권력게임의 주도권은 시종일관 그녀에게 있다.

이 드라마에서 주체적 복속이라는 모순적 전략이 먹힐 수 있었던 건 재희라는 독특한 성격의 인물 덕분이다. 재희라는 캐릭터는 이전의 공주들과는 사뭇 다르다. 그녀는 당당하고 자부심이 강하지만, 오만하지도 않으며 뚜렷한 기품을

70

가지고 있지도 않다. 이 공주답지 않은 공주는 엄밀히 말해 공주와 무수리의 이종교배나 혼종에 가깝다. 강직한 서민대통령의 딸이라는 설정에, 전도연이라는 배우의 범상한 이미지가 편안하고 인간적 매력을 지닌 공주를 만들어냈다. 그리하여 드라마는 '주체'와 '복속' 사이에서 마초적 남성을 길들이는 절묘한 타협의 지점을 찾아낼 수 있었다.

공주의 사랑도 별 볼일 없네 뭐
〈루루공주〉

〈루루공주〉(권소연·이혜선 극본, 손정현 연출, SBS)는 일찌감치 수목드라마의 새로운 강자로 예견되었었다. 만사가 귀찮아지고 머리가 하얗게 비어가는 무더운 여름 밤 또 한편의 경쾌발랄 로맨틱코미디라니 아니 반가울 수 없지. 게다가 꾸질한 삼순이 대신 이번엔 럭셔리 공주님이야기라, 오호! 기대되는 걸. 여기에 보증된 코미디의 두 대가 김정은과 정준호라면 처음부터 채널 고정은 따 논 당상!

흐음, 주인공들의 얼굴이 조금 늙수그레하지만, 역시 화려한 명품 의상과 액세서리들이 눈길을 확 잡아끄는군! 외제차에, 그림 같은 집에, 줄줄이 딸린 '하인'들에, 휴양지 호텔 생일 파티에, 앗! 저건 내가 꿈에 그리던 개인 영화관이닷! 벌러덩. 그런데 애석하게도 우리의 판타지는 딱 요기까지다. 이 다음부터는 럭셔리 명품 로맨틱코미디가 엇박자의 황당 짝퉁 로맨스로 전락하는 씁쓸한 광경을 지켜보는 일만 남았다.

72

패착 하나, 시발은 이 드라마가 극상류층 세 사람의 사랑놀음이라는 거다. 물론 위화감 조성이나 대한민국 1%의 이야기라고 기죽거나 딴죽 걸 필요조차 없다. 거기까지 나아가지도 못하니까. 그들만의 사랑이 우리에게 아무런 판타지도 제공하지 못하기 때문에. 신데렐라 공식을 우아하게 비껴가려던 변종 신데렐라 〈루루공주〉의 첫 번째 패착 지점이 바로 여기이다.

흔하디흔한 신데렐라 로맨틱코미디의 마력은 다름 아닌 계급갈등에 있다는 사실을 더위먹은 제작진이 잠시 잊어버린 모양이다. 시대를 달리하여 재편되는 신분 차이와 계급적 격차는 생존을 위한 사회 속 인간들의 가장 원초적인 욕망의 전제 조건이다. 사랑도 일도 권력도 명예도, 그 모든 인간의 욕망들이 계급갈등이라는 뿌리에서 가지를 뻗어나간다. 지속되는 신데렐라이야기의 반복과 변주는 계급갈등의 현실적 무게에 짓눌린 대중들의 욕망의 키워드를 정확히 짚어낸 결과이다. 그것은 초라하고 보잘 것 없는 우리 삶에 대한 동류적 위무를 제공하며, 현실에선 불가능한 완전한 사랑과 연애, 결혼에 대한 여성들의 판타지를 가능케한다.

근데 계급갈등이 사라진 상류층 연애담인 〈루루공주〉에는 아무리 눈 씻고 찾아봐도 별 볼일 없는 대다수 대중들이 비빌 언덕이 없다. 물론 드라마 안에는 루루공주 고희수(김정은 분)를 어떻게 해서든 구박덩이 신데렐라로 만들기 위한 전략이 들어 있다. 계모와 이복오빠라는 내부의 적이다. 희수를 괴롭히는 이 얄팍하고 궁색한 인물들은 성에 갇힌 그녀를 불쌍하고 가련하게 만들기는커녕 덩달아 우스꽝스러운 광대로 희화화시킨다.

이럴 바엔 차라리 풍자를 겨냥한 블랙코미디가 되었으면 좋았을 것을. 아닌 바에야 잘난 그들만의 사랑놀음에 아무런 상관도 없는 우리가 굳이 박수를 쳐주고 추임새까지 넣어줄 이유야 없지 않은가?

패착 둘, 그렇더라도 매력적인 공주와 왕자의 럭셔리한 사랑이야기는 그 자체로 판타스틱할 수도 있었다. 헌데 주인공들이 도통 매력이라곤 찾아볼 수 없으니, 이보다 더 난감할 순 없다. 캐릭터나 사건들의 비현실성이나 개연성 부족을 탓하진 말자. 어차피 현실에서 삼순이가 재벌 2세를 만날 확률이 그들만의 리그에서 고희수와 강우진(정준호 분)이 만나 결혼할 확률보다 훨씬 낮으니까. 뿐인가. 드라마보다 더 드라마틱한 일들이 현실에서는 숱하게 일어나니까. 고희수나 강우진 같은 특이한 인물들이 어디에선가 살고 있다고 해도 하등 이상할 게 없다.

문제는 이 인물들이 우리가 굳이 TV를 통해 봐야 할 만큼의 매력이 없다는 거다. 캐릭터의 매력은 제법 까다롭고 미묘한 문제이기는 하지만, 거칠게 보자면 다음 두 가지 요건과 결부돼 있다. 하나가 종적으로 개인사를 경유한 인물의 깊이, 심도와 관련된다면, 다른 하나는 횡적으로 인물이 사회와 교접하면서 이루어내는 동시대적 교감과 연결된다.

희수의 경우는 두 가지 요건 중 어느 하나도 만족시키지 못한다. 재벌가 여성에 대한 극도의 표피적인 이해와 더불어 오래된 순정만화 속에서 걸어나온 듯한 시대착오적 여성상이 한데 어우러졌다. 순진무구와 청순가련을 위한 오버와 가식으로 점철된 거북살스럽고 불편한 인물이 탄생했다. 그녀가 아무리 과거의 갇혔던 기억으로 두려움에 떨어도, 처음 찾아온 사랑에 대한 기대에 젖어 꿈을 꾸는 표정을 지어도 왠지 우리는 그녀의 진정성이 의심스럽다. 그녀가 아무리 그래피티라는 첨단 취미를 보여줘도, 노블리제 오블리주를 몸소 실천하기 위해 보육원 천사들을 찾아다녀도 그것들은 그녀가 걸친 장신구만큼의 빛도 내지 못

74

한다.

매력없기는 우진 역시 마찬가지이다. 그는 바람둥이라는 설정에 맞는 바람둥이로서의 어떠한 연애 능력도 자질도 보여주지 못한다. 바람둥이의 연애 수칙 따위를 주워섬긴다고 해서 바람둥이가 되는 것은 아니다. 연애의 고수로서 한 여자를 사랑에 눈뜨게 해야 하는 판국에, 여자에게 '야!' 거리면서 윽박지르고 구박을 해대니 싹트려던 사랑의 감정도 도망가게 생겼다. 무늬만 바람둥이니, 바람둥이가 진정한 사랑을 하게 된다고 한들 그 변화가 눈에 보일 것이며, 그 사랑이 감흥을 줄 수 있겠는가?

패착 셋, 그리하여 그들의 사랑은 아무런 공감도 울림도 없다. 한마디로 멜로가 안 붙는다는 것이다. 핵심적인 갈등이 없으니 지지부진한 갈등들이 튀어나왔다가 사라지면서 극의 매끄러운 흐름을 방해하고 집중도를 떨어뜨린다. 이제 희수와 우진의 멜로를 붙여줄 임무는 힘겹게도 김찬호(김흥수 분)의 희수에 대한 맹목적 사랑과 과도한 질투심에 맡겨질 수밖에 없게 되었다.

삼각라인이건 사각라인이건 주인공들의 사랑의 희비쌍곡선이 힘을 받는 것은 사랑의 과정이 인간과 인간 사이의 소통과 관계맺음에 대한 가장 강렬한 경험을 제공해주기 때문이다. 만남에서 탐색, 접촉, 그리고 수용에 이르는 그 하나하나의 과정이 얼마나 섬세하고 정교하게 접합되느냐에 멜로의 성공여부가 달려있다. 〈루루공주〉의 멜로가 실패할 수밖에 없는 것은 최종적으로 그것이 인간들 사이의 소통과 관계맺음에 대한 어떠한 통찰이나 해석도 담고 있지 못하기 때문이다.

이제 남은 선택은 더 늦기 전에 채널을 돌리든지, 그것도 귀찮다면 드라마를 '씹으면서' 보는 새로운 재미에 돌입하는 거다. 사실 씹으면서 보는 재미를 줄 수 있는 매체는 텔레비전밖에 없다. '아 유치해!' '말도 안 돼!'를 연발하면서도 그토록 열심히 보는 시청자들의 존재는 텔레비전을 둘러싼 해석의 공동체—주로 자매들이나 여자친구들로 이루어진—가 형성되는 매우 독특한 문화적 수용 양상을 보여준다. 게시판 안티팬들의 활약상을 보라. 〈루루공주〉의 시청률의 비밀이 바로 여기에 있다.

사랑, 삼각에서 사각관계로
〈이별에 대처하는 우리의 자세〉

요즘 트렌디드라마들의 주인공은 네 명이다. 여자 둘, 남자 둘의 사각체제이다. 오랜 세월 멜로드라마를 구축해온 안정적인 삼각관계 구도가 무너지면서 사각라인 체제가 자리를 잡았다. 2005년 최고의 신드롬을 낳았던 〈내 이름은 김삼순〉을 비롯해 〈신입사원〉과 〈패션 70s〉, 그리고 〈웨딩〉, 〈비밀남녀〉, 〈이별에 대처하는 우리의 자세〉 등이 모두 네 남녀의 얽히고설킨 사각의 애정관계를 다루고 있다.

멜로드라마의 변천사를 볼 때 출발은 사랑하는 두 남녀와 그들을 갈라놓는 외부적 제약이라는 설정이다. 계급갈등이건 부모의 반대건 혹은 불치병이건 두 사람을 방해하는 외부 요인이 드라마의 주요 갈등을 만들었다. 이 두 사람 사이에 새로운 사람이 끼어들면서 그 둘의 사랑을 방해하는 새로운 갈등 요인으로 들어간 것이 삼각관계이다. 이 세 번째 인물은 사실상 외부적인 방해 요인에 불과했다. 거기에는 주인공 두 남녀의 절대적이고 변하지 않는 사랑이라는 대전제가 놓여 있다. 간혹 주인공 중 한 명을 쫓아다니는 조연급의 또 한 인물이 나오기도 하지만, 그 인물은 삼각관계에 별다른 영향을 미치지 못하는 경우가 대부분이었다.

이제 네 번째 주인공인 제 4의 인물이 끼어들면서 삼각관계의 안정적인 중심축은 무너지게 되었다. 네 번째 인물의 위치에 따라 삼각관계가 이중·삼중으로 중첩된다. 중심이 하나에서 두 개, 심지어 세 개, 네 개로 바뀌는 것이다. 새로워진 사각 관계의 최초의 사례라고 할 수 있는 〈발리에서 생긴 일〉의 경우가 이를 명확히 보여준다. 수정을 중심으로 한 인욱과 재민의 삼각관계는 재민을 중심으로 한 수정과 영주의 삼각관계, 인욱을 둘러싼 수정과 영주의 삼각관계, 영주를 둘러싼 재민과 인욱의 삼각관계로 번져나간다. 이러한 사랑의 중심 이동은 네 사람을 공히 사랑의 주체로 만들어 놓는다.

이러한 탈중심적 사랑방정식은 이전의 삼각관계로는 결코 담아낼 수 없는 것이다. 탈중심적 사랑 방식이 의미하는 것은 사랑의 가변성에 대한 것이다. 절대적이고 변하지 않는 사랑이란 존재하지 않는다는 것. 사랑은 옮겨갈 수 있는 것이고 언제든 다른 사람이 그 자리를 대신할 수 있는 것이다. 수정의 사랑이 인욱에서 재민으로 옮아간 것, 아니 차라리 인욱과 재민을 동시에 사랑한 것, 그리고 〈내 이름은 김삼순〉에서 진헌의 사랑이 희진에서 삼순으로 바뀌어간 것이 이를 잘 보여준다.

〈이별에 대처하는 우리의 자세〉(민효정 극본, 이재동 연출, MBC)가 보여주는 것 역시 그러한 사랑의 탈중심성에 관한 것이다. 재민(심지호 분)을 둘러싼 근영(최강희 분)과 희원(김아중 분)의 삼각관계는 서준(김민종 분)이라는 인물의 개입으로 인해 제 2, 제 3의 삼각형을 만들어간다. 희원을 좋아하던 재민의 마음이 근영에게 옮겨가기 시작한 것은 서준이라는 새로운 라이벌의 등장에 의해서이다. 서준을 좋아하는 희원 역시 자신을 따라다니던 재민이 근영을 좋아하기 시작하자, 재민에게까지 마음을 두기 시작한다. 근영은 희원을 좋아하는 재민에게서 마음을 접고 자신에게 사랑을 고백한 서준을 받아들이기 시작한다.

이들 네 사람 사이에서 사랑은 돌고 돈다. 라이벌의 존재는 자신의 사랑을 문득 깨닫게 해준다. 자신도 몰랐던 그 사람의 진가를 발견하게 해준다. 확실히 사랑은 타자의 욕망을 욕망하는 것이다. 두 쌍의 라이벌로 이루어진 사각관계의 틀 안에서 사랑의 갈등은 온전히 주인공들 내부에서 발생한다. 유혹과 끌림, 무관심과 질투, 소유와 집착 등 사랑을 둘러싼 인물들 사이의 미묘한 감정과 복잡한 심리의 복마전이 펼쳐진다. 더 이상 부모의 반대나 현실적 조건과 같은 외부의 제약은 이들의 사랑을 좌우하는 힘을 발휘하지 못한다. 그들은 그순간 자신들의 사랑을 깨닫고, 표현하고, 그 사랑을 얻는 데만도 힘에 부치는 중이다. 이들 네 사람 사이의 갈등만으로도 드라마는 충분히 흥미롭고 재미있다.

이러한 사각관계가 특히 흥미로운 것은 네 사람 사이에 권력이 배분된다는 점이다. 이는 주인공들 사이에 선악의 이분법이 사라져 가는 것과도 무관치 않다. 네 사람 사이를 순환하는 사랑의 탈중심성은 네 사람 모두에게 사랑의 기쁨과 고통을 각인시킨다. 인물들 간에 비중의 차이가 있고, 사랑을 얻는 자와 사랑을 잃는 자가 존재하지만, 그 차이가 절대적인 것도 항상적인 것도 아니다.

왜냐하면 이 드라마에서 사랑의 가장 큰 적은 라이벌이 아니라 시간이기 때문이다. 시간이 지나면 변해가고, 그 시간차에 사랑의 비극이 있다. 사랑은 항상 너무 빨리 오거나 너무 늦게 당도한다. 드라마의 주요 모티프인 '이별계약서'란 그 시간차를 메워보려는 안쓰러운 몸부림에 불과하다. 재민이 근영을 좋아하기 시작했을 때 근영의 마음은 떠나가고 있었다. 따라서 근영과 희원, 재민과 서준, 이들 라이벌 사이에 승리와 패배를 가르는 것은 부질없는 짓이다. 사랑을 얻은 자의 도취는 사랑을 잃은 자의 시련과 그리 멀리 떨어져 있지 않은 것이다.

그러나 무엇보다 주목을 요하는 것은 이러한 사각관계의 등장이 새로운 남녀 관계를 전시한다는 사실이다. 오랜 기간 삼각관계는 한 남자가 두 여자를 교환 하는 이야기 혹은 두 남자가 한 여자를 교환하는 이야기였다. 그것은 남자들이 여자들을 교환하는 이야기였지 역으로 여자들이 남자들을 교환하는 이야기는 결코 아니었다. 남성들의 주도성과 절대불변의 사랑의 완고성은 견고한 삼각틀 안에서만 가능했다.

이제 두 여자와 두 남자의 등장으로 삼각형들의 가변적 중첩이 가능해졌고, 중심에 놓였던 남성들의 권력에 누수현상이 발생했다. 남녀간의 역관계는 비로 소 균형을 잡을 수 있게 되었다. 남자들에 의해 일방적으로 끌려가던 사랑의 관 계는 분산적이고 수평적으로 넓혀졌다. 이로써 여성들이 남성들을 선택하고 교 환하는 이야기가 비로소 가능해졌다.

멜로드라마의 사각관계는 확실히 현대도시 남녀의 내면의 풍경을 보다 잘 드 러내주는 것 같다. 부유하는 고립된 삶, 중심을 잃고 이리저리 휩쓸리는 사랑, 순간적이어서 더욱 집요해지는 소통에의 욕구, 타인의 욕망을 욕망하는 소유와 집착, 그 모든 것이 현대를 살아가는 인간 군상들의 내밀한 속살들일 것이다. 반 갑게도 멜로드라마의 사각관계는 드라마가 넓어지고 깊어질 일단의 가능성을 보여주는 듯하다.

멜로드라마에서 생긴 일
〈발리에서 생긴 일〉

멜로드라마의 영원한 주제, 사랑

모든 드라마는 멜로다. 드라마의 궁극은 사랑, 바로 그것이기 때문이다. 사랑은 갈등의 원천이자 사건의 내용 그 자체이며, 마지막 갈등의 해소 방법이다. 사랑 없는 멜로드라마는 존재하지 않으며, 멜로드라마가 아닌 사랑이야기도 거의 불가능하다.

멜로드라마와 사랑의 이러한 불가분성은 멜로드라마가 왜 통속성과 감상성을 내적 본질로 가질 수밖에 없는지를 설명해준다. 사랑이라는 사태가 불러일으키는 설렘과 그리움, 환희와 열정, 질투와 원망, 고통과 절망 등 감정의 파토스, 이는 통속성과 감상성을 먹고 사는 드라마와 이를 즐기는 시청자 사이에 형성되는 일종의 감정적 연루다. 그러므로 드라마는 사랑이라는 추상적이고 철학적인 대상 그 자체가 아니라 사랑에 얽힌 구체적인 이야기를 다룬다. 누가 누구와 어찌어찌하여 사랑을 하게 되었다. 그런데 이들 사랑을 가로막는 어떤 상황이나

81

인물이 개입, 방해하여 결국 사랑을 이루지 못하게 되었다. 아니면 반대로 그럼에도 불구하고 사랑을 이루어 행복하게 살았다는 식이다. 여기서 사랑이야기를 만들어주는 것은 역설적으로 사랑을 방해하는 불가피한 어떤 요인이다. 방해요인이 없다면 그 사랑은 일시적인 가십거리는 될지언정 지속적인 흥미를 제공할 수는 없을 것이며, 감정적인 관여와 몰입의 흐름을 형성하지도 못할 것이다.

따라서 멜로드라마는 사랑을 이루어가는 이야기인 동시에 사랑을 지연시키는 힘들에 대한 이야기이다. 사랑을 방해하고 지체시키고 지연시키는 힘들이 커질수록 사랑에 대한 열망은 더욱 커진다. 극복하기 어려운, 장애를 지닌 사랑은 비극적이어서 아름답다. 이루어지기 힘들수록 사랑은 더욱 값지고 위대하다.

사랑의 훼방꾼, 계급갈등

사랑을 방해하고 제약하는 장애물 중 가장 윗자리에 무엇이 놓일까? 그것은 계급갈등이다. 사회적 지위나 신분차이, 빈부의 격차 등으로 불거지는 계급갈등은 예나 지금이나 변함없이 사회의 가장 보편적이면서도 첨예한 갈등요인이며, 자본주의가 고도화되는 현대사회로 올수록 더욱 심화되는 것처럼 보인다. 신분질서가 와해된 오늘날, 능력에 따라 원하는 것을 얻을 수 있는 자유롭고 유동적인 사회에서 오히려 개인은 무한 확대되는 욕망과 현실적 조건 사이의 간극에서 극심한 불안과 열패감에 시달리게 되었다. 계급갈등은 이제 집단적이고 표면화된 형식 대신 개인적이고 잠재적이며 내면화된 형태를 띠게 되었다.

계급갈등, 그것은 대중적 욕망을 양분삼아 화려하고 싱싱한 멜로드라마의 과실을 키운다. 그 많은 비판과 공격에도 불구하고 신데렐라이야기가 지겹도록 반복되는 이유가 무엇일까. 대중들의 신분상승 욕구가 얼마나 지대한지 역설적으로 말해주는 것은 아닐까. 물론 신데렐라이야기들에 내재한 남녀 성역할의 고착적 위계화가 가부장제 질서를 얼마나 충실히 답습하는가에 대한 문제제기는 여전히 중요하다. 다만 여기서 강조하고 싶은 것은 멜로드라마 사랑이야기에 담긴 대중적 욕망과 정서에 면면히 흐르는 계급갈등의 기류에 대한 것이다. 안타깝게도 그것은 너무나 흔해서 자주 잊혀지고, 너무나 뻔해서 결코 주목되지 않는 그런 종류의 것이다.

2004년에 방영되었던 〈발리에서 생긴 일〉(김기호 극본, 최문석 연출, SBS, 이하 〈발리〉)을 거론하는 것은 이 드라마가 멜로드라마 안에 깊숙이 가라앉아 있던 계급갈등의 기류를 탁월하게 전면화했기 때문이다. 이 드라마만큼 계급갈등이 여타의 모든 갈등들을 압도하고, 인물들의 성격과 행태들을 규정하고, 마지막 비극적 파국까지를 관통해내는 그런 드라마를 찾기는 쉽지 않다.

〈발리〉 역시 신데렐라이야기의 욕망을 공유한다. 그러나 계급갈등이 단지 주인공들의 사랑의 순수성과 절대성을 돋보이게 하기 위한 시련으로 기능하는 대부분의 신데렐라이야기와는 다르다. 이 드라마에서 계급갈등은 인물들의 존재론적 근원에 해당하는 훨씬 본질적인 성격을 갖는다. 따라서 우리의 관심은 신데렐라의 성공에 있지 않다. 오히려 신데렐라이야기를 어떻게 현실로 되돌려놓는가가 관심의 대상이 된다.

파라다이스, 엇갈린 만남

'지상 최후의 파라다이스' 발리. 더위와 땀, 뜨거움과 열기를 발산하는 이국적인 풍광 속에서 네 명의 주인공이 처음 그것도 한꺼번에 만나게 된다. 네 사람은 서로 다른 욕망으로 긴장을 한껏 부풀린다. 팍스그룹 차남 정재민(조인성 분)이 집안에서 맺어준 약혼녀 최영주(박예진 분)의 께름칙한 행적을 좇아 발리 공항에 대기하고 있을 때, 그는 공항을 나서는 영주와 강인욱(소지섭 분)을 목격한다. 영주의 (옛)연인 인욱은 영주의 약혼으로 팍스의 자카르타 지사 근무를 자원해 온 상태이고, 결혼을 앞둔 영주가 인욱을 찾아왔던 것이다. 재민의 난데없는 등장으로 영주와 인욱의 마지막 밀월여행은 졸지에 회사 상관인 재민과 영주의 여행을 인욱이 에스코트하는 형국으로 바뀌게 된다. 여기에 세 사람의 발리관광을 맡게 된 관광가이드 이수정(하지원 분)이 가세하면서 네 남녀의 엇갈리는 운명적 사랑의 서막이 시작된다.

네 사람의 사랑의 갈등이 본격화되는 것은 재민을 견제하는 형 일민(김일우 분)이 인욱을 본사로 불러들임과 동시에, 수정이 자신의 돈을 떼먹고 도주한 사장을 찾아 서울로 돌아오면서부터이다. 인욱은 재민이 팀장으로 있는 마케팅부에 배속되고, 무일푼의 수정은 일자리를 얻기 위해 재민을 찾아온다. 게다가 인욱이 수정이 얹혀사는 친구 미희(신이 분)의 달동네 쪽방의 바로 옆방으로 이사를 오면서 네 사람의 얽히고설킨 애정행각은 본궤도에 오르게 된다.

이들 네 사람의 애정전선을 가장 날카롭게 가르는 것은 넘어설 수 없는 간극으로서의 계급갈등이다. 재민과 수정, 영주와 인욱 사이에 가로놓인 계급격차의 깊은 골은 애초부터 그 누구도 감히 뛰어넘을 수 없을 만큼 절대적이고 강고한 것이었다. 네 사람 모두가 공유하는 이러한 비관적 현실인식은 네 사람의 애증의 복합 함수를 한층 간결하고 집중적인 것으로 만들 뿐 아니라, 그들 사이에 암묵적 소통을 가능케 하는 성숙하고 세련된 룰을 가동시킨다. 어느 누구도 미워할 수 없는 네 사람에 대한 팽팽한 동일시의 감정은 그렇게 형성되는 것이다.

그런데, 다른 드라마에서 가동되던 선악의 공식-가난=선, 부=악-은 뒤틀린 형태로 구현된다. 자신의 계급적 존재기반에 대한 인물들의 자의식이 선악의 추상적 범주를 대체하는 것이다. 이 드라마의 현실노선이 빛을 발하는 부분은 정확히 이 지점이다. 비록 극단적인 신분격차가 설정되었고, 몇 가지 결정적인 우연의 힘을 빌려 왔음에도 불구하고, 현실과의 접점이 빚어내는 범상치 않은 수준의 리얼리티가 극을 바짝 조여준다. 이는 대부분의 멜로드라마가 추구하는 정서적이고 감정적인 차원의 리얼리티를 넘어서는 것이다. 보통 멜로드라마에서 느끼는 그럴듯함의 현실감은 외부 현실을 있는 그대로 지시하고 반영하는 형태의 현실감이라기보다는 심리적 경험의 유사성에 근거한 정서적 현실감에 가깝다. 때문에 드라마 속 현실이 그토록 '비현실적'임에도 불구하고, 감정이입과 동일시를 가능케 하는 극적 현실감이 주어지는 것이다. 그런데 〈발리〉의 경우는 이러한 정서적·감정적 리얼리티에 앞서 우리 사회의 현실과 직접적으로 조응하는 명징한 리얼리티의 국면이 존재한다. 그것은 주로 인물성격과 상황 묘사의 리얼리티일 터인데, 이것이야말로 계급적 리얼리티에 다름 아니다.

계급을 계급으로 묘사하는 것, 이 간단한 명제는 그리 쉬운 일이 아니다. 오히려 멜로드라마 공식에 위배되는 것으로 의도적으로 폐기되어온 명제이다. 주인공들은 계급적 조건에 놓여있되 그 계급을 초월한 상상의 공간에 자리잡아야만 한다. 계급 이전 혹은 이후의 상상적 합일의 공간 안에서만 그들의 사랑이 이루어질 수 있기 때문이다. 그런데 문제는 여기서 계급 초월이 마지막 사랑의 완성의 시간에 이르러서 이루어지는 것이 아니라는 데 있다. 사랑을 위해 가장 먼저 버려지는 게 계급이므로, 계급 초월은 항상 이미 소급적으로 이루어져버린다. 그리하여 계급을 계급으로 묘사하는 것, 그 감당할 수 없는 현실의 무게는 드라마 밖으로 부려졌다.

85

그런데 〈발리〉는 현실의 계급을 계급으로 온전히 드라마 안으로 끌어들인다. 대신 현실의 무게를 완화시키는 웃음의 코드를 전략으로 내세운다. 그것은 일종의 풍자와 해학이다. 재미있는 것은 풍자와 해학이 기묘한 변형을 이루어 나타난다는 점이다. 지배계급에 대한 날카로운 풍자와 하층계급에 대한 따뜻한 해학이라는 이분법이 해체되면서 풍자와 해학은 서로의 경계를 넘나들고 몸을 뒤섞는다. 상층계급과 하층계급 양자에 공히 풍자와 해학의 이중적 시선이 주어지는 것이다. 이는 각 계급의 인물들이 지니고 있는 이중적 속성에 대한 포착과 잘 맞아떨어지는 것이기도 하다. 재벌가의 인물들이 지니는 품위와 교만, 교양과 허영, 포용력과 잔인함 등의 이중성, 가난한 인물들이 지니는 자존심과 비굴함, 당당함과 비겁 따위의 이중성에 대한 적나라한 묘파가 풍자와 해학의 절묘한 조화 속에 이 드라마만의 독특한 웃음을 만들어내는 것이다. 어이없는 실소를 자아내는 실수와 결점투성이의 인물들이 어느 순간 자신의 계급적 속성과 본색을 드러내는 식이다.

그렇다고 이렇게 변형된 웃음의 코드가 드라마의 심각하고 진지한 애증의 갈등을 해소시키는 것도, 첨예한 계급 대립의 긴장을 이완시키는 것도 아니다. 아이러니하게도 코믹한 상황은 뒤이은 극의 갈등과 긴장의 강도를 한층 배가시켜주며, 인물들 사이의 심리적 경계와 대치의 국면을 오히려 확산시켜준다. 일종의 반전적 효과라고나 할까. 웃음과 진지 두 가지 모드의 자유자재의 상호 변환은 인물들의 이중성에 대한 극적 전개방식의 대응물로 작품 전체를 아우른다.

그람시라고 들어봤어?

명확히 그어진 계급전선을 따라 인물의 성격을 살펴보자. 재민과 영주가 최

상류층 부르주아들이라면, 수정과 인욱은 하층 무산계급에 속한다. 먼저 재민과 영주. 그들은 가진 자들이 지니는 오만함과 도도함, 자신 밖에 모르는 거칠 것 없는 이기성을 보인다. 이들은 자신들이 누리는 호화로운 삶에 대한 일고의 반성과 성찰도 가지고 있지 않은 전형적인 부르주아 속성을 지닌 인물들이다.

그런 면에서 이들은 기존의 재벌 2세 주인공들과는 상당히 다르다. 재민이 특히 그렇다. 일반적으로 드라마 속에서 재벌남을 다루는 방식은 재벌이되 재벌이 아닌 듯이 보이는 교묘한 전략을 사용한다. 재벌 2세, 3세라는 화려한 자리에 앉혀놓으면서도, 그가 재벌가와 이반되고 상충되는 어떤 지점을 만들어준다. 서자라든가 어머니 상실의 아픔이라든가 남모르는 그만의 깊은 트라우마를 설정함으로써 그를 내면의 불행과 고독을 지닌 인물로 형상화한다. 그는 자신의 집안에 저항하거나 반발함으로써 재벌가의 속물적 가치와는 전혀 다른 정신적 고귀함을 획득하게 된다. 이것이 그에게 가난한 여주인공과의 사랑을 가능하게 해주고, 보통의 시청자들에게 그를 동일시의 대상으로 가깝고 친근한 인물로 받아들이게 해준다.

그러나 재민은 내면의 깊은 상처와 정신적 고결함을 지닌 인물이 전혀 아니다. 그는 단지 아버지의 권위에 짓눌려 있는 소심하고 나약한 인간이다. 거부할 수 없는 아버지의 힘에 이끌려 정해진 길로 나아갈 수밖에 없으나 아버지의 기대에 부응할 만한 능력도 마음도 별로 없는, 미래를 꿈꾸지 않는 인물이다. 그는 돈으로 술과 여자, 친구들을 사고 시간과 에너지를 탕진하는 소비형 부르주아이다. 유학 가서도 놀기만 했고, 회사에 자리를 꿰차고 앉아서도 일에는 도통 관심조차 없다. 그렇다고 돌아온 탕자처럼 궁극에 숨겨진 자신만의 능력을 발휘하는 그런 인물도 아니다. 아랫사람들 앞에서 잔뜩 무게를 잡지만 그들에게조차 비웃

87

음을 사는, 재벌가에 한둘씩 있는 날라리 자식에 가깝다.

영주는 재민에 비해 훨씬 잘 다듬어진 재벌가의 숙녀이다. 교양과 지성과 미모, 그 도도함과 자존심은 가히 하늘에 닿을 수준이다. 영주가 그토록 사랑하는, 학창시절부터의 연인 인욱을 버릴 수밖에 없는 것은 그의 조건이 그녀의 계급적 기반을 무너뜨릴 만큼 위험한 것임을 누구보다 잘 알고 있기 때문이다. 결혼을 앞둔 그녀가 자카르타로 인욱을 찾아가 '넌 왜 가난한 거니? 왜 가난한 집에서 태어난 거야?'라고 탄식하는 장면에서 볼 수 있듯, 똑똑하고 멋있고 능력 있는 인욱 대신 한심하기 짝이 없는 재민을 선택할 수밖에 없는 그녀의 계급적 위치와 지향이 정확히 드러난다. 영주와 재민의 예정된 정략결혼은 매우 허약하고 부실하지만, 그만큼 벗어날 수 없는 강고한 계급적 이해관계로 얽혀있다.

이들과 정반대 대척점에 놓인 인물들이 수정과 인욱이다. 수정은 오빠와 단둘이 친척집과 고아원을 전전하다 배가 고파 고아원에서 도망 나온 뒤 닥치는 대로 일을 해가며 생계를 꾸려온 하층계급의 여성이다. 오빠는 착하지만 무능력하고 뻔뻔해서 툭하면 사고를 치고 그 책임을 수정에게 떠넘긴다. 수정에게 오빠가 떼어낼 수 없는 짐인 것처럼, 인욱에게는 엄마의 존재가 그러하다. 그녀는 열일곱에 인욱을 낳았고, 남편의 폭력에 시달리다 이혼한 후 혼자 인욱을 키워왔다. 갖은 고생을 하며 잘난 자식 대학공부까지 시켰지만, 그녀의 칼국수집에는 그녀의 외로움을 미끼로 등쳐먹으려는 남자들이 들락거린다. 인욱은 자신의 엄마를 이해하려 애쓰지만, 지긋지긋한 가난과 초라하고 부끄러운 자신의 환경에서 결코 자유롭지 못하다.

이들의 가난은 단지 불편한 것이 아니라 쪽팔리고 불행한 것이다. 그것은 수정에게는 생계를 위협하는 것이고, 인욱에게는 현실에서 벗어나 비상하고 싶은 자신의 발목을 부여잡는 것이다. 여기서도 일반 멜로드라마 가난 공식과의 차별성을 볼 수 있다. 보통의 가난한 여자주인공에게는 가난을 상쇄해주는 무엇인가가 있다. 화목한 가족이라든가 아름다운 미래의 꿈이라든가 하는 것들이 그것이다. 그리하여 그녀들은 주로 명랑쾌활하며 밝고 따뜻하다. (주로 자신의 가난으로부터 신분상승의 꿈을 키우고 위태로운 욕망의 사다리를 오르는 것은 남자주인공 쪽이다. 〈발리〉에서는 이 공식이 비틀리고 뒤집힌다. 수정이 욕망의 사다리를 오르고 인욱이 그 사다리가 넘어지지 않도록 꽉 붙들고 있는 형국이다.)

이와 달리 수정에게는 가난을 상쇄해줄 그 어떤 것도 없다. 그저 가난할 뿐이고 가난해서 삶이 고달프다. 살아남기 위해 자존심을 버려야 할 때도 있고 비굴해지거나 뻔뻔해지기도 해야 한다. 여기서 수정과 인욱이 갈라진다. 제대로 배우지 못한 수정에 비해 인욱은 최고대학을 나와 대기업에 수석 입사를 한 엘리트 인텔리젠차이다. 하층계급 출신으로 최고의 인재가 되었으므로 출신성분에 대한 콤플렉스는 상대적으로 더 크다. 또한 영주와의 사랑 실패로 인한 상처는 그의 내면화된 자의식을 더욱 확고한 계급의식으로 몰아간다. 그가 생뚱맞게도 잘 알아듣지도 못하는 수정에게 소개하는 그람시야말로 이를 명확히 대변한다.

"그람시라고 들어 봤어? 계급은 중세시대에만 있었던 것은 아니야. 그놈들의 헤게모니가 우리들의 눈과 귀를 가리고 있을 뿐이지. 물론 그 이데올로기 안에서 행복하다면 할 말은 없지만."(인욱)

인욱은 그람시의 헤게모니이론을 들먹이며 재민에게 흔들리는 수정의 마음에 제동을 건다. 그건 정확히 자신이 영주에게 품었던 그 사랑과 욕망에 다름 아니다. 그러나 사실 수정은 이미 알고 있었다. 이십여 년 살아오면서 몸으로 체득한 자신의 계급적 조건과 한계를.

　"열심히, 성실히 살았는데, 사는 것이 왜 이 모양이죠? 되는 놈은 처음부터 돼 있고, 안 되는 놈은 죽을힘을 다 해도 안돼요. 재수 없는 놈, 그런 놈 하나 물어서 팔자 고치는 거……, 세상에 복수하고 싶은데……, 그런 개자식들 보란 듯이 잘 살아야 되는데……."(수정)

　술 취한 수정의 넋두리야말로 몸으로 체득한 현실인식이다. 불합리하고 불평등한 현실에 대한 예리한 진단을 담고 있다. 그것은 그녀의 삶이 알아낸 경험적 진실이며 자신도 모르게 지니게 된 원초적 계급의식이다. 그것이 비록 재수 없는 돈 많은 놈을 물어 세상에 복수하고 싶다는 왜곡된 방향으로 나아간다 할지라도, 그것만이 그녀가 자신의 처지에서 벗어날 수 있는 유일한 길이라고 수정이 굳게 믿고 있기 때문이다. 인욱 또한 그 비참한 현실을 잘 알고 있으며, 나아가 그 위험한 욕망의 끝을 이미 알고 있기도 하다. 인욱의 수정에 대한 안타까운 연민은 그렇게 시작되고, 그들 사이를 공통으로 흐르는 좌절과 분노, 열패감은 그들 사이의 계급적 유대를 형성시킨다. 인욱이 제 아무리 잘난 인텔리여도 인욱과 수정 사이의 차이는 영주와 재민 앞에서 여지없이 무너져내린다. 계급은 귀속과 세습의 문제임을 네 사람 모두 너무나 잘 알고 있기 때문이다.

유혹 vs 반발, 모욕 vs 오기

　그리하여 전혀 다른 두 계급 남녀들 사이의 사랑에는 계급적 위계와 권력관계가 기입된다. 수직적인 지배종속관계가 영주와 인욱, 수정과 재민 간의 사랑의 내부를 가로지른다. 한때 인욱이 영주에겐 오라면 오고 가라면 가는 사람이었던 것처럼, 심지어 영주가 약혼한 후에도 그녀의 일방적인 감정놀음에 인욱이 끌려 다닌 것처럼, 이야기는 영주에 의해 시작되고 영주에 의해 끝나는 권력관계의 테두리를 벗어나지 못한다. 그러나 사랑을 매개로 한 권력관계에서 거부와 반발은 그 사랑의 내재적이고 필연적인 계기를 이룬다. '내가 널 버려두 넌 날 버리지 마!' 영주의 인욱에 대한 사랑의 갈구와 집착이 보여주듯, 사랑은 그 지배종속의 관계를 역전시킬 수도 있다는 점에서 위대하기도 하도 위태로운 것이기도 하다. 수정과 재민의 사랑은 인욱과 영주의 사랑방정식의 한 변주를 구성한다.

그렇다면 이 드라마의 가장 큰 줄기인 수정과 재민의 사랑이야기는 어떻게 전개되는가? 이들의 갈등은 이미 발리에서 시작되었다. 술에 취한 재민이 거칠게 하룻밤 같이 있자고 '얼마면 돼?'라고 묻던 순간, 치욕을 느낀 수정이 '너 정말 개새끼구나, 그래 얼마 줄 건데?'라고 대응했을 때, 그것은 정확히 계급갈등의 표출이었다. 돈으로 해결되지 않는 게 없다고 믿는 가진 자의 오만과, 그 치욕 속에서 한없이 초라해지는 자신의 몰골을 바라보아야만 하는 헐벗은 여자의 오기의 대결이었다. 다음 순간 재민이 돈을 던지며, 재미없다고 (굽이 나간 수정의 구두를 힐끗 보며) 구두나 사 신으라고 했을 때, 그 돈을 들고 나오는 수정의 모멸감은 극에 달한다. 그러나 또한 그것은 막돼먹은 인간 정재민의 눈에 순간적으로 섬광처럼 비친 이수정의 안쓰러운 자존심에 대한 연민과 최소한의 예의였을 것이다. 그때 수정 역시도 재민의 여린 속내를 감지해 버렸다. 그것은 그녀가 팍스그룹 둘째 아들에게서 기대할 수 있는 일말의 희망의 빛이었다.

무일푼의 수정이 막막한 상황에서 지푸라기라도 잡는 심정으로 재민을 찾아갈 수 있었던 것은 바로 발리에서 그가 보여준 그 가느다란 연민의 빛 때문이었다. 그러나 그 가느다란 희망과 가능성은 수정에게 안 되면 마지막에는 몸이라도 팔 수 있다는, 혹은 (약혼자 있는) 재벌가 남자의 정부라도 될 수 있다는 마지노선을 염두에 둔 것이었을 것이다. 자신의 몸을 마지막 판돈으로 건 수정의 도박은 그렇게 시작되었다.

　　멜로드라마 여주인공으로서 수정의 독특한 위치는 그녀의 이런 경계성이다. 생존을 위해 마지막 한계상황을 염두에 둔 여자의 뻔뻔함 뒤의 처연함, 그것이 곧 위험한 경계 위에 선 여자의 치명적 매혹을 구성한다. 치욕과 오기 사이에서, 모멸과 자존심 사이에서 흔들리고 갈등하는 수정의 비참한 현실과 질긴 생존욕구는 그 어떤 것도 심각하고 진지하게 생각해본 적 없는 재민에게 커다란 통증을 남긴다. 그것은 자신의 전존재를 송두리째 흔들어놓을 정도로 강렬한 것이었다.

　　"나 너 같은 애 수도 없이 많이 봤거든. 너 나 어떻게 해보려고 그러는 거 아냐? 어떻게 해봐. 넘어가 주께."(재민)

　　재민이 수정에게 값싼 동정을 베풀면서도 모욕감을 안기고 상처를 주면 줄수록, 수정에 대한 그의 감정의 휘둘림은 점점 커져만 간다. 이는 이미 수정을 사랑하기 시작한 재민이 수정이 처한 그 경계의 상황에 대해 화를 내고 있는 것이다. 이와 동시에 수정이 자신을 사랑하는 것이 아니라 단지 자신이 필요해서 접근한 거라 생각하는 데서 오는 어깃장과 투정 같은 것이기도 하다.

소유욕망과 사랑사이

수정과 재민 사이에 처음부터 끼어드는 물질 혹은 금전적 도움(나아가 성매매) 같은 이물질은 두 사람 사이에 사랑의 감정이 싹트게 하는 매개물인 동시에 방해물로 작용한다. 그러나 그것은 사라지는 매개자, 극복되는 방해물로서 존재하지 않는다. 그것은 이들 사랑의 존재 근거이자 사랑 안에 내재되고 포섭된 필연적 계기로서 이들 사이의 계급적 격차나 간극일 터이다. 문제는 이들의 사랑이 그 간극을 메꾸어 주고 소멸시켜주지 않는다는 데 있다. 그러기는커녕 그 간극에 의해서만 이들의 사랑이 자신의 존재를 드러내고 유지될 수 있는 것이다. 말하자면 이들 사이의 계급적 간극에서 오는 물리적·심적 '거리距離'의 긴장과 갈등만이 이들 사랑의 지속성을 보증한다.

그 대상에 대한 욕망의 거리. 자신이 가지지 못한 것, 가질 수 없는 것, 나아가 가져서는 안 되는 것에 대한 욕망을 추동하고 부추기는 거리의 심연과 매혹. 이러한 거리의 역학은 두 사람을 지배하는 욕망의 크기와 강도에 직접 영향을 미친다. 이들에게 멀리 있는 대상에 대한 욕망은 자신이 속한 세계 밖의 다른 세계에 대한 근원적 선망을 포함한다. 그것은 분열된 세계의 상호 배타성과 결핍에 근거하는, 외부로 향하는 욕망이다.

흥미로운 것은 욕망이 위를 향해 거슬러오를 뿐만 아니라 아래를 향해서도 스며들듯 흘러내릴 수 있다는 것이다. 수정과 인욱이 가지고 있는 신분상승의 욕망이 그러하듯이, 재민과 영주의 하위 대상에 대한 욕망 역시 다른 세계에 대한 선망과 동경을 내포한다는 것이다. 재민이 엿본 수정의 세계가 궁핍과 곤경에도 불구하고 투명한 생명력으로 빛나듯이, 영주가 재민은 '죽었다 깨어나도 가질 수 없는' 인욱의 그 또렷한 '정신'에 매료되었듯이, 이들은 자신들에게 원

93

천적으로 배제된 경이로운 그 무엇을 갈구하는 것처럼 보인다. 분열된 세계의 저편에 대한 접근 불가능성은 상하 양쪽 모두에게 마찬가지인 것이다.

대상에 대한 이러한 접근 불가능성으로부터 이들의 금지된 타자에 대한 욕망은 피어난다. 이것은 심화되는 양극화와 빈부격차를 자랑하는 오늘날과 같은 소비자본주의시대에 맞춤한 소유욕망과도 같다. 가질 수 없는 대상에 대한 소유욕망은 손에 잡힐 듯 직접적으로 현시되는 자극과 유혹의 강도에 비례한다. '너한테 기회를 주께. 혹시 알어? 네가 그 자리를 대신할지.' 재민의 노골적 유혹은 정확히 수정의 소유욕망을 자극하는 것이지만, 동시에 수정에 대한 재민 자신의 소유욕망을 드러내는 것이기도 하다. '너만 잡으면 구질구질한 내 인생이 한순간에 바뀌는데.' 인욱이 영주에게 내뱉는 말에는 허망한 자신의 소유욕망에 대한 자조 섞인 비애가 들어 있다.

이들은 사랑의 자리를 놓고 일종의 거래를 하려는 것인지도 모른다. 그 크기와 심도를 알 수 없는 사랑이라는 불투명한 궁극적 자리를 향해 서로의 소유욕망을 이용하는 위험하고 비극적인 거래를. 이제 이들에게 소유욕망과 사랑의 구분은 무의미하다. 소유욕망이 곧 사랑이며 사랑이 바로 소유욕망이기 때문이다. 대상을 가지고 싶고, 온전히 자기 것으로 만들고 싶은 간절하고 집요한 소유욕망, 그것이 곧 사랑이다.

여기서 순수하고 낭만적인 사랑에 대한 판타지는 완전히 깨져 나간다. 어둠 속에서도, 모진 운명의 장난 속에서도 피어나는, 가장 아름답고 순정하고 고귀한 감정의 상태로서의 사랑은 존재하지 않는다. 완전한 합일에 이르는 궁극적 희열로서의 사랑도 존재하지 않는다. 그렇다고 상대에 대한 이해와 배려, 믿음과 신뢰를 바탕으로 한 건실한 현실 지향적 사랑이 존재하는 것도 아니다. 이들의 사랑은 이기적이고 배타적이며 독점적이다. 이들은 광포한 질투와 눈먼 열망에 휩쓸린다. 채워지지 않는 사랑에의 갈증과 허기가 이들을 사로잡는다.

이러한 사랑에의 갈증과 허기는 물론 계급적 간극에서 오는 근원적 한계에 기인하는 것이지만, 다른 한편 사랑과 소유욕망 사이의 미세한 균열의 틈새 때문에 생겨나는 것이기도 하다. '넌 날 사랑하는 게 아니라 날 갖고 싶은 거야.'라고 인욱이 영주에게 말할 때, 그는 그 균열의 지점을 정확히 보고 있었다. 인욱의 사랑을 갈망하는 영주의 소유욕이 그를 놓아주지 않고 있는 것임을 그는 알고 있었다.

재민이 수정에게 '나 너 갖고 싶어. 전부 다.'라고 힘들게 고백할 때는 이미 수정이 재민의 여자(정부)가 되기로 한 한참 후였다(재민은 수정에게 '결혼 빼고 다' 해주겠다며 옆에만 있어달라고 오피스텔 열쇠를 주었었다). 재민은 수정을 이미 얻었지만, 그녀의 사랑만큼은 아직 얻지 못했다. 그녀를 소유했으나, 완전히 소유하지 못한 것이다. 수정은 이미 재민의 소유의 대상이 아니라 사랑의 대상임을 두 사람 다 알고 있는 것이다. '마음을 주지 않는 건 내 마지막 자존심이에요.' 수정은 영리하게도 자신을 재민의 지속적인 욕망의 대상으로 자리매김한다. 자신의 마음(사랑)을 재민의 소유욕망이 가닿을 수 없는 곳에 위치시키는 것이다. 재민은 '상관없어!'라고 말하며 처음으로 수정과 섹스를 하지만, 수정의 마음을 얻고 싶은 욕망에서 도무지 벗어날 수가 없다.

그러나 수정 역시 재민에 대한 자신의 마음이 완전히 가질 수 없는 대상에 대한 소유욕망인지 사랑인지 잘 알지 못한다. 수정은 재민을 처음엔 '비빌 언덕' 정도였다가 나중에는 잘하면 자신한테도 넘어올 수 있겠구나 여겨진, 단순한 소유욕망의 대상에 불과하다고 생각했었다. 재민의 마음이 진심임을 안 이후에도 그녀는 자신의 흔들림이 단지 재민의 정부가 될 것인가 하는 망설임에 기인한다고 여겼었다. 그러다 결국 그녀는 자신이 인욱과 함께 발리행 도피행각을 펼친 이후에야 그것이 사랑임을 뒤늦게 깨닫게 된다. 이렇게 소유욕망과 사랑의 불일치와 균열적 틈 속에서 네 사람의 엇갈린 사랑은 돌이킬 수 없는 파국을 향해 치달아간다.

사각관계 시작되다

수정과 재민, 인욱과 영주의 수직계열의 두 사랑은 수정과 인욱, 재민과 영주의 수평계열의 두 사랑과 맞물림으로써 더욱 복잡한 사각관계를 형성하게 된다. 처음 재민-영주-인욱의 삼각관계에 수정이 끼어들면서, 재민-수정-인욱의 삼각관계가 덧붙여지고, 이는 다시 영주-재민-수정의 삼각관계, 영주-인욱-수정의 삼각관계로 번져나간다. 네 사람 모두가 자신을 중심으로 하는 삼각관계의 중심축으로 기능하면서, 네 명 공히 사랑의 주체로 부각된다. 네 꼭지점을 갖는 팽팽한 사각구도가 이루어지는 것이다.

네 사람의 힘의 균형을 바탕으로 한 명실상부한 사각관계는 이 드라마가 최초라고 생각되는데, 이는 기존의 삼각·사각관계와의 명백한 차이를 통해 드러난다. 이전까지 멜로드라마의 로맨스는 대부분이 삼각관계로 이루어져 있었다. 사랑하는 두 남녀 사이에 한 사람의 훼방꾼이 개입하면서, 두 사람의 사랑을 위기로 몰아넣는 것이 삼각관계의 기본 구도이다. 제 3자는 주로 동성의 라이벌에 비해 월등히 나은 조건(학벌, 재력, 직업 등)으로 집안에서 강력히 미는 결혼감으로 등장한다. 신분이나 조건이 다른 두 남녀 사이를 갈라놓으려는 부모의 반대나 사회적 통념이 인물로 구체적으로 외화되어 나타난 것이 바로 제 3자인 것이다. 따라서 이 때 이 인물은 주인공들의 순수하고 절대적인 사랑을 방해하는 단순한 악역을 맡기 십상이었다.

이러한 비대칭적 삼각관계가 균형을 잡기 시작한 것은 제 3자가 단순한 악역에서 호소력을 가진 매력적인 악역으로 변화하면서부터이다. 이 매력적인 악역은 주로 신인 남자배우에게 주어지는데, 여자주인공 한 명을 둘러싼 두 남자의 경쟁으로 팽팽한 삼각관계가 형성되는 것이다(물론 남자주인공을 둘러싼 두 여자의 경쟁이라는 구도에서는 제 3의 여주인공은 여전히 단순 악역에 머무는 경향이 있다. 이는 멜로드라마가 주로 여성들의 판타지를 위한 것이라는 데서 그 이유를 찾을 수 있을 것이다). 이렇게 균형 잡힌 삼각관계로부터 사각관계, 오각관계가 파생되기도 하는데, 주인공 남녀들을 따라다니는 조연들이 끼어들면서 사건을 복잡하게 만들고 극의 재미를 한층 북돋워주는 것이다. 그럼에도 불구하고 이때까지 여전히 악역은 악역이고, 조연들은 조연의 역할만을 할 뿐이다. 이야기는 단지 주인공 두 남녀의 궁극적인 사랑을 중심으로 돌아간다.

〈발리〉에 이르러 삼각관계의 중심축은 무너졌다. 두 남녀주인공의 절대적이고 궁극적인 사랑이라는 불변의 드라마 룰도 깨져나갔다. 네 주인공은 모두 독자적인 자기중심성을 가지고 사랑을 주도해나간다. 네 사람을 축으로 하는 네 가지 삼각관계가 중첩됨으로써, 이들은 모두 한 명의 연적과 두 명의 연인을 갖는 중층적 라이벌 관계에 진입한다. 말하자면 두 명의 연인 모두에게서 동일한 한 명의 연적과 경쟁을 벌여야 하는 상황에 돌입한 것이다.

라이벌, 사랑의 매개자

여기서 이러한 사각관계가 지니는 드라마적 의미로 두 가지를 꼽을 수 있다.

97

하나는 이러한 삼각관계의 중첩에서 드러나는 사랑의 탈중심성이다. 이들이 모두 두 명의 연인을 갖는다는 점에서 보여지듯 사랑은 변해가는 것이다. 인욱의 사랑이 영주에서 수정으로 변해가듯, 영주의 사랑이 인욱에서 재민에게로 조금씩 옮아가듯, 수정의 사랑이 인욱과 재민 사이에서 방황하듯, 사랑은 그렇게 시들고 변하고 또 다시 새로운 사랑에 자리를 내어준다. 이들에게 절대불변의 영원한 사랑 따위는 없는 것이다. 이는 불확실하고 불안정한 사랑에 대한 현대적 해석에 가깝다. 드라마가 일상적이고 미시적인 인간의 삶의 미세한 결과 인간들 사이의 관계의 부침에 좀더 현실적으로 접근하고 있다는 증거이다. 현대와 같은 소비자본주의 사회에서 욕망과 사랑이 불가분의 관계에 놓이듯, 욕망의 변화에 따라 사랑도 변해가는 것이다.

사각관계가 지니는 또 하나의 의미는 이 글의 관심과 관련하여 더욱 중요한데, 그것은 사각관계가 대타적對他的 사랑의 속성을 뚜렷하게 가시화한다는 점이다. 그것은 동성의 라이벌의 존재로 인해 형성되는 사랑이다. 기존의 삼각관계에서 두 사람의 사랑을 일방적으로 받기만 하는 한 사람의 절대적 지위는 이제 무너져내린다. 네 번째 인물의 등장으로 네 인물 모두가 연적으로 인해 질투하고, 사랑에 더욱 집착하고, 상처를 받게 된다.

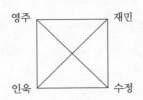

위의 사각모형에서 볼 수 있듯이, 네 사람 모두에게 자신을 중심으로 한 두

연인과의 관계에서 대각선에 놓인 라이벌의 존재는 두 사랑 모두를 방해하는 이중의 연적으로서 절대적인 위치를 차지한다. 재민에게 인욱은 눈엣가시 같은 인물로 자신의 약혼자 영주의 연인이자, 자신이 사랑하게 된 수정을 빼앗아가는 존재이다. 인욱에게 재민은 자신의 연인을 이미 차지한 가진 자이자, 자신이 사랑하는 가엾은 수정을 '껌값에 농락'하려 드는 무책임한 파렴치한이다. 마찬가지로 영주에게 수정은 주제도 모르고 수준에 맞지 않는 남자들을 넘보는 뻔뻔하고 몰염치한 여자로, 자신의 오랜 연인 인욱과 현재의 약혼자 재민의 마음을 동시에 빼앗아가는 도저히 용서할 수 없는 상대이다. 수정에게 영주는 감히 대적할 수 없는 고고한 재벌가의 여자이지만, 인욱을 제멋대로 휘두르려 하고 정략결혼으로 재민의 발목을 붙드는 이기적이고 무능한 연적일 뿐이다.

이러한 라이벌의 존재는 실상 이들에게 자신들 사랑의 전제조건이자, 연인에 대한 사랑과 욕망을 부추기는 필요악이다. '인간은 타자의 욕망을 욕망한다'는 라캉의 언설이 연상되는 순간이다. 모든 사건의 발단은 재민이 자신의 약혼자 영주의 형편없이 가난하고 초라한 연인, 인욱을 질투하기 시작하면서부터이다. 그토록 쌀쌀맞고 도도한 영주에게 연인이 있었다는 의외의 배신감에다, 그 인물이 만만치 않은 능력과 도전적인 눈빛의 소유자라는 데서 재민의 자존심은 완전히 구겨진다. 재민이 단지 집안에서 맺어준 결혼상대자에 불과했던 영주에게 관심이 동하기 시작한 것도 그 때부터이다. 게다가 형 일민이 인욱을 내놓고 총애하면서 재민의 콤플렉스와 질투심에 불이 붙는다.

영주를 놓고 대립하던 재민과 인욱의 경쟁관계는 수정의 등장으로 본격적으로 가동된다. 수정에 대한 사랑 때문에 이들이 서로 경쟁자가 된다기보다는, 오히려 거꾸로 이들의 라이벌 관계가 수정에 대한 사랑을 촉발시키고 확대·강화시킨다. 거리를 두고 지켜보던 수정에게 인욱이 가까이 다가가게 된 결정적 계기는 재민이 수정에게 관심을 갖기 시작하고 나서부터이다. 그는 재민 앞에서 보란 듯이 수정에게 같이 퇴근하자고 제안하고 어깨에 손을 올리는 등 다정한 사이임을 연출하여 재민에게 도전장을 내민다. 재민 역시 인욱이 있을 때 즉흥적으로 수정에게 전화를 걸어 (수정이 부탁한 요구를 들어주겠다는 명분을 내세워) 집으로 오라고 말함으로써 인욱의 심기를 건드린다. 이들은 서로를 의식하며 서로의 질투심을 자극하고 상대를 공격하기 위한 한 방편으로 수정을 이용한다. 그러나 수정을 차지하기 위한 이들의 경쟁적이고 대타적인 소유욕은 결국 헤어날 수 없는 사랑의 감정으로 점층적으로 고조되어 간다. 이와 함께 서로에 대한 질투와 분노 또한 점점 커져만 간다.

물론 재민과 인욱의 대립을 더욱 날카롭게 만드는 것은 이들의 서로 다른 계급적 위치에서 비롯되는 내면화된 형태의 계급갈등이다. 특히 이들은 같은 부서 안에서 오너 아들인 상사와 부하직원으로, 명령하달과 복종수행의 관계로 직접적으로 위계화되어 있다. 그러나 업무능력에 있어 이 위계는 뒤집어진다. 인욱이 회사 내에서 촉망과 기대를 모으며 승승장구함으로써 재민의 열등감과 질투는 커져가고, 이로써 인욱은 재민과 대등한 경쟁을 펼치는 맞수가 될 수 있게 된다.

영주와 수정의 대립 역시 이들과 크게 다르지 않다. 수정이라는 연적의 등장으로, 영주라는 본래의 자리 주인의 존재로, 두 여자 모두 라이벌로 인해 남자들에 대한 관심이 더욱 고조되고 그들에 대한 소유욕망이 끓어오른다. 먼저 영주와 두 남자와의 관계에 수정이 끼어들면서 영주의 독보적 위치는 흔들리기 시작한다. 자신이 버린 옛 연인을 못잊어 하면서 재민에게 약혼을 깨자고 하던 영주는 막상 재민의 마음이 수정을 향하자 재민에게 강한 집착을 보이기 시작한

100

다. 인욱마저 수정을 좋아하는 것을 알게 되자, 영주의 자존심은 회복불능 상태로 상처를 입는다.

그런데 영주와 수정의 관계는 재민과 인욱의 관계보다 훨씬 더 힘의 불균형에 입각해 있다. 수정은 결코 영주의 맞상대가 되지 못한다. 영주의 배후에는 막강하고 무시무시한 힘을 가진 재벌가의 사모님들이 버티고 있다. 그녀들은 말끝마다 유니세프니 자선바자회니 들먹거리지만, 수정과 같은 '그런 기지배 하나쯤 감쪽같이 없애는 건 일도 아닌' 무서운 여자들이다. 그럼에도 불구하고 영주는 싸구려 같은 형편없는 그런 여자애 하나 때문에 두 남자에게서 냉대를 당하는 수모를 겪게 된다. 영주는 자신의 자존심이 상처를 입으면 입을수록 더욱 더인욱과 재민에게 매달리고, 수정에 대한 미움과 원망에 휩싸이고, 그런 자신에 대한 혐오와 자괴에 시달린다.

수정 역시 영주에게서, 영주의 엄마와 재민의 엄마에게서 거지취급에 쓰레기취급당하는 수모와 모욕을 겪으면서 점점 더 오기가 발동한다. 재민과의 염문으로 회사에서 쫓겨나 노래방 도우미로 전전하는 수정을 찾아온 영주가 갤러리 일을 제안한 것은 수정을 자기 밑에 두고 감시하겠다는 속셈임과 동시에, 수정이 얼마나 하찮고 자존심도 없고 비루한 존재인가를 재민과 인욱에게 보여주기 위한 노골적인 의도였다. 오기가 난 수정은 그 일자리를 수락함으로써 영주와의 정면 대결을 불사한다. 수정이 재민을 찾아가 그와 처음으로 잠자리를 함께 한것도, 양쪽 집안에서 모든 사실을 알게 되고 재벌가의 여자들에게서 온갖 욕설과 손찌검까지 당한 이후였다. 가진 자들에게 짓밟혔을 때 나오는 오기가 수정을 점점 더 사랑과 욕망의 굴레 속으로 몰아넣은 것이다.

그리하여 라이벌을 염두에 둔 네 사람의 치열하고 내밀한 심리전은 극의 긴장을 이끌어가는 매우 흥미로운 양상으로 전개된다. 자신의 연적을 바라보는 연인의 눈빛과, 그 연인의 눈길을 질투로 바라보는 또 다른 연인의 눈빛과, 그를 보는 자신의 눈길, 이러한 시선의 엇갈림과 연쇄는 네 사람의 미묘하고 복잡한 심리의 파장을 따라 사랑의 심층심리에 육박해 들어간다. 이들은 끊임없이 연인에 대한 사랑을 확인하기 위해 라이벌을 이용하고, 또한 그 반대로 라이벌에 대한 적대감에서 보란 듯이 자신의 연인(의 어느 한쪽)을 끌어당긴다. 그럴수록 이들은 서로에게 상처와 배신감을 안겨주고 스스로도 상처와 배신감을 넘겨받는다. 사랑이 깊어질수록 상처도 커지고, 상처가 커질수록 그 사람에 대한 집착도 사랑도 커진다. 이들은 라이벌들로 인해 사랑의 불구덩이 속으로 더욱 과감하게 돌진하지만, 그 라이벌들로 인하여 자신의 연인의 사랑을 확신할 수 없게 된다. 라이벌의 존재가 연인과의 관계에 있어 자신의 안정적 위치를 항상 위협하는 것이다.

이처럼 사각관계에서는 내부화된 타자로 인해 사랑의 불안정성이 필연적일 수밖에 없다. 그러나 또한 타자의 내부화로 인해 모든 갈등과 대립은 사각관계의 틀 안으로 들어온다. 결국 사각관계의 폐쇄회로 안에 갇힌 네 사람의 엇갈리는 사랑은 이들 사이를 흐르는 내면화된 계급의식을 더욱 날카로운 계급갈등으로 몰아가는 것이다.

로스트 파라다이스

한심하기 짝이 없는 날라리 재벌 2세 재민이 우리의 동일시의 대상이 되는 것은 그가 형편없이 가난하고 초라한 인욱을 질투하기 시작하면서부터이다. 또한 그가 이수정이라는 하층계급의 여자를 사랑하게 되면서부터이다. 이것은 정확히 그의 계급적 정체성, 그 견고함이 흔들리기 시작하는 순간이다. 그리고 비극은 이때 이미 잉태되기 시작했다.

문제는 그가 자신의 계급적 바운더리에서 한 치도 벗어나지 못한다는 사실이다. 그는 자신이 귀속된 최상층계급의 화려하고 안락한 기득권에서 빠져나올 수 있는 방법을 알지 못한다. 그는 홀로 서는 방법을 알지 못하며, 스스로 살아남을 수 있는 기술도 배우지 못했다. 아니 지금까지 그럴 필요조차 느끼지 못하고 살아왔다. 그는 자신에게서 자신의 배경과 조건을 지운다면, 그 자신 아무 것도 아닌 것이 된다는 사실을 누구보다 잘 알고 있다. 자신의 부모와 가족을 등지고, 자신의 자리를 박차고 나올 만한 아무런 용기와 대책을 가지고 있지 못한 것이다. '지금 누리고 있는 것들을 그리 간단히 포기할 수 있겠습니까?' 인욱이 재민에게 조롱 섞인 동정적인 멘트를 날린 것은 이 소심하고 나약한 인간의 계급적 한계를 명확히 표현한 것이다.

기실 재민이 아버지에게 골프채로 만신창이가 되도록 얻어맞은 것은 그가 잠시 흔들렸던 자신의 정체를 되찾고 제자리로 돌아가기 위한 형식적인 수순에 지나지 않는다. 그는 아버지에게 복종한다는 표식의 마지막 통과의례를 거쳐 마침내 영주와 결혼을 치른다. 이것은 그에게도 영주에게도 단지 부모에 대한 복종이라는 차원을 넘어 대를 이어 계승되는 안정적인 계급적 결속의 재생산을 의미하는 것이다.

그러나 결혼과 함께 재민이 정신을 차리고 마음을 잡기는커녕 수정에 대한 그리움과 갈망은 점점 커져만 간다. 불행한 결혼생활이 서로를 갉아먹고 서로를 피폐하게 해도, 재민은 수정을 사랑하기 위한 아무런 타협책도 찾지 못한다. 결혼 빼고 뭐든 다 할 수 있고, 무엇이든 다 해줄 수 있다고 수정에게 했던 재민의

103

약속은, 그의 마음이 사랑임을 네 사람 모두가 알게 된 순간 이미 불가능한 것이 되어 버렸다.

"선택은 자기가 한 거야. 자신의 용기 없음을 탓하는 거야 어쩔 수 없지만, 다른 사람 탓하는 건 못 봐주겠어."(영주가 재민에게)

"사랑한다는 이유 하나만으로 모든 게 용서될 줄 알아? 책임질 줄도 모르고 희생할 줄도 모르면서 누가 누굴 사랑한다는 거야?"(인욱이 재민에게)

이제 그가 할 수 있는 일은 고작 수정에게 자신이 줄 수 있는 몫돈을 건네는 일 뿐이다. 그것만이 재민의 유일한 사랑방식이다. 그 돈을 수정이 다시 재민에게 돌려줬을 때, 그것은 수정의 자존심이 아니라 수정 역시 재민을 사랑하기 시작했다는 신호였다. 이때 아마도 재민은 자신도 모르게 수정의 마음을 감지해버린 건지도 모른다. 게다가 수정과 인욱의 데이트가 본격화되자, 재민의 수정에 대한 욕망은 걷잡을 수 없는 불길에 휩싸인다. 그제서야 그는 자신의 모든 걸 버리고 수정을 되찾기 위한 마지막 결단을 내린다.

그러나 이미 너무 늦어버렸다. 일민의 비자금 관리에 이용되던 인욱이 일민의 배신을 눈치채고 페이퍼 컴퍼니를 통해 엄청난 돈을 빼돌려 수정과 발리로 날아가버린 것이다. 질투와 분노, 배신감으로 주체할 수 없는 광기에 붙들린 재민이 그들을 쫓아 발리에 도착한다. 평화로운 호텔방, 나란히 옷을 벗고 누워있는 수정과 인욱. 수정이 마음을 재민에게 두고 왔음을 알게 된 인욱, '널 자유롭게 해주고 싶어, 새처럼. 돌아가고 싶으면 돌아가!'라고 말하는 그의 눈에서는

104

발 리 에 서 생 긴 일

한줄기 눈물이 흘러내린다. 그 순간 재민의 총이 인욱을 향해 두 발, 수정을 향해 한 발 불을 뿜고, 마지막 수정의 입에서 재민을 향해 '사랑해요'라는 말이 흘러나온다. 오열하는 재민, 황혼녘의 바닷가에서 자신의 머리에 총구를 갖다댄다.

이렇게 세 남녀의 죽음이라는 비극적 파국으로 드라마는 끝을 맺는다. 이로써 재민은 자신이 가진 모든 것을 버리는 대신, 자기 자신을 버리고 만다. 자신이 가질 수 없는 연인 수정과 함께. 그는 자신이 가진 것, 계급적 기반과 그 물적 토대와 조건을 버리고 수정을 취하는 대신(이러한 계급적 투신이나 화해는 〈발리〉의 세계에서는 애당초 존재하지 않는다), 자기 자신과 수정을 버림으로써 비정한 현실 세계에서의 최종적 실패를 승인하는 것이다.

이러한 비극적 패배는 다름 아닌 현대 계급사회에서의 현실과 욕망의 간극, 실존과 이상의 분열을 날카롭게 현시한다. 계급적 실존과 계급 초월적 이상의 그 넓고 깊은 간극을. 그것은 결코 넘어설 수도 극복할 수도 없는 것이다. 수정의 신데렐라의 꿈이 무참히 짓밟힌 것처럼, 인욱의 운명을 건 현실도피가 죽음을 부른 것처럼, 그리고 재민의 사랑과 욕망이 현실 시공간의 궤도를 벗어난 것처럼.

수정과 재민의 사랑의 실패는 그러한 현실과 욕망의 화해할 수 없는 간극을 극명하게 형상화한다. 수정이 재민에 대한 사랑을 인정하는 것은 파국 뒤에야 가능한 것이다. 그들의 사랑의 완성은 죽음으로 자신들의 사랑을 박제화하기 전에는 도달될 수 없는 것이다. 그러나 이들의 이러한 비극적 사랑은 죽음조차 방해할 수 없는 절대적인 사랑이라는 사랑의 신화에 방점이 찍히는 것이 아니다. 이들의 비극적 사랑은 현실에서의 도달 불가능성, 그 필연적 패배에 더욱 큰 강조점이 주어진다. 서로 만날 수 없이 어긋나버린 소유욕망의 불합치 지점에서,

자기 손으로 사랑하는 연인을 쏴 죽일 수밖에 없었던 비극적 결말이 도출되는 것이다.

이처럼 드라마 〈발리〉에는 말랑말랑하고 달콤한 여느 멜로드라마 세계와는 뚜렷이 구별되는 현대 자본주의 사회의 음울한 계급 현실에 대한 날카로운 인식이 각인되어 있다. 주인공들 사이를 가로지르는 계급이라는 건널 수 없는 강은 이들 사이에 서로에 대한 멈출 수 없는 소유욕망의 불을 지폈고, 상하 계급 관계로 얽힌 라이벌의 존재는 이들의 욕망에 기름을 끼얹었다. 소유욕망과 사랑 사이에서 위태로운 줄타기를 하는 네 사람의 사각 게임은 각자에게 자기 몫의 기쁨과 충일, 고통과 절망을 안겨줌으로써, 네 사람 모두를 동등한 사랑의 주체로 만들어 놓았다. 현실과의 싸움에서 결국 패배할 수밖에 없는 비극적 주체들을. 승자도 없이 패자들만이 남게 된 잔인하고 비정한 게임에서의 진정한 주체들을. 이들은 그 끝을 알면서도 자기 스스로 걸어 들어가는 욕망의 노예들이자 사랑의 주체들이다. 노예이자 주체인 주인공들의 자발적 맹목의 지점, 이 드라마가 탁월하게 빚어낸 현대 소비사회에 대한 반성적 초상이다.

2부

뻔뻔 fun fun 한 여자가
사랑을 할 때

미워할 수 없는 왕싸가지 그녀
〈환상의 커플〉

홍자매의 엽기발랄 코미디의 실험은 계속된다. 〈쾌걸춘향〉과 〈마이걸〉에 이어 〈환상의 커플〉(홍정은·홍미란 극본, 김상호 연출, MBC)까지 로맨틱코미디의 공식을 살짝살짝 비틀어 새로운 재미와 쾌감을 선사하는 그녀들의 감각은 확실히 남다른 데가 있다. 〈환상의 커플〉에 이르러 장르파괴의 실험은 더욱 과감해지고, 판타지의 운용은 훨씬 서늘하고 날카로워졌다. 과장과 위악이 넘쳐나는 이 코미디 세계는 현실과의 어떤 연계나 접점 없이도 그 자체 뒤집히고 뒤틀린 현실의 우화로 존재한다.

물론 이야기의 얼개는 지극히 뻔한 구도이다. 이 드라마는 신데렐라이야기가 재미를 잃어갈 즈음 뜨기 시작한 귀족녀와 가난한 남자 사이의 티격태격 사랑이야기라는 트렌드를 충실히 따라간다. 남녀주인공이 서로 원수처럼 만나서 뜻하지 않게 동거를 하게 되고, 서로 으르렁거리며 티격태격하다가 원수에서 연인으로 발전해가는 이야기 전개 역시 그동안 익히 보아온 전형적인 로맨틱코미디

111

스타일이다.

　호텔, 리조트 등 부동산 재벌인 안나 조(한예슬 분)는 명목상 사장인 남편 빌리 박(김성민 분)을 비롯한 주변사람들을 모두 하인처럼 부리며 살아가는 괴팍한 마녀다. 어느 날 요트에서 추락한 안나는 기억상실증에 걸리고, 그녀가 발견된 것은 안나에게 호되게 골탕을 당하고 그녀를 원수처럼 여기던 수리공 장철수(오지호 분)에 의해서이다. 복수심에 불타는 철수는 자신이 입은 피해액만큼 안나를 부려먹을 각오로 조카 셋이 딸린 자신의 집으로 데려온다.

　그러나 철수의 의도와 달리 안나는 끊임없이 사고를 치고, 두 사람은 싸우고 부딪치면서 조금씩 사랑의 감정을 쌓아간다. 한편 안나가 죽은 줄로 믿고 성급히 장례식을 치른 빌리는 뒤늦게 안나가 철수와 살고 있다는 사실을 알고는 그녀 주위를 맴돌게 된다. 여기에 철수의 옛사랑 오유경(박한별 분)이 끼어들면서 네 사람의 기이하고 모호한 사각관계가 펼쳐진다.

　이 드라마가 여느 로맨틱코미디와 다른 지점은 모든 상황이 단지 주인공 두 남녀의 사랑의 성공을 위해서만 배치되는 것은 아니라는 데에 있다. 네 남녀의 사각 멜로라인은 이 드라마의 가장 중심적인 이야기이긴 하지만, 이들 사이의 관계에는 사랑의 감정을 넘어서는 복잡한 이해관계와 현실적 계산속이 얽혀있다. 그리고 그 계산속이 어긋남으로써, 네 사람 모두는 피할 수 없는 곤경에 처하고 만다. 그리하여 이 드라마는 서로 다른 곤경에 처한 네 사람이 얽혀드는 상황코미디가 된다. 드라마의 재미를 형성하는 것은 정확히 곤경에 처한 이들이 우리에게 불러일으키는 우스꽝스러움과 안쓰러움의 동시적 발생이다.

　우선 모든 사람 앞에 여왕처럼 군림하던 안나가 곤경에 처하는 것은 기억상실증에 걸리게 되면서부터다. 여기에서 기억상실은 다른 트렌디드라마들처럼

환 상 의 　커 플

청순가련형 여주인공을 만들어내고 근친의 사랑과 같은 이루어질 수 없는 비극적 사랑을 제조해내기 위한 선택적 통과의례가 아니다. 기억상실은 안나가 그토록 오만하게 누리던 자신의 부와 권력, 지위와 신분을 모두 잃게 되는 결정적 계기로 작용한다. 그녀는 졸지에 갈 곳도 없이 빌붙어 살아야만 하는 처지가 되는 것이다.

이처럼 안나의 기억상실은 그녀의 실권失權이라는 역전된 상황을 의미한다. 그녀의 억압과 무시, 횡포와 패악에 시달리던 두 남자는 이로써 안나에게 복수할 반격의 기회를 잡는다. 안나의 실종으로 해방감을 만끽하는 빌리는 안나를 죽은 것으로 간주하여 애써 찾지 않음으로써, 그녀를 아무도 찾지 않는 버려진 여자로 만듦으로써 그녀에 대한 무의식적인 복수와 단죄를 행한다. 철수는 안나를 자신의 애인인 나상실이라고 속임으로써 오만하고 도도하던 그녀를 한낱 초라하고 비루한 부엌데기로 만들어버린다.

그러나 두 남자의 복수는 여자가 모든 것을 잃었을 때에라야 행해진 매우 비겁하고 치사한 것이었다. 아니나 다를까 그들의 의도는 바로 어긋나버리고 두 남자는 더 큰 곤경에 빠져버린다. 안나를 데려올 타이밍을 놓쳐버린 빌리는 그녀에 대한 죄책감과 공포로 악몽에 시달리고, 돈 되는 일이라면 사족을 못 쓰는 유명한 구두쇠인 철수는 안나에게서 본전을 뽑기는커녕 자기 돈을 쏟아 부어야 할 판이다. 두 남자는 모두 안나 혹은 상실을 버릴 수도 없고 거둘 수도 없는 딜레마에 빠져든다. 조카 셋을 떠맡은 철수를 버렸던 유경 역시 파혼 당한 이후에야 자신의 진심을 드러낼 수밖에 없는 상황에 처한다.

이처럼 네 사람은 모두 곤경에 처하고 궁지에 몰린다. 이들 사이에 사랑의 감정이 개입되면 될수록 네 사람의 처지는 더욱 곤란해지고 궁색해진다. 상대를 사랑할수록 이럴 수도 없고 저럴 수도 없는 갈등과 번민의 골도 깊어지기 때문이다. 그리하여 우리는 자신의 결함과 실수로 우스꽝스러운 곤경에 처한 네 사람 모두에게 고른 연민과 동정을 보내게 된다.

점차 상실의 기억이 돌아오고 이제 그녀는 철수와 빌리 중 누구를 선택할 것인가 하는 가장 큰 곤경에 처한다. 곤란하기는 철수와 빌리 역시 마찬가지다. 그들은 안나를 잡을 수도 놓을 수도 없는 안타깝고 비참한 처지에 놓인다. 안나는 과연 누구를 선택할 것인가? 자신의 오래고 익숙한 남편인가 아니면 새롭게 찾은 사랑인가?

그러나 이 드라마는 철수와 빌리 중 한 명이 승자가 되는 게임이 아니다. 네 사람이 얽혀든 곤경 속에서 마지막 승자는 단연 상실이자 안나이다. 그녀만이 선택할 수 있는 위치에 있으며, 그녀가 두 사람 중 누구를 선택하건 그녀만이 고고하게 자신의 지위와 권력을 되찾을 수 있고 그렇게 그녀는 남자들 위에 다시 군림하게 될 것이기 때문이다.

> *"그 둘이 다 나야!*
> *근데 이상하지? 난 그 어느 쪽도 자신이 없어."*
>
> (상실·안나)

실상 이 드라마의 매력은 안나라는 독특한 캐릭터로부터 비롯되었다고 해도 지나치지 않다. 엄청난 갑부인 안나는 심술과 변덕에 고약하고 못된 심보, 주변 사람들 괴롭히는 낙으로 살아가는 여자로, 이와 같은 성격 못된 왕싸가지 여자 주인공은 그 유례를 찾기가 불가능할 지경이다. 물론 이러한 싸가지 귀족녀는 한창 유행하던 재벌 2세 싸가지 왕자들의 바로 대척점에 놓여 있다. 그러나 싸가지 왕자들이 (바람둥이건 그렇지 않건) 진정한 사랑을 발견하는 순간, 갑자기 싸가지 왕자에서 한 여자만을 사랑하는 유순하고 젠틀한 남자로 변모해버리고 마는 것과 달리, 안나는 변하지 않는다.

그녀는 기억을 잃고 자신을 지탱해준 모든 것을 잃어버렸어도 못된 성격만은 그대로 지님으로써 자신의 매력과 정체성을 유지하는 인물이다. 그녀는 오갈 데 없이 비참해진 처지에도 불구하고 결코 초라해지지도 비굴해지지도 않으며, 그동안 그녀가 행한 악행에 대한 참회와 반성을 하지도 않는다. 그녀는 결코 개과천선하지 않는다. 여전히 도도하게 명령조로 말하고 여전히 자기밖에 모르는 안하무인에 오만불손이다.

순수해서가 아니라 알 필요가 없었기 때문에 세상 물정을 모르는 그녀가 자신이 한 번도 경험해보지 못한 세계 속에 내던져져서도, 특유의 뻔뻔함으로 놀라운 적응력을 보이는 것이야말로 결코 미워할 수 없는 이 악녀의 진짜 매력이다. 별나고 까탈스러운 그녀가 동네 미친 여자 강자(정수영 분)와 친구가 되고 철수의 조카들과 잘 지낼 수 있는 것도 그녀만의 특장이다.

세상이 자기를 중심으로 돌아가는 안나에게는 자기 자신 이외의 인물들은 누구건 동일하다. 더 잘나고 못난 것도 없으며, 어른이고 어린이고, 정상이고 비정상이고의 구분 따위도 하등 중요치 않다. 이 공평한 처사가 그녀가 약자들의 진짜 친구가 될 수 있게 해준다. 강자를 인간 취급하면서 대거리해주는 유일한 사람도 그녀이고, 아이들을 (보호하면서 동시에 무시하는 보통의 어른들과 달리) 대등한 주체로 받아들이는 것도 그녀이다.

"어린이들 잘 들어!

너희들은 이미 짜장면을 포기했어.
지나간 짜장면은 다시 돌아오지 않아.
명심해! 인생은 그런 거야!"

(상실)

　어쩌면 안나라는 인물은 현실에서 가능하지 않은 귀족녀에 대한 여성들의 판타지를 보여주는 건지도 모른다. 어떤 어렵고 힘든 상황에서도 기죽지 않고 비굴해지지 않으며, 항상 고고하고 우아하게 살아갈 수 있는 타고난 귀족녀에 대한 갈망 같은 것 말이다. 이는 자신이 항상 억울하게 억눌리고 빼앗기며 살아간다고 생각하는 대다수 여성들(남성들까지?)의 비루한 현실에 대한 유쾌한 전도이다. 이것이 바로 못돼먹은 왕싸가지 악녀에게 우리가 호감을 느낄 수밖에 없는 이유이다.

모질고도 독한, 물색없는 년
〈황진이〉

황진이에 대한 동시대적 신화쓰기가 분주하다. 공교롭게도 남과 북에서 동시에 몇 가지 소설 판본이 등장하더니, 사극제작의 붐을 타고 이제 드라마와 영화, 뮤지컬에까지 확산되었다. 교과서에 등재된 황진이 시조 몇 수를 일개 기생의 사랑타령 정도로만 생각했던 대다수 사람들에게 이제 황진이는 사랑과 예술에 대한 창조적 영감과 열정을 불러내는 새로운 텍스트로 다가오게 되었다.

드라마 〈황진이〉(김탁환 원작, 윤선주 극본, 김철규 연출, KBS)는 무엇보다 예인으로서의 황진이의 삶을 재구성하고자 한다. 시조와 한시 몇 편, 전설처럼 떠도는 일화들, 그리고 당대의 유명 시·가객이나 사상가들과 교유한 짧은 기록들로부터 예술가로서의 황진이의 자취를 역추적해 들어가는 것이다.

자유를 꿈꾸고 예술을 탐하고 사랑을 갈구했던 한 사람의 예인으로서 기생이라는 미천한 신분의 여성이 맞닥뜨려야 했던 시대의 벽은 매우 강고한 것이었

117

으며, 드라마는 그 강렬한 부딪힘의 지점들을 잡아내고자 애쓴다. 그러나 그것은 또한 그녀가 기녀였기에 가능했던 것들이었다. 자유도 예술도 사랑도 그토록 그녀를 옥죄었던 기녀라는 신분이 가져다준 저주받은 축복과 같은 것이었을 테니 말이다.

드라마는 흥미롭게도 절집에 맡겨진 어린 황진이(심은경·하지원 분)가 기생들의 춤사위에 반해 교방에 스스로 찾아드는 설정으로 출발하였다. 양반과의 못 이룬 사랑으로 눈까지 먼 악기樂妓 현금(전미선 분)이 국법을 어기면서까지 자신의 딸만큼은 기생이 되지 않게 하려 했던 그 간곡한 의지를 황진이 스스로가 무참히 깨뜨린 것이다. 그것도 기생이 무엇인지도 미처 깨닫지 못할 어린 나이에 단지 춤과 음악에 미혹되어. 말하자면 그녀는 자신에게 허락된 유일한 예인의 길을 자신의 자유의지로 선택하는 것이다. 예인이 될 수만 있다면 기생이어도 좋았다. 그것이 어떤 시련과 고통을 예비한다 할지라도. 그녀는 그렇게 자신의 예정된 운명 속으로 걸어 들어갔다.

진이의 재능과 열정을 한 눈에 알아본 송도 교방의 행수 백무(김영애 분)는 진이를 혹독한 재예 수련과 정신 단련으로 몰아치는데, 명기가 되기 위한 진이의 10년간의 정성이 맞는 첫 번째 위기는 양반집 젊은 도령 은호(장근석 분)와의 이룰 수 없는 사랑이다. 진이가 은호의 사랑을 시험하자는 백무의 계략과 설득에 넘어간 것은 그녀가 그의 사랑을 믿지 못해서가 아니라, 재예에 대한 자신의 열정이 은호에 대한 사랑보다 더 크다는 것을 자신도 모르게 알고 있었기 때문이다. 나약한 은호가 결코 법도와 권위의 벽을 뛰어넘을 수 없으리라는 백무의 예측은 정확했고, 은호는 죽음으로써 못난 자신을 단죄하고 자신의 사랑을 증명하는 길 외에는 아무 것도 할 수 있는 것이 없었다.

진이가 죽음을 경유한 첫정의 한과 슬픔을 견디는 방법은 세상에 대한 복수의 염을 양반들에 대한 냉소와 혹독한 재예 수련으로 바꾸는 것이었다. 그리고 마침내 그 못다한 사랑에서 벗어날 수 있었던 것은 역설적이게도 새로운 사랑을 통해서이다. 예조판서 김정한(김재원 분)과의 사랑은 거문고와 대금이 어우러지듯 시와 음률의 교접을 통해 이루어진 더욱 성숙한 것이었다. 그러나 그들은 충신과 예인 사이의 거리를 능히 감당해내지 못했고, 모든 것을 버리고 필부필녀로서 사랑의 도피행각을 벌이고 난 이후에야 다시 제자리로 되돌아올 수 있었다. 명월은 죽음보다 깊은 그 사랑을 통과함으로써만 비로소 사랑을 놓을 수 있었던 것이다.

이렇듯 예술가로서의 황진이를 부각시키려는 이 드라마의 전략은 우아하고 고상한 드라마 전체의 스타일과 보기 좋게 맞아떨어진다. 그렇다고 이 드라마가 최근 유행하는 화려하고 감각적인 스타일리쉬한 사극에 머무는 것은 아니다. 사실 배경과 의상의 화려한 색감과 유려하고 리드미컬한 카메라워킹, 완급으로 분위기를 조율하는 세련된 음악은 이미 많이 흔해졌다(그렇더라도 공들인 의상의 때깔만큼은 경탄을 자아낸다). 이 같은 외양을 넘어서는 이 드라마만의 우아함과 고상함은 확실히 많은 부분 문학에 빚지고 있다. 문학적 풍미가 흐르는 문어체의 대사들이 일등공신인 것이다.

딱딱하고 고루한 대신 현학적이고 은유적이며 시적이기도 한 이러한 문어체 대사는 사극만이 가질 수 있는 드라마의 미려한 리듬을 한껏 살려줄 뿐 아니라, 절제와 함축으로 극적 긴장을 끌어올려 준다. 쉽지 않은 어휘와 관직이름에 굳이 자막을 넣지 않은 것도 그러한 설명들에 예술적 멋과 정취를 빼앗기지 않으려는 의도일 것이다.

119

특히 이들 문어체 대사가 더욱 살아나는 것은 황진이라는 인물이 만들어내는 드라마틱한 삶과 그녀가 시대와 불화하는 첨예한 갈등과 대결의 국면들에서이다. 양반사회의 주변부에 기생했던 그녀들이 그네들의 말투와 어법으로 그네들과 대결하고 나아가 세상과 맞섰다는 것은 꽤나 아이러니한 일이다. 양반들의 노리개로서의 기생이라는 여성들이 유일하게 양반들과 희롱하고 대거리할 수 있었다는 모순적 현실이야말로 문어체 대사에 담긴 팽팽한 긴장과 내면 풍경을 설명해준다.

그렇게 교방과 양반사회라는 두 세계는 황진이를 받쳐주는, 황진이를 황진이일 수 있게 해주는 버팀목이었다. 드라마는 이 두 세계를 황진이가 성장해가는 그 발판으로서의 권력투쟁의 장으로 그려낸다.

먼저 교방을 배경으로 기예를 겨루는 여악의 자리를 두고 교방행수들 사이에서 벌어지는 권세다툼과 경쟁구도가 펼쳐진다. 송도 교방 행수 백무와 도성 여악 행수 매향(김보연 분) 사이의 라이벌 관계는 고스란히 진이와 부용(왕빛나 분) 사이의 대결구도로 이어진다. 이들은 서로의 재능을 알아보는 매서운 눈썰미로, 예인으로 최고의 자리에 오르려는 차디찬 결기로 고수들끼리의 맞수관계를 형성한다. 이러한 경쟁과 대결은 진이로 하여금 재예에 대한 투지를 다지게 하나 또한 동시에 권력과 명성에의 유혹에 흔들리게도 하였다.

여기서 가장 흥미로운 지점은 진이와 백무 사이의 질기고도 모진 애증의 관계이다. 이들은 스승과 제자라는 관계를 넘어 같은 길을 걷는 떼려야 뗄 수 없는 동일한 운명의 짝패이다. 그녀들은 공존할 수 없는 천기의 사랑과 예인의 재예라는 고통에 겨운 운명적 굴레를 공유한다. 진이는 자신의 사랑을 끊어놓은 백무를 굴복시켜 결국 죽음으로까지 내몰지만, 자신에게 물림된 그녀의 그 독한

120

열정까지를 떼어내지는 못한다. 또한 진이는 재예를 완성하려는 백무의 징글징글한 집착에 몸서리를 치면서 그로부터도 자유로워지려 하지만, 그것은 오직 백무(의 죽음 뒤의)와의 합체로서만 그렇게 할 수 있을 따름이다.

교방 내의 경쟁이 수평적 권력투쟁을 이룬다면 또 다른 재미는 교방과 양반사회 사이에서 벌어지는 수직적 권력투쟁일 것이다. 물론 기생과 양반 사이에 권력투쟁이라니 어불성설이지만, 양반들의 허세와 유약을 익히 아는 백무 같은 능구렁이나 시와 춤, 음률로 제압하는 명월이 같은 명기에게는 양반들도 못 당하는 법이다. 당연히 이들의 대결양상은 주로 기생과 양반 사이의 불가능하면서도 불가항력적인 그 '사랑'을 매개로 이루어진다.

> " 사랑이 전부라 믿는 반편이로 살기엔……,
> 세월이 제게 너무 많은 것을 가르쳐주었답니다."
>
> (진이)

신분의 벽을 넘어서는 불가항력적 사랑의 불가능성. 김은호나 김정한과의 사랑은 모두 그 사랑의 불가능성을 보여주었다. 그들의 사랑은 체제를 벗어나고자 했으나, 철저히 그 체제 내에 예속된 것이었다. 동기童妓인 진이를 합법적인 '내자'로서만 받아들일 수 있었던 은호나, 도피생활 3년 만에 '서로의 곁에서 시들어가고 낡아가는' 서로를 깨닫게 되는 명월과 정한에게나 지배체제 신분질서의 억압적 규율은 끝내 내파될 수 없는 것이었다.

명월은 관기로서의 공적 역할과 여성으로서의 사적 감정 사이의 분열과 간극으로 끊임없이 좌절을 겪어야만 했다. 조선시대의 기녀로서 예술적, 지적, 성적 자유와 지배질서와 위계체제에의 종속이라는 이중적 성격이 빚은 존재론적 균열은 그녀가 온전히 감당해야할 몫이었다. 고결함과 천함, 숭앙과 멸시, 나르시시즘과 환멸이 공존하는 내면화된 시선과 자의식을 넘어 그 투지와 열정을 예술을 향해 쏟아내야만 했다.

> " 어머니가 그리도 간절히 원했던
>   여인네의 안돈한 삶이 무언지 아직도 잘 모르겠습니다 ……."
>
> (진이)

그녀가 마침내 양반사회의 그늘, 교방에 갇히기를 거부하고 삶과 노동이 있는 바깥세계를 향해 눈을 돌렸을 때 그녀는 진정 자유로운 예인의 길로 들어설 수 있게 되었다. 그리하여 황진이는 사랑이라는 환상을 가로지르는 인물이다. 그러나 물론 오직 사랑을 통과함으로써만 사랑 그 너머로 나아갈 수 있다. 그렇게 그녀는 사랑을 통해 예인으로서의 황진이가 되어갔다. 그녀가 기녀라는 신분의 족쇄, 그 시대적 한계를 통해서만 최고의 예술적 경지에 오를 수 있었던 것처럼.

삼순이의 육탄 돌격, 아자!
〈내 이름은 김삼순〉

로맨틱코미디는 정통멜로의 '운명적이고 비극적인 사랑'의 정반대 지점에 놓여 있다. 정통멜로와 로맨틱코미디의 차이가 단지 비극적 파국이냐 해피엔딩이냐 하는 것에만 달려있는 것은 아니다. 더욱 근본적인 것은 두 장르의 사랑에 대한 태도의 차이다. 정통멜로에서 사랑은 주인공들의 삶을 송두리째 휩쓸어 갈 운명적이고 절대적인 그 무엇이다. 이와 달리 로맨틱코미디에서 사랑은 독감을 앓는 것처럼 지독하긴 하지만 순간적이고 지나가버리는 어떤 것이다. 사랑은 가도 또 새로운 사랑이 찾아오고, 결혼한 이후에도 위기는 이어진다.

로맨틱코미디의 판타지가 훨씬 현실적인 것은 그것이 이리저리 변해가는 사랑에 대한, 다른 대상을 향해 새롭게 시작되는 사랑에 대한 순간 포착이라는 데에 있다. 물론 가장 행복했던 순간만을 영원히 남기는 정지된 기억으로서의 순간 포착이라는 자기기만에 바탕하고 있긴 하지만. 뭐, 무슨 상관이 있으랴! 그 순간은 자기 자신만이 꼭 죽을 것 같은 비련의 주인공이 되기도 하고, 세상을 다

얻은 것 같은 환희에 들떠있기도 하는 것이 바로 사랑인 것을.

"누가 뭘 쉽게 하는데요?
난 단 한번도 사랑을 쉽게 해 본적 없어요.
시작할 때도 충분히 고민하고 시작하고 끝날 때도 마찬가지예요."

(삼순)

로맨틱코미디의 현실성이 단지 사랑의 가벼운 속성에 대한 갈파에만 있는 것은 아니다. 그것은 오히려 어떻게 하면 좀 더 괜찮은, 좀 더 돈이 많고, 좀 더 능력 있고, 좀 더 매력 있는 남자(드물게 여자)를 만날 것인가에 대한 구체적인 지침들을 교시한다는 데 있다(당연히 그 지침들은 현실적인 쓸모가 전혀 없으며, 그 비효용성으로 말미암아 드라마의 판타지는 지속될 수 있다).

물론 그녀들의 속물근성은 적절하게 가려져야 하고 불순함은 걸러져야만 한다. 그가 누구인지 모르고 사랑하게 되었는데 알고 보니 재벌 2세라든가, 아니면 사랑을 얻기 위해 자신의 지위와 가족을 버리는 따위, 그들의 사랑이 조건을 떠난 순수한 것임을 강변하는 설정이 필요하다. 그래봐야 눈 가리고 아웅이지만, 우리를 사랑의 가장 행복했던 순간 속으로 몰아가기 위해서는 반드시 필요한 장치임에 틀림없다.

그런데 〈내 이름은 김삼순〉(김도우 극본, 김윤철 연출, MBC)의 삼순(김선아 분)은 여기에서 한발 더 나아간다. 노처녀 삼순의 욕망은 훨씬 현실적이고 노골적이다. 그녀는 실연의 아픔을 맞선으로 달래고, 안정적인 직장을 가진 남자와의 결혼을 꿈꾼다. 쪽팔리는 촌스러운 이름 대신 '희진'이라는 이쁜 이름으로 불리기를 원하며, 우아하게 프랑스식 케이크를 구우며 살아가고 싶다. 진한 마

124

스카라와 코르셋으로 불어난 몸을 추스르려 안간힘을 쓰지만, 시럽 듬뿍 넣은 카페라떼에 대한 욕구를 이겨내지는 못한다.

자신의 속된 욕망을 낱낱이 까발리면서, 그것을 긍정하기도 하고 넘어서기도 하면서, 삼순이의 뒤집기 한판은 그렇게 시작된다. 신데렐라 공식을 조금씩 비틀면서, 여자 주인공에 대한 기존의 판타지를 뒤집는 작업에 착수한다. 그녀의 무기는 무엇보다 육중해진 육체이다. 그녀는 불어난 중량만큼 자유로워진다. 육체적 속박의 얇은 틀로부터 자유로워지고, 남성들의 맹목적 욕망의 시선에서 자유로워진다. 그녀의 걸쭉한 육두문자와 거칠 것 없는 입담은 진정 넉넉해진 그녀의 육신의 자유를 증거한다.

그러나 무엇보다 삼순이라는 캐릭터가 매력적인 것은 그녀 자신이 바로 성적 욕망의 주체라는 점을 만천하에 드러낸다는 점이다. 지금까지 드라마 속 여성 캐릭터는 여성도 남성 못지않게, 사랑 못지않게 자신의 직업과 일을 추구하는 사회적 존재임을 부각시키는 데까지 진화해왔다. 최근의 로맨틱코미디들의 수많은 캔디렐라들은 일과 사랑을 동시에 성취하는 드물게 행복한 여자들이었다.

그러나 명랑, 쾌활, 발랄한 그녀들은 한번도 성적 욕망을 전취해보지는 못하였다. 기껏해야 하룻밤 '실수'로 치부되었고, 그 대가는 혹독했다(〈원더풀 라이프〉, 〈온리 유〉 등등). 그 금지된 영역에 도전한 여자는 아마도 〈네 멋대로 해라〉의 전경이 유일했던 것 같다. 그렇지만 그녀가 자신의 성경험을 고백할 때, 그것은 관념적 주장 이상이 되지 못했고, 그녀의 욕망은 그녀의 중성적 이미지에 곧바로 묻혀버렸다.

하지만 삼순은 정말 다르다. 그녀는 지난 3년간의 연애기간 동안 파란만장했을 자신의 과거를 그대로 까발리듯이, 자신의 욕망을 있는 그대로 노출시킨다.

125

젊은 사장 진헌(현빈 분)을 유혹하고 싶은 욕망은 그대로 화면 가득 쫙 붙는 깜장 드레스를 입고 섹시한 춤을 추는 자신의 상상 속 모습으로 보여진다. '내가 너무 오래 굶은 거야'라고 몸부림칠 때, 그녀가 깨닫는 것은 진헌에 대한 사랑보다 먼저 자신의 성적 욕망에 대한 것이다. 마침내 무르익는 둘만의 로맨틱 무드에서 먼저 키스를 감행하는 것도 용감하고 씩씩한 우리의 삼순이다.

그녀는 온몸으로 사랑을 행하는 보기 드문 여자 주인공이다. 그녀는 사랑과 성적 욕망 사이의 머나먼(특히 여성주인공들에게) 간극을 급격히 줄여버렸다. 그녀의 도발과 육탄 돌격은 사실 기대 이상이다. 그것은 자신을 남성의 시선에 복속시키고 대상화하는 그러한 섹시함이 아니다. 그녀의 욕망은 지극히 자발적이고 자기주도적이다.

다행히 그녀의 넘쳐흐르는 과잉성이 선정적이지도 부담스럽지도 않은 것은 삼순이가 생각하고 고민하는 내적 자아를 지닌 자기 성찰적 인물이라는 사실 덕분이다. 그녀가 쏟아내는 솔직하고 거침없는 직언과 욕설들은 그녀의 경험의 깊이가 배어든 통찰과 생의 전언들로 곧잘 수습된다. 중간중간 차분한 목소리로 깔리는 그녀의 내레이션은 자신의 욕망과 욕구, 좌절과 시련, 꿈과 희망에 대한 순도 높은 객관화와 반성의 시간을 마련해준다.

> *"몸이 마음에게 물었다.*
> *'난 아프면 의사선생님이 고쳐주지만,*
> *넌 아프면 어떻게 하니?'*
> *마음이 말했다.*
> *나는 나 스스로 치료해야 돼."*

(삼순의 내레이션 中에서)

이렇게 하여 삼순은 자신의 불어난 몸을 상쇄하고도 남을 만큼의 인간적 매력을 얻었다. 아니 어쩌면 그녀의 불어난 몸이 이 모든 것을 가능하게 해주었을지도 모르겠다. 하지만 딱 6kg까지이다. 그 이상은 안 된다. 아무리 눈 밝은 왕자라도 그녀의 매력을 못 알아보면 안 되니까.

　이 드라마는 로맨틱코미디의 공식이 깨어지지 않을 만큼만 나아간다. 그 경계에서 아슬아슬하게, 하지만 흘러넘치지는 않게, 바로 그 직전에서 멈추어 선다. 왕자는 여전히 만화 속에서 바로 빠져나온 듯 로맨틱하고, 그들의 밀고 당기는 사랑놀음은 여전히 판타스틱하다. 그러면서도 작가는 그들의 로맨스가 결혼이라는 목표 지점을 향해 치달아가지 않도록 열린 결말을 선택하는 영민함을 보인다. 삼순이 왕자의 마수에 걸려 정녕 자신의 본 모습을 잃어버리면 안 되기 때문에. 삼순이 연애나 하면서 지금 모습 그대로 노처녀 삼순으로 남기를 바라는 것은 단지 나만의 바람은 아닌 모양이다.

서른셋 그녀의 도발이 맥빠지는 이유
〈여우야 뭐하니〉

텔레비전의 성적 표현 수위가 한층 대담해졌다. 케이블 채널들을 중심으로 한 버라이어티쇼들이 섹스 컨셉을 차용하여 성인 오락물로서의 한계를 실험하기 시작하더니 이제는 드라마들에서도 점차 성적 주제를 과감하고 직설적으로 내보이기 시작했다. 한 케이블 채널에서는 남자들의 성을 과감하게 묘사하는 섹스코미디 〈하이에나〉가 선정성과 노출수위를 둘러싸고 출발 전부터 큰 관심을 모았다.

이런 경향은 무작위 시청층을 대상으로 하는 지상파 채널에서도 나타나기 시작했는데, 그 선두주자는 한창 화제가 되었던 〈여우야 뭐하니〉(김도우 극본, 권석장 연출, MBC)이다. 전작인 〈내 이름은 김삼순〉에서 젊은 여성의 성적 욕망을 거리낌 없이 드러내어 큰 호응을 얻었던 작가는 용기백배하여 이번에는 보다 본격적인 성애의 세계로 뛰어들기로 작정한 것처럼 보인다.

음란잡지 '쎄시봉'의 기자인 병희(고현정 분)는 갖은 상상력으로 야한 글들을 짜내는 베테랑이지만 실상은 서른셋 먹도록 연애 한번 제대로 못해본 숙맥이다. 오래도록 짝사랑했던 선배가 호모섹슈얼임을 알았을 때, 그녀가 첫사랑을 마음에서 떠나보내며 만취한 채 하룻밤을 같이 보낸 사람은 다름 아닌 아홉 살 연하의 친구 동생 철수(천정명 분)이다. 이후 두 사람 사이엔 모호하지만 거부할 수 없는 애정의 기류가 형성되는데, 능력 있고 자상한 연애의 달인 비뇨기과 의사 희명(조연우 분)이 병희에게 접근하면서 세 사람의 삼각사랑이 시작되었다. 여기에 햇병아리 모델인 병희의 동생 준희(김은주 분)와 속내를 알 수 없는 명품 브랜드 사장인 졸부 병각(손현주 분)의 거래와도 같은 기이한 사랑 행각과 동네에서 부동산을 하는 엄마 순남(윤여정 분)이 오랜 고시공부에 지쳐 그곳에 취직한 젊은 남자 필교(박병선 분)에 대해 품는 미묘한 연정이 삽입된다.

첫 회부터 가히 도발적인 듯 보이는 난무하는 성적 표현과 대사로 드라마는 선정성과 음란성이라는 확실한 눈도장으로 출발하였다. 뭔가 음란하고 야리꾸리한 분위기의 남녀상열지사가 펼쳐지는데, 여기에 우아하고 고상한 이미지의 고현정의 변신이 주는 추가적 관심이 성적 표현의 체감온도를 가일층 높여 놓았다.

간간이 주인공의 상상씬으로 펼쳐지는 이러한 섹시무드는 물론 과감하고 솔직한 성 묘사와 성에 관한 온갖 이야기들을 끌어오기 위한 전초전에 불과한 것이다. 음란 성인잡지사와 산부인과, 비뇨기과 등을 배경으로 섹스, 성욕, 첫경험, 순결, 자궁, 몽정 등 줄줄이 이어지는 집중적인 성적 화제와 관심은 이 드라마가 얼마나 성을 음지에서 양지로 끌어올리려는 사명감으로 고군분투하고 있는가를 알게 해준다.

그러나 사실 이 드라마에 등장하는 성담론들은 알고 보면 뭐 그리 새로울 것

129

도 쌈박할 것도 없다. 몸에 관한 관심과 더불어 우리사회의 성적 담론은 이미 차고 넘칠 정도로 무성하다. 그것은 더 이상 금지된 성역도 아니며, 감추어야할 음습한 어떤 것도 아니다. 이러한 과잉 성담론의 시대에 이 드라마의 성적 도발은 아쉽게도 저 80년대의 선데이서울류에 머물러 있다.

음란 잡지인 '쎄시봉'이 고감도 남성성인잡지를 표방했을 때, 문제는 그 '남성'성인잡지라는 촌스러운 설정에 있다. 병희라는 30대 여성이 꿈꾸는 성적 판타지가 졸지에 남성들이 보고 즐길 수 있는 야설적 상상으로 변형되는 것이다. 병희의 상상씬에서 강력한 남성의 코믹 버전으로 등장하는 이혁재는 주체로서의 병희의 시선을 차단하는 남성적 응시의 담지자로 군림한다.

그녀의 성적 상상력 안에 남성적 응시가 강력하게 기거하고 있음을 확인하는 것은 그것이 여성들의 심리적 현실의 실제적 단면을 보여준다 할지라도 결코 달갑지 않은 일이다. 그녀가 스스로를 남성적 응시의 대상으로 고정시키고자 할 때, 거기에 욕망의 대상이 되고자 하는 여성들의 순치된 욕망이 투영될 때, 병희는 확실히 우리들의 질긴 노스탤지어를 자극하는 인물이 되어버린다.

> " 이미 알고 있었다. 첫날밤이 그렇게 달콤하지 않다는 것을……,
> 그래도 매일 꿈을 꾸었다.
> 로맨틱한 사랑을 꿈꾸는 건 여자의 특권이니까."
>
> (병희의 내레이션 中에서)

서른셋의 그녀가 굳이 이제야 첫날밤을 치르도록 설정된 것은 결코 우연이 아니다. 상상과 실제 사이의 간극은 최대한 넓게 유지되어야만 하는 것이다. 그렇다면 현실에서의 병희의 일천한 성적 경험, 보잘 것 없는 연애사와 그녀의 원

130

색적인 성적 도발의 상상력 사이의 간극을 넓혀 놓음으로써 이 드라마가 거둬들이는 효과는 과연 무엇일까? 그녀의 청순하고 순진무구한 순결성? 아니면 어리숙한 '꺼벙이(병희의 별명)'가 남자를 알아갈 때의 그 색다른 묘미?

보다 정확한 답은 로맨틱코미디 본연의 것이다. 바로 두 남녀의 순수하고 발랄한 로맨스를 그리는 것이다. 알고 보니 병희와 철수 둘 다 서로가 처음이었던, 첫날밤으로 시작되는 두 남녀의 밀고 당기는 경쾌발랄 로맨스를 위한 것이다. 어릴 적부터 같이 자라온 친동생이나 다름없는 어린 남자와의 로맨스를 위해 병희는 퇴행해야만 하는 것이다.

이렇게 삼순이에서 병희로 후퇴한 것에는 무려 아홉 살 연하의 남자를 얻기 위한 피치 못할 전략이 깔려있다. 그것은 서른셋이라는 나이만큼의 무게에서 세월과 연륜과 경험을 덜어내는 것이다. 이렇게 하여 아직 성숙하지 못한 여자 병희와 한참 어린 연하 남자의 로맨틱한 연애관계가 가능해진다. 나이차라는 장애와 주변의 적절한 반대, 만만치 않은 연적이 있고, 티격태격 사랑싸움과 치고받는 감정놀음과 아슬아슬한 스킨십의 설렘이 있다. 그리하여 재벌 2세 대신 이번에는 연하의 남자에 대한 판타지가 이루어진다.

어린 남자에 대한 여성들의 판타지는 시간을 거슬러 되돌리고 싶은 여성들의 욕망만큼이나 강렬한 것이다. 누나와 남동생의 사랑은 오빠와 여동생의 사랑만큼이나 오래된 역사와 전통을 지닌다. 거기에는 누나라는 감히 넘볼 수 없는 대상에 대한 금기된 사랑의 애절함과 오랜 짝사랑의 시련이 배어있다. 역전된 나이와 서열을 재역전시키려는 귀여운 남자의 몸부림은 모성애를 자극하며, 떼를 쓰며 매달리는 투정과 남자다움을 과시하려는 과도한 터프함은 동전의 양면처럼 어린 남자만의 미숙함의 매력을 구성한다.

그 대척점에 철수와는 정반대로 안정적 지위와 경제력 뿐 아니라 풍부한 연애 경험으로 능숙하게 여자를 다루는 여유만만한 성숙한 남자 희명이 버티고 있다. 그는 무늬만 바람둥이였을 뿐 실상은 완벽한 결혼조건을 가진 킹카로 병희에게 청혼해온다. 이제 병희는 매력적인 두 남자의 애정공세를 온몸으로 받으며 행복한 고민에 휩싸이고, 드라마는 여자가 두 남자의 사랑 사이에서 갈등하는 전형적인 삼각로맨스로 내달린다.

여전히 캐릭터들은 생동감 넘치고 대사들도 리얼하기 짝이 없으며, 간간히 병희의 내레이션이 심금을 적시지 않는 것도 아니지만, 삼순이의 과격한 주도성에 비하면 어째 병희의 성적 도발은 전혀 도발적이지 않다. 이제 선정적이고 음란한 것은 '쎄시봉'이라는 고색창연한 잡지 안에 갇혀버리고 만다. 주인공들의 예쁘고 아기자기한 로맨스의 환상이 깨어지지 않도록 말이다. 과감하게 시작된 그녀의 도발이 맥 빠지는 이유이다.

여우야 뭐하니

주 유린의 사기 행각에 놀아나다
〈마이걸〉

멜로드라마의 신데렐라이야기는 진화하고 또 진화한다. 대동소이한 구도, 흔해 빠진 반복 속에서도 심심치 않게 절묘한 변주가 있어 우리의 혀를 내두르게 한다. 예민한 촉수를 가진 남다른 감각의 드라마라면 그 비어있는 틈새를 찾아, 캐릭터의 사각지대를 찾아 빠르게 내달리고 순식간에 착지하는 것이 가능해진다. 〈마이 걸〉(홍정은·홍미란 극본, 전기상 연출, SBS)이 바로 그런 경우이다.

재벌 3세 왕자님과 엽기발랄한 사기꾼 여성과의 만남과 사랑은 영화 〈귀여운 여인〉의 TV판 변형에 가깝다. 재벌인 남성과 창녀의 조합은 상상할 수 있는 가장 극단적인 형태의 신분상승 판타지이고, 창녀에서 사기꾼으로 뒤바뀐 것은 TV라는 무작위 대중의 매체에 적합한 선택일 뿐이다. 부담스런 성적 이미지에서는 벗어나고, 온갖 트릭과 소동으로 로맨틱코미디의 역동성을 살릴 수 있으니 사기꾼의 설정은 꽤나 적절한 편이다.

말하자면 창녀나 사기꾼이나 떠돌이에 거리의 여자이기는 마찬가지라는 거다. 이 드라마는 두 남녀의 계급적 격차를 최대치로 벌려 놓은 상태에서 출발하는 극단적인 신분상승 판타지이다. 그리고 그것이 한바탕 사기극임을 스스로 까놓고 들이민다. 어차피 드라마가 사기란 건 삼척동자도 아는 사실인데, 사기를 치려면 이 정도는 쳐야 먹히지 않겠어? 그런데 이를 어쩌나, 정말 먹힌다.

아빠의 노름빚 때문에 쫓겨다니는 떠버리 관광가이드 주유린(이다해 분)은 우연히 재벌 3세 호텔 이사인 설공찬(이동욱 분)과 엮이면서 일생일대의 기회를 잡는다. 공찬이 그녀의 기막힌 연기와 배짱을 보고 가짜 사촌여동생 역할을 제안한 것이다. 몸져누운 호텔 회장인 공찬의 할아버지가 애타게 찾아 헤매는 외손녀 역할이 그녀에게 떨어졌다. 회장집에 들어간 유린과 공찬의 티격태격 사랑싸움이 본격화되고, 여기에 공찬의 친구인 또 다른 황태자 서정우(이준기 분)와 공찬의 돌아온 옛 연인 김세현(박시연 분)이 외곽을 지원하면서 사랑의 사각체제가 자리 잡는다.

재벌가에 계약남매에 사각관계까지 익숙히 보아온 신데렐라이야기가 틀림없으나, 이 드라마에는 여느 신데렐라 판타지와는 다른 독특한 지점이 있다. 바로 여자주인공인 주유린이라는 캐릭터 자체가 판타지를 불러일으킨다는 점이다. 왕자도 아니고, 그렇다고 공주도 아닌 한낱 밑바닥 인생을 전전하는 처자가 우리에게 판타지를 제공하다니 참으로 신통한 일이 아닐 수 없다.

유린은 집도 없이 떠돌아다니는 사회의 가장 아랫길 하층민이지만, 그저 무능하고 처량한 가난한 집 딸이 아니다. 놀랍게도 가난과 무지가 만들어준 그녀의 탁월한 생존 능력과 적응력은 그녀를 21세기가 간절히 원하는 전천후 능력으로 무장한 새로운 인간형에 등극시킨다. 아버지를 따라 이리저리 도망치며 떠

134

밀려 살아온 인생이 어느새 몇 개 국어에 능통한, 마치 세계화시대의 인재처럼 변신한다.

놀라운 기지와 번뜩이는 잔머리, 융통성과 순발력에 위기 대처 능력, 위트와 유머 감각, 거기에 한번씩 감동모드로 전환시키는 영민한 연기력, 그것도 안 되면 민첩성에 강인한 체력으로 도주도 가능하다. 결정적으로 쥐락펴락 사람을 가지고 노는 상황 지배력과 장악력이 남다르다.

이정도 내공이면 그녀의 사기행각이 혹시 상류층의 심장부에 침투하여, 적들의 후방 질서를 교란하고, 질서를 와해시키는 특수 공작 임무를 띠어도 좋지 않을까 하는 상상마저도 가능케 한다. 혹은 그녀가 우리 사회의 아웃사이더에서 급기야는 자유로운 유목적 주체로 거듭나는 것은 아닐까 하는 기대마저 품게 한다.

물론 그녀는 나의 망상과는 무관하게 로맨틱코미디에서의 자신의 역할에 충실하다. 그녀의 내공은 한다하는 재벌들에 대적할 수 있는 그 수준까지이다. 그녀가 재벌가의 남자들과 맞장 뜰 수 있는 인물이라는 것, 그리하여 그들의 신데렐라로 쉽게 포섭되지 않는다는 것까지 말이다.

이 드라마가 여주인공이 왕자에 의해 낙점되고 일방적으로 그에 끌려가는 보통의 신데렐라이야기로 쉽사리 나아가지 않는 데는 공찬의 캐릭터 역시 한 몫 단단히 한다. 유린의 막강 파워 못지않게 공찬 역시 어수룩하게 공략당하는 인물은 아닌 것이다. 그는 냉정하고 피곤해 보이기도 하는 무뚝뚝한 표정과 싸늘한 말투의 매력적인 왕자이나, 만만치 않은 투시력과 관찰력으로 유린의 속내를 꿰뚫어 본다. 그는 호락호락하게 넘어가는 인심 좋은 왕자가 아니라 오만하고 도도한 재벌가의 적자이다.

유린과 공찬의 이러한 대립각은 그들 로맨스에 잔뜩 긴장을 불어넣어준다.

둘은 비밀을 공유한 공모자들이지만, 서로가 상대를 유리하게 써먹기 위한 작전에 골몰해 있고, 서로의 진심과 거짓 사이에서 어떠한 확신도 얻지 못한 채 치열한 심리전을 편다. 그들의 로맨스가 절절하기보다 아슬아슬한 긴장을 일으키는 것은 이 때문이다.

> "주유린 평생 내 옆에 있어 줄래? 평생 내 여동생으로 있어줘."
>
> (공찬)

> "나요, 들키지 않게 진짜라고 생각하며 살래요. 근데요……, 눈 오는 동안에는 가짜 여동생 말고 진짜 주유린으로 잠깐만 생각해줄래요?"
>
> (유린)

물론 예정된 수순대로 이들은 사랑 앞에서 결국 조금씩 무너져 내린다. 온갖 뻥과 거짓말에 능한 유린도 사랑의 감정만큼은 숨기지 못하고, 전혀 주유린답지 않게 한몫 챙길 수 있는 절호의 찬스에서 도망갈 생각을 하게 된다. 공찬 역시 당황하면서도 유린에게 계속 말려드는, 알면서도 속아주는 얄궂은 사랑의 감정에 무대책이다.

이들의 사랑은 과연 이루어질 것인가? 사촌오누이라는 거짓 계약의 연막을 넘고, 극단적인 계급적 격차를 뛰어넘어, 이들의 로맨스가 가능해지고 이들의 사랑이 결국 해피엔딩을 맞을 수 있었던 것은 다른 드라마에서는 볼 수 없는 이 드라마만의 교묘한 전략 덕분이다. 그것은 다름 아닌 주유린의 불행한 과거사 지우기이다. 주유린의 사기의 힘은 그녀가 처했던 현실의 비참과 암울함을 지워버리는 놀라운 트릭이다.

그것은 유쾌하고 발랄한 거짓말로 현실을 휘발시키는 마법의 힘이다. 그녀는 다른 사람을 속일 뿐 아니라 자기 자신에게마저 주술을 걸어 스스로도 속아 넘어간다. 자신의 과거를 지우고, 자신의 출신 성분을 무화시킴으로써 비루한 현실을 넘어선다. 그리하여 그야말로 순정한 사랑이라는 과도한 감정의 소용돌이 속으로 자신과 공찬을 몰아넣고, 그들의 사랑의 판타지 속으로 우리까지 몰아넣는 것이다.

판타지가 가지는 이데올로기적 힘은 우리에게 현실에 대한 왜곡된 인식을 심어주는 것이 아니며, 그렇다고 현실을 망각하게 하는 것도 아니다. 그것은 우리가 자신의 현실에 대해 알면서도 짐짓 모른 척하게 만드는 것이다. 아주 한순간 현실에서 빠져나가게 하는 것이다. 그것은 생각보다 그리 대단한 것도 그리 위험한 것도 아니다. 결국 제 자리로 되돌아오도록 설계된 롤러코스터처럼 한순간 우리를 우울한 현실에서 벗어나게 해준 뒤 곧 바로 현실로 되돌려준다. 약간의 허탈감쯤이야 우리가 얻은 위안과 재미에 비하면 아무 것도 아니지 않은가?

억세게 운 좋은 그녀의 일탈
〈돌아와요 순애씨〉

변신에 대한 꿈은 대중문화 텍스트 속에서 끊임없이 반복되고 되살아난다. 그것이 〈슈퍼맨〉처럼 인간의 한계를 넘어서는 초월적 세계에 대한 욕망이든, 〈신데렐라〉나 〈프리티 우먼〉처럼 신분상승에 대한 열망이든, 한순간 우리를 전혀 다른 세계 속으로 진입시켜줄 어떤 획기적인 마술 같은 순간들을 꿈꾸곤 한다.

영화 〈빅〉에서처럼 어린 아이가 어른이 된다거나 〈스위치〉에서처럼 남성이 여성으로 변하거나 또는 반대로 〈번지점프를 하다〉처럼 여성이 남성으로 환생하는 식의 대칭적 변신은 감히, 전혀 이질적인 타자의 세계로의 침범을 허용한다. 시트콤 〈두근두근 체인지〉에서는 평범한 얼짱 소녀에서 성숙한 미녀로의 탈바꿈이라는 10대 소녀들의 나르시시스트적 환상을 보여준다.

그런데 변신에 대한 보다 다이내믹하고 아이러니컬한 버전은 바로 두 사람의 상황이나 운명이 서로 뒤바뀌는 경우이다. 고전적인 〈왕자와 거지〉에서, 그리고 모녀의 육체와 영혼이 뒤바뀌는 영화 〈프리키 프라이데이〉에서 처지와 입장이 바뀐 두 사람은 온갖 해프닝을 통과하여 자신이 몰랐던 세계를 알게 되고 서로에 대한 이해에 도달한다.

〈돌아와요 순애씨〉(최순식 극본, 한정환 연출, SBS)는 이러한 뒤바뀌는 운명의 연장으로 40세 순애(심혜진 분)와 28세 초은(박진희 분)의 영혼이 뒤바뀌는 이야기이다. 어느 날 갑자기 사고로 두 사람의 영혼이 뒤바뀐다는 익히 보아왔던 설정이다. 그러나 이 드라마는 영혼이 뒤바뀌는 이야기라기보다는 차라리 육체가 뒤바뀌는 이야기이다.

핵심이 두 사람의 뒤바뀐 육체에 있다는 것인데, 말하자면 12년의 시간차를 거스르는 육체의 변신에 관한 이야기이다. 순애와 초은 사이의 차이는 서로 다른 개성을 지닌 서로 다른 영혼이라기보다는 12년이라는 세월의 질곡이 그들의 육체에 새겨놓은 꼭 그만큼의 거리로만 존재하는 것이다. 그렇게 이제 시들기 시작하는 아줌마의 몸과 싱싱한 젊은 처녀의 몸 사이의 육체적 대비를 중심으로 드라마는 진행된다.

화려했던 처녀시절의 성질과 끼를 다 죽이고 10년을 오직 가정에만 충실해 온 순애는 어느 날 항공사 기장인 남편 일석(윤다훈 분)이 젊은 스튜어디스 초은과 바람이 났다는 사실을 알게 된다. 놀랍게도 순애를 만난 초은은 자신들의 사랑을 강변하며 아들 찬이도 자신이 맡아 잘 키우겠다고 순애에게 물러나줄 것을 종용한다. 열 받은 순애, 일석과 삼자대면 하자며 초은의 차에 오르는데, 심하게 다투던 두 사람에게 결국 교통사고가 발생한다. 사고 후 서로 머리가 부딪히는 충격으로 영혼이 뒤바뀐 순애와 초은은 자신의 몸들을 되찾기 위해 머리에 충격도 가해보고 병원도 찾아가고 심지어 굿까지 해보지만 한번 바뀐 몸은

139

제자리를 찾을 줄 모른다.

"내 안에 너 있다."

(순애, 초은)

　이 드라마의 일차적 재미는 뒤바뀐 정신과 육체의 불일치가 빚어내는 어긋남과 삐거덕거림이 주는 웃음이다. 말투에서 옷차림과 몸짓, 사고방식에서 생활습관까지 아줌마와 처녀 사이의 사소한 듯 보이지만 일상적이고 리얼한 간극은 끊임없이 드라마의 잔재미를 만들어준다.

　순애/초은의 합체적 상호변환은 뒤바뀐 인물상황의 극적 재미를 더욱 배가시켜준다. 예를 들어 이런 식이다. 순애의 영혼이 깃든 초은의 몸에서 독백이 흐를 때, 박진희가 초은을 연기하고 있지만 원래 순애인 심혜진의 목소리로 독백이 흘러나온다. 초은의 영혼이 들어간 순애의 몸에서 과거 상상씬이 펼쳐질 때, 심혜진의 상상 속에 박진희의 과거 모습이 삽입된다.

　게다가 둘 사이는 한 남자를 사이에 둔, 조강지처와 정부라는 원수지간이다. 이들은 서로 머리끄덩이를 붙잡고 싸우다가도 저것이 나의 몸인데 하는 생각에 돌연 싸움을 멈추기도 하고, 서로 잡아먹을 듯이 으르렁대다가도 서로의 몸을 되찾아야 한다는 절박한 심정에 금세 합심을 하기도 한다.

　원수지간인 두 여자에게 묘한 동병상련의 유대를 가져다주는 것은 일석의 이중행각이 낱낱이 드러나는 순간이다. 마누라의 몸에 정부가 들어앉고 정부의 몸에 마누라가 들어앉았다는 사실을 모르는 일석은 자신의 속내를 두 여자 모두에게 들켜버리고 만다. 마누라 순애(영혼은 초은)에게 자신이 잠깐 바람이 났을 뿐이라고 용서를 구할 때, 애인 초은(사실은 순애)에게 여전히 너만을 사랑한다

140

고 말할 때, 두 여자 모두를 버릴 수 없는 남자의 애처로운 이중성이 만천하에 드러난다.

실상 마누라와 애인의 몸이 바뀌는 이러한 설정은 이기적이고 이중적인 남성들의 판타지이다. 마누라의 정신에 애인의 몸이라는 결합은 결혼한 남성들이 꿈에 그리는 로망이 아니겠는가. 오랜 세월 자신과 살아와 자신을 너무나 잘 알고, 아이도 제대로 키워내는 마누라의 마누라성에 젊고 싱싱한 애인의 육체가 결합되는 것이다. 이 어찌 환상적이지 않을쏘냐.

그러나 이러한 남성들의 판타지는 그리 오래 가지 못한다. 일석은 자신의 이중성을 알게 된 두 여자 모두에게서 버림받을 위기에 처하는 것이다. 초은(몸은 순애)은 그토록 바라던 일석과 함께 살게 되었음에도 불구하고, 이제 자신의 몸을 되찾는 것이 인생의 목표가 된다. 초반의 순애보와는 달리 그녀는 이제 순애의 몸으로 일석과 사느니, 차라리 일석과 헤어지더라도 초은의 몸을 되찾겠다고 나오는 것이다.

천벌을 받아 젊은 몸을 잃게 된 초은과는 정반대로, 초은의 몸을 갖게 된 순애는 이제 점점 자신의 원래 자리로 되돌아가고 싶은 마음이 없어진다. 시어머니에, 남편에, 아이까지 가정에 묶여 살림만 하던 순애에게 초은의 몸은 날개를 달아준다. 거기에 스튜어디스라는 직업에 옛애인이었던 돈 많고 근사한 젊은 남자 현우(이재황 분)까지 새로운 기회들이 줄을 이어 찾아오기 시작한다.

따라서 박진희와 심혜진의 싸움에서 단연 승리를 거두는 것은 박진희 쪽이다. 안타깝게도 아줌마 순애가 들어앉은 초은의 젊은 몸이 초은이 들어앉은 아줌마 순애의 몸보다 탁월하게 돋보이는 것이다(20대의 빛나던 심혜진을 기억하는 사람이라면 느낄 수 있는 그 격세지감이란!). 남의 남편을 꼬신 '부도덕한'

141

초은에 비해 그 남편을 비행기 기장으로 수발해온 조강지처 마누라가 우세를 점하는 것도 당연하거니와, 몸은 섹시하고 도발적인 처녀인데 아줌마처럼 주책맞게 구는 박진희가 나이 들어 조신하고 얌전하게 행동하는 심혜진보다 훨씬 많은 재미와 웃음을 주는 것도 당연해 보인다.

그리하여 이 드라마는 가정과 아이들에 묶여 있는 아줌마들을 위한 완벽한 판타지를 제공한다. 구질구질하고 지리멸렬한 일상에 갇힌 그녀들에게 20대 여성의 몸을 되찾아 새로운 인생을 시작한다는 것만큼 매력적인 일이 또 어디 있겠는가. 그것이 비록 젊은 육체에 대한 물신적 숭앙의 행태를 드러낸다 할지라도, 종국에 순애가 다시 아이와 남편이 있는 가정의 품으로 되돌아간다 할지라도, 우리는 그녀의 억세게 운 좋은 일탈을 축하해 주어야 하지 않겠는가.

욕망의 여자들
〈패션 70s〉

1부에서 〈환생-넥스트〉를 논하면서, 텔레비전 멜로드라마가 '운명적이고 비극적인 사랑'을 찾아 사극으로 역사를 거슬러 올라가고 있는 경향에 대해 말했었다. 〈패션 70s〉(정성희 극본, 이재규·이정효 연출, SBS)라는 시대물도 그 경향에서 크게 벗어나지 않는다. 이미 멜로사극 〈다모〉에서 크게 재미를 본 이재규피디의 작품이라는 데서 그 가능성은 더욱 확장된다.

이 드라마 역시 네 사람의 운명적이고 비극적으로 엇갈리는 사각 사랑에 대한 유장하고 우아한 서사극이다. 그런데 여기에는 시대와 역사의 구체성을 단순한 배경으로 지워버리는 예의 그 판타지성이 거의 없다. 네 사람의 엇갈리는 사랑을 받쳐주는 것은 어린 시절 한국전쟁이라는 비극적 참화가 각인시킨 그들 각자의 상처와 기억의 현존이다. 시대의 부침 속에 펼쳐진 굴곡진 개인사들이 복잡하게 얽힘으로써 네 사람의 굵고 질긴 애증의 사각라인이 구축되는 것이다.

따라서 네 사람 사이의 감정의 선은 여느 드라마의 그것처럼 그렇게 단순명

료하지 않다. 그들 사이에는 그들의 얽힌 개인사를 따라 여러 줄기로 뻗어 나간 복잡하고 다양한 감정들이 혼재한다. 사랑과 질투, 원망과 연민, 끌림과 경계 등 모호하고 모순적인 다양한 결의 감정들이 네 사람을 단단하고 끈끈하게 연결해 준다. 그것은 시대의 상처와 아픔을 공유한 자들의 누이 같고, 오빠 같고, 형제 같고, 자매 같은 묘한 동질감과 연대의 표식이기도 하다. 그래서 우리는 그들 중 어느 누구도 더 사랑하고 덜 사랑할 수가 없다.

그런데 이러한 매력적인 사각 멜로라인 저변에는 또 다른 이야기가 놓여 있다. 그것은 신분상승과 성공에 대한 원초적 욕망의 이야기이다. 이번엔 신데렐라가 아니다. 드라마는 뒤바뀐 운명과 처지의 '왕자와 거지'나 '소공녀'류를 따라간다. 강희(김민정 분)와 준희(이요원 분)의, 준희와 더미로의 뒤바뀐 운명은 정확히 그녀들의 신분상승과 성공에 대한 욕망의 출발 지점이다. 그녀들이 자신이 아닌 서로의 자리를 욕망할 수 있게 된 것은 이러한 뒤바뀐 운명에 기인한다. 그것은 '준희'라는 기표를 사이에 둔 두 여자의 대결로 치닫는다.

> " 더미씨, 너무 예쁘다. 사람이 참 맑고 곱네.
> 어쩜 그렇게 예쁘지……, 나 정말 자기가 맘에 드는데……"
>
> (준희)

> " 그럼, 우리 친구할래요?
> 나도 준희씨가 너무너무 좋거든요. 부자라서 그런 거 아니구요.
> 그냥 준희씨가 좋아요. 처음 봤을 때부터 좋았어요."
>
> (더미)

그녀들이 동시에 패션디자이너로서의 성공을 꿈꾼다는 것은 꽤나 의미심장하다. 패션이란 본래의 자기 위에 덧입히는 무엇이다. 옷이나 신발, 장신구 따위, 나 자신을 바꾸어주는 것, 변신을 의미한다. 그것은 나는 가지지 못했으나, 다른 사람(들)이 가지고 있는 그 무엇에 대한 욕망이다. 유행이란 것이 그렇게 만들어지듯, 그것은 현재의 나 자신에서 벗어나 나를 상승시키고 고양시켜주는 것이다. 여기에는 타인의 인정을 바탕으로 한 자기충족 욕구가 내재되어 있으며, 더 깊숙이에는 사회적 신분상승의 욕망이 자리잡고 있다.

이렇게 이 드라마는 여성들이 만들어가는 사랑과 성공의 이야기이다. 이 드라마가 진정 여성들의 드라마인 것은 드라마 속에서 드러나는 남성 캐릭터들과 여성 캐릭터들의 명확한 대별 속에서 확인된다. 남성들은 핵심적인 욕망의 주체들이 아니다. 남성들은 지극히 이상화되어 있거나(동영(주진모 분), 동영의 아버지, 대통령), 그 욕망이 은폐되어 있거나(준희의 아버지 태을방직 고사장), 아니면 욕망이 부재하다(장빈(천정명 분)).

여기서 군사독재의 전횡이나 산업자본가의 착취 문제가 가려졌다는 것을 말하고자 하는 것이 아니다. 사실 그런 것들은 이 드라마의 관심권 밖에 있다. 이 남성들은 역사의 중요한 자리들에 배치되기는 하였으나, 그들에게 주어진 상황 속에 그냥 갇혀 있는 인물들일 뿐이다. 이들에게는 역사의 주체로서의, 욕망의 주체로서의 어떠한 생생한 구체성도 부여되지 않는다. 남자주인공 동영과 장빈이 생생하게 살아나는 순간은 그들이 더미이자 어린 시절의 준희를 욕망할 때뿐이다.

그러나 여성들은 전혀 다르다. 주요 여성 인물들은 모두 살아남고자 하는 혹은 성공하고자 하는 욕망으로 가득 차 있다. 강희 엄마(송옥숙 분)의 딸을 살리려는 의지가 강희와 준희의 운명을 뒤바꾸었고, 장빈의 엄마 장봉실여사(이혜영 분)의 자기 일에 대한 집착과 성공에의 욕망이 외로운 문제아 장빈을 키워냈다.

준희와 더미는 선배 격인 두 여자의 욕망을 따라간다. 이들의 뒤바뀐 운명은 두 사람에게 공히 결핍을 부여한다. 강희는 준희가 됨으로써 부와 아버지를 얻었지만 대신 엄마를 상실한다. 엄마에 대한 그리움과 죄책감과 더불어 그녀는 자신이 결코 준희가 될 수 없다는 근원적 결핍을 안고 있다. 준희는 더미로 다시 태어남으로써 유복한 어린 시절을 마감하고 섬 안에 갇혀 섬 밖으로의 탈출을 꿈꾸게 된다. 그녀의 욕망은 그 섬 안에서 새롭게 만들어진다. 그녀가 준희였다면 결코 만들어지지 않았을 생의 욕망과 의지가 형성된다. 두 사람의 자리바꿈은 정확히 두 여자 모두를 욕망의 주체로 만들어 놓는다.

준희와 더미가 패션디자이너가 되기 위해 겪게 되는 온갖 모욕과 좌절, 고난과 투지의 지난한 과정은 그녀 둘 사이의 팽팽한 대립과 경쟁, 견제의 갈등 상황으로 모아진다. 그녀들이 최고 디자이너로서의 성공이라는 꿈을 위해 대결하는 것처럼, 그리고 동영이라는 한 남자를 동시에 사랑하는 것처럼, 그렇게 그녀들은 자신들의 동일한 욕망의 이름 '준희'를 향해 달려가게 된다.

비극은 그녀 둘이 그 어느 것도, 최고의 패션디자이너 자리도, 동영도, 그리고 결국 준희도 나누어갖거나 공유할 수는 없다는 점이다. 준희라는 동일한 이름을 공유하는 두 여자. 준희라는 기표는 그녀들에게 완전하고 무결한 이상적 위치를 의미한다. 그러나 이미 준희는 채워질 수 없는 기표이다. 준희도 더미도 더 이상 온전한 '준희'는 될 수 없는 것이다. 이로써 그녀들의 욕망은 지속될 수 있으며, 그녀들이 역사(허구적 역사일망정) 속에 남긴 발자취도 고스란히 그 숨겨진 정체를 드러낼 수 있는 것이다. 그녀들의 이루어질 수 없는 욕망에 대한 비극적 서사, 이 드라마가 매혹적인 진짜 이유이다.

궁에 갇힌 소녀, 억압과 자유의 이중주
〈궁〉

이즈음 멜로드라마의 팽창에는 가히 아무런 한계도 없어 보인다. 나날이 약동하는 상상력은 막대한 물리력에 힘입어 시공의 제약을 가뿐히 뛰어넘는다. 로맨스의 새로운 처녀지를 찾아 세계 곳곳을 누비고, 과거나 미래로 순간 이동한다. 이러한 시간과 공간의 축약과 절합節合은 근대 이후 자본주의 시대 인간 욕망의 무한확장의 증거이지만, 최근에는 특히 고도화되는 대중문화산업의 계발과 기획의 새로운 양상으로 떠올랐다.

어찌 보면 근래 붐을 이루는 복고현상도 시공간 압축에 따른 일시적 문화현상의 하나일지도 모른다. 문화상품의 다양한 레퍼토리 중 하나로 안착되어 유행의 주기를 타고 우리에게 되돌아올 그런 목록으로써 말이다. 따라서 기존의 물리적 시간·공간 개념으로 복고 현상을 해석하고자 하는 것은 허망한 시대착오이기 십상이다.

드라마 〈궁〉(박소희 원작, 인은아 극본, 황인뢰 연출, MBC)에서 우리나라가

147

입헌군주제라는 가상적 설정은 국가의 정체를 들먹이는 것과는 무관하게 전혀 정치적이지 않다. 그것은 대한민국이 여전히 일본의 속국이라면 하는 영화적 상상만큼이나 별다른 의미를 갖지 않는 비정치적이고 비역사적인 극적 장치에 불과하다. 포인트는 왕실에서 벌어지는 더욱 극적이고 화려한 현대적 로맨스를 만들어내는 것이다.

왕실과 현대의 접합을 꾀하는 이 드라마는 과거의 시간을 현재의 공간 안으로 불러내온다. 그야말로 과거와 현재, 허구와 현실, 구세대와 신세대의 이종교배에 다름 아니다. 그 효과는 이질적인 것들이 뒤섞이면서 만들어내는 의도된 불협화음과 이미지들의 충돌이 주는 신선한 자극이다. 오랜 스타일리스트의 정교한 재주는 화려하고 우아한 미장센으로, 색조와 장식의 스펙터클로 되살아난다.

궁이라는 무대는 사문화된 전통과 구습의, 극도로 정형화되고 양식화된 복고의 페티시가 된다. 이는 물론 매우 현대적인 미감으로 인해 제법 성공적으로 이루어진다. 아이러니하게도 이미 죽어버린 것들은 되살리기가 오히려 손쉬운 법이다. 어떠한 정치적 부담도, 도덕적 딜레마도 끼어들 여지가 없으므로.

따라서 이것은 과거 개발 독재시대의 향수와 유·무형으로 얽혀 있는 다른 복고풍들과는 한참 다르다. 전혀 반동적이지도, 그달리 보수적이지도 않다. 대신 그 자리에 끼어드는 것은 왕실이라는 고전적인 형태로 변형되어 세공된 명문가, 로얄패밀리에 대한 원초적이고 자극적인 판타지이다.

채경(윤은혜 분)이라는 서민 가정 출신의 어린 소녀가 매개가 되어 이루어지는 판타지는 여전히 신데렐라이야기의 한 변주이지만, 흥미롭게도 이 이야기는 신분상승의 판타지로 보이지 않는다. 그보다는 차라리 로얄패밀리로 체현되는 특별한 삶, 주목받는 사람들에 대한 십대적 판타지(당연히 십대들만이 갖는 것

궁

이 아니다)에 가깝다.

이들에 가장 근접해 있는 부류는 하루아침에 스타가 되는 연예인들의 모습이다. 그들의 스타로서의 성공신화가 황실가의 로맨스와 권력 암투와 뒤섞인다. 아이돌 그룹의 눈에 띄지 않는 평범한 소녀에서 오락프로 소녀장사를 거쳐 황태자비로 화려하게 등극한 윤은혜 자체가 극중 캐릭터 채경과 분리되지 않는다. 황태자 신(주지훈 분)이나 율(김정훈 분), 효린(송지효 분) 역시 배우들 자체의 스타성으로 구축된 이미지가 압도하는 그런 캐릭터들이 되었다.

자유롭고 개방적인 분위기의 평범한 가정에서 자라난 천방지축 철부지 고등학생인 채경은 어느 날 갑자기 황태자비로 간택되는 영광인지 횡액인지를 당한다. 황태자 신이 사랑하고 있는 여자가 효린임을 이미 알고 있는 그녀는 순전히 기울어진 가세를 일으키기 위해 울며 겨자먹기로 황실 행을 택한다.

그녀의 황실 생활은 생각만큼 그리 험난한 가시밭길은 아니다. 그녀는 수많은 낯선 규율과 의례와 학습에 지치기도 하고, 오만과 냉정으로 무장한 우울한 황태자와 그 친구들에게서 심한 소외를 느끼기도 하지만, 황태자비로서 누리는 호사와 세간의 관심에 한껏 고무되기도 한다. 무엇보다 황태자 신에 대해 싹트기 시작한 사랑의 감정이 그녀의 황당하고 불안한 위치에 그마나 정당성을 부여해준다. 게다가 아비의 죽음으로 빼앗긴 황태자 자리를 다시 노리는 율은 그녀에게게만은 다정다감한 친구가 되어준다.

채경은 이내 변화무쌍하고 혈기방장한 에너지로 은밀한 권력암투로 가라앉는 황실에 활기를 불어넣으며 신, 효린, 율과의 밀고당기는 사각로맨스에서 최종 승자가 되게 된다. 그리하여 평범한 자연인 소녀는 황태자비로서의 성공적인 입성기를 완료해간다.

149

이 드라마가 19세 소녀 소년들의 사랑이야기라는 하이틴로맨스와 순정학원 로망의 인터넷시대 버전임에는 틀림없으나, 이것이 단지 십대적 감수성의 판타지에 머무는 것은 아니다. 여기에는 보다 내밀한 형태의 대중적 욕망이 숨어 있다. 그것은 가장 순수하고 자연 상태의 소녀를 인위적인 '궁'이라는 폐쇄된 공간 속으로 몰아넣음으로써 발생하는 사도마조히즘의 심미적 유희이다.

궁이라는 갇힌 공간 속에서 이리저리 부딪치고 삐져나오는 어린 소녀를 바라보는 우리의 시선은 가학–피학의 이중적 심리와 조응한다. 그것은 그녀를 가두어 두면서, 그녀가 가두어지기를 결코 바라지 않는 모순된 심리이다. 채경을 가두어 놓는 궁은 그녀의 젊음의 혈기와 자유분방함을 역설적으로 가시화시킨다. 말하자면 궁이라는 이 가상의 공간은 그녀에게 억압과 자유, 구속과 해방의 이중적 표상을 지니는 것이다.

이는 채경의 또 하나의 삶의 공간인 학교라는 제복의 세계가 지니는 심층적 의미와 상통한다. 어린 소녀에 대한 성적 판타지가 '제복'이라는 것으로 이중화되어 드러나듯이, 그 연장으로서의 궁은 종국에는 벗어던져야 할, 소녀에게 덧씌워진 억압과 굴레의 상징적 공간이 된다. 소녀는 가두어져야만 하고, 그리고 그녀는 그곳에서 빠져나와야만 한다. 궁은 파괴되기 위해 설정된 무대여야만 한다. 마침내 채경이 신과 함께 궁에서 벗어나 자유롭고 가벼운 둘만의 사랑을 새롭게 시작하듯이.

> "나, 지금은 신군 곁을 떠나지만……,
> 2500만년 후에도 신군을 좋아할 것 같아."
>
> (채경)

"나하고 결혼해 줘. 어른들이 정한 정략결혼 따위가 아니라 내가 평생
을 같이 하고 싶은 여자에게 진심으로 청혼하는 거야."

〈신〉

그렇다면 이러한 가학—피학의 대중적 심리는 무엇일까? 어쩌면 그것은 방종과 무도덕과 무질서가 횡행하는 혼란과 불안을 정돈되고 규범화된 체계 속으로 밀어 넣고 싶은 은밀하고 자발적인 충동일지도 모르겠다. 아니면 반대로 억압적이고 권위적인 기성 질서를 뒤집어 놓을 청춘의 방종과 무질서에 대한 회한섞인 추앙인지도 모른다. 아니 둘 다일 것이다. 아마도 이러한 모순과 마찰과 불협화음이 '궁에 갇힌 소녀'가 발산하는 매력의 실체일 것이다.

굳세어라 싱글맘

〈굳세어라 금순아〉

드라마의 진수는 뭐니 뭐니 해도 일일연속극이다. 오늘도 어제처럼 별다르지 않은 지루한 일상이 반복되는 가운데, 저녁 먹은 설거지를 빠르게 해치운 후 TV 앞에 앉는 엄마들의 모습은 익숙한 풍경이다. 자신을 위한 별다른 취미생활이나 문화를 가져 본 적이 없었던 우리네 어머니들에게 텔레비전 연속극만큼 값싸고 손쉬운 오락거리이자 예술활동이 어디 있겠는가? 그 시간만큼은 자식이고 남편이고 집안일이고 다 잊고 온전히 자신만의 세계에 빠져들 수가 있다. 현실의 근심이나 걱정거리에서 벗어나 한순간이나마 자유롭고 느긋하게 다른 세상을 살다 오는 것이다.

그런데 재미있는 건 연속극의 세계가 우리 현실과 완전히 동떨어진 판타지의 세계가 아니라는 점이다. 지상에는 없는, 죽음을 뛰어넘는, 지고지순한 영원불멸의 사랑 운운하는 미니시리즈 판타지 세계와는 다르다. 연속극의 세계는 바로 우리 옆집에서 벌어지는 일인 양 친근하고 익숙하다. 일상을 살아가는 보통의

152

사람들이 겪는 온갖 자질구레한 사건들이 끊임없이 이어진다. 배경이 바뀌고, 집안이 바뀌고, 상황과 배우들이 바뀌어도 연속극은 계속된다. 우리의 일상의 삶이 지속되는 것처럼.

지긋지긋한 현실에서 벗어나 고작 비슷비슷하게 되풀이되는 드라마 속 현실로 다시 기어들어가는 우리의 속내는 무엇일까? 남들도 나와 크게 다르지 않은 별 볼일 없는 삶을 살고 있다는 위안일까? 아니면 주인공이 처한 불행과 고난이 내것이 아니라는 데서 오는 안도일까? 그도 아니면 고난과 역경을 헤치고 사랑을 이루는 주인공의 해피엔딩 사랑이야기에 대한 대리적 욕망일까? 아마도 이 모두 다일 것이다. 이 모든 욕구를 만족시키기 위해 일일연속극에는 현실과 드라마 사이에 적정하게 안전한 거리가 존재해야 한다. 너무 가까워도 흥미가 떨어지고 너무 멀어도 재미가 없어진다.

일일연속극 〈굳세어라 금순아〉(이정선 극본, 이대영 연출, MBC)는 현실과 드라마 사이의 적절한 안전거리를 확보하는 데 성공하고 있다. 〈인어공주〉 이후 점점 자극적이고 선정적인 소재와 사건들이 이어지던 일일극 시장에서 오랜만에 제자리를 찾은 드라마를 만난 반가움이 무엇보다 크다고 하겠다. 물론 이 드라마에도 최근의 트렌디한 미니시리즈의 영향이 은근히 깔아있다. 어린 과부라는 극단적 설정은 물론 출생의 비밀까지 깔아놓았고, 곧이어 신데렐라식 로맨스가 이어진다.

그럼에도 이 드라마에는 예의 그 '일일연속극스러운' 미덕들이 우세하다. 화려하게 떠오르는 스타들 대신, 안정감 있고 친숙한 중견급 연기자들이 두루 포진해 있고, 몇몇 주인공들에게 스포트라이트가 맞춰지는 대신 주·조연 할 것 없이 모든 인물들에게 애정어린 시선이 골고루 배분된다. 어디서나 흔히 볼 수 있는 몇몇 가족이 등장하고, 그 가족을 이루는 구성원들은 제각기 자기 위치에 맞는 적절한 성격과 나름의 개성을 부여받는다. 당연히 이들 가족들 사이에 발생 가능한 갖가지 사건들이 벌어진다. 부모자식 간의 갈등과 애정, 자매형제 간의 반목과 우의, 고부간의 불화와 화해, 젊은 사람들 사이의 사랑과 결혼 등이 주요 메뉴가 된다.

〈굳세어라 금순아〉에는 이 모든 메뉴가 다 들어 있다. 인물들은 모두 지나치지도 모자라지도 않게 적당히 개성적이고 적절히 전형적이다. 크고 작은 사건들이 늘어지지 않게 발생하고, 인물들은 과하지 않게 얄밉고 필요한 만큼만 선하다. 또한 코믹한 상황과 가슴 찡한 장면이 영민하게 배합된다.

이 드라마가 유달리 빛을 발하는 것은 '금순'(한혜진 분)이라는 독특한 인물의 설정 때문이다. 스물한 살에 사고를 쳐 임신을 하고 결혼을 한 금순이 결혼하자마자 남편이 죽는 사고를 당한다. 혼인신고도 하지 않은 상태이니 아이도 지우고 살 길 찾아가라고 쫓아내는 시집식구들의 행태가 자연스럽다. 그런데 어찌된 게 금순은 애를 낳고 시집에서 살겠다고 고집을 피운다. 어쩌면 금순이라는 인물은 드라마적 설정에 불과한 억지스럽고 비현실적인 캐릭터처럼 보인다. 조선시대도 아니고, 남편도 없이 애를 낳고 시집살이를 자청하는 식의 시대역행적 여성학대가 도대체 어디 있단 말인가?

그런데 기가 막힌 건 이런 전근대적인 촌녀 금순이라는 인물이 너무나 자연스럽고 사랑스럽기까지 하다는 사실이다. 혹시 이것이 이기적이고 자기중심적인 현대인들의 가슴 한켠에 자리한, 효심 지극하고, 생활력 강하고, 모성애 또한 남부럽지 않게 강한 젊은 처자에 대한 보수회귀적 향수가 아닐까? 억척스럽고 생활력 강한 금순이 출산율 저하시대를 맞아 어린 세대들에까지 강요되는 신종의 초강력 모성신화를 재현하는 것은 아닌가? 혹은 그녀가 허물어져가는 보수적 가족이데올로기를 봉합하기 위해 안간힘을 쓰는 우리시대의 마지막 선수는 아닐까?

근데 금순은 이 모든 의혹에서 살짝 비켜서 있다. 금순은 착하고 심성이 곱기는 하지만, 고분고분하고 말 잘 듣는 순종적인 여자가 아니다. 한마디로 황당하고 엉뚱하여 어디로 튈지 모르는 무한 에너지의 인물이다. 어리벙벙하여 사고도 잘 치고 문제도 잘 일으키지만, 심지가 굳고 독립심과 자기 의지가 만만치 않다. 막무가내인 데다가 입바른 소리도 잘 하여 밉살맞기도 하지만, 그 누구에게라도 할 말은 하고야 마는 뚝심과 내공을 지니고 있다.

그녀가 또 한명의 '캔디렐라'가 아니냐고? 아니, 그녀는 만화캐릭터의 단순명료함을 넘어서는 삶의 깊이와 무게를 지녔다. 어쩌면 그녀는 오히려 우리가 생각하는 사회규범이나 구속으로부터 훨씬 자유로운 인물인 것 같다. 과부면 어떻고, 아이가 딸려있으면 어떠한가? 그녀는 자신이 원해서 아이를 낳았고, 그 아이를 자신의 힘으로 기르기 위해, 그 아이에게 떳떳해지고 싶어서 자기 일을 찾고자 안간힘을 쓴다.

그녀가 불운하고 팔자가 드세다고? 천만에. 그녀는 우리의 편견과 고정관념을 은근슬쩍 넘어선다. 그녀는 자신이 처한 현실을 정말로 기꺼이 즐기는 듯하다. 학벌도 지위도 든든한 집안이나 배경도, 원체 아무 것도 가진 것이 없기 때문에, 애써 지켜야 할 체면과 위신, 남의 눈 따위는 중요치 않다.

그녀는 진정으로 자신이 원하는 삶을 선택했다. 이 시대 싱글맘들이 버려진 여자가 아니라 아이를 선택한 여자임을 강변이라도 하는 듯이. 주어진 운명의 파도에 가뿐히 몸을 싣고 금순은 묵묵히 달려간다. 이것이 정말로 서민 대중이 살아가는 삶의 방식이 아닐까?

　오늘도 나의 엄마는 TV 앞에 앉아 금순이들을 응원하며 자신의 지친 삶을 위안할 것이다.

156

드라마 속
여성캐릭터들의 진화'

텔레비전 드라마는 확실히 여성들의 욕망의 산물이다. 비교적 영화가 커다란 스크린 위에 남성들의 욕망의 외부세계를 담아내는 데 반해, 드라마는 여성들의 일상적 공간 안에 들어와 여성들의 내밀한 사적 세계와 조응한다. 물론 최근 영화와 드라마의 상호 침투와 장르적 혼재의 경향이 더욱 가속화되고 있기는 하지만, 그럼에도 여전히 드라마와 여성들과의 친연성은 절대적이다. 요즘 드라마를 보는 남성시청자들의 증가는 남성들의 여성성[2] 회복과 관련된 것이지, 드라마의 여성적 성격이 변화했다는 것을 의미하는 것은 아니다. 오히려 사태는 정반대이다. 전통적으로 남성적 장르인 사극이나 시대극이 빠른 속도로 멜로드라마 안으로 포섭되고 있고, 점점 더 많은 영화들이 가족멜로건, 애정멜로건 멜로드라마의 영향 안에 놓이고 있다.

멜로드라마가 감정의 과잉과 과장된 행동을 바탕으로 하는 통속적이고 감상적인 극을 일컫는다고 할 때, 대부분의 텔레비전 드라마들이 멜로드라마의 범주를 크게 벗어나지 않는다는 것은 재론의 여지가 없을 듯 싶다.[3] 빼어난 영상미와 절제된 표현, 소재의 확장으로 새로운 모색과 변주를 꾀함에도 불구하고, 또한 정통멜로와 로맨틱코미디, 가족드라마 등으로의 장르 분화에도 불구하고, 여전히 멜로드라마의 사랑의 절대성과 인간들 사이의 애증의 희비쌍곡선은 지속되고 반복된다.

그렇다면 이런 멜로드라마와 여성들 간의 구체적인 상관관계는 무엇일까? 일차적으로는 멜로드라마와 여성 시청자들 사이의 관계이다. 실시간으로 접수되는 시청률 조사에 의하면 시간대나 장르에 따른 차이에도 불구하고 일반적으로 멜로드라마의 시청자들의 다수가 여성들임을 쉽게 알 수 있다. 텔레비전 드라마의 절대 지지층이 여성들이라는 것이다. 주요 수용자가 여성들이라는 것은 드라마의 성격을 규정짓는 데 많은 영향을 미칠 수밖에 없다. 여성들이 원하고 바라는 것, 여성들의 관심사, 취향과 욕구 등이 어떤 식으로든 투영될 수밖에 없는 것이다. 그것이 직접적이든, 간접적이든, 아니면 왜곡과 과장과 억압의 뒤틀린 방식으로든.

그러나 실제로 더욱 중요한 것은 드라마 내부에 있다. 배경과 인물, 사건과 진행과정, 대사체와 스타일 등등, 그 모든 것이 여성들의 욕망을 투영하고 자극하는 드라마 내부의 구성 요인들이다. 좀더 크게는 삼각·사각의 애정관계, 주인공들의 사랑을 가로막는 내외부의 장애와 제약, 선과 악의 대립, 해피엔딩 혹은 비극적 파국의 결말 등 멜로드라마의 공식들이 존재한다. 이 공식들은 여러 가지 조건에 따라 다양한 변주를 보이지만 그 기본틀은 변함없이 유지된다. 여기에는 한편으로 비루하고 누추한 자신의 일상적 삶에 대한 위무적인 유비가 있으며, 다른 한편으로 현실에서 쉽게 이루어지지 못하는 사랑과 연애, 결혼에 대한 여성들의 판타지가 있다.

드라마들의 익숙한 공식들과 반복되는 관습들 속에서도 많은 변화를 보여주는 것은 무엇보다 캐릭터들이다. 특히 여성캐릭터들의 변화가 눈에 띄는데, 최근 10여 년 동안 드라마 속에서 이루어진 여성캐릭터들의 변화과정은 매우 의미심장해 보인다. 80년대 이후 전반적인 사회문화의 성숙과 반성적 민주화 과정 속에서 이루어지는 빠른 속도의 여성들의 위상과 지위의 변화는 여성캐릭터들 진화의 일차적 사회배경을 이룬다. 여성의 사회적 진출의 확대와 더불어 진행되는 여성들의 비등하는 자기표현 욕구와 자기존엄의 긍지는 남성 중심의 위계질서에 조금씩 균열을 일으키고, 그 불균형한 역관계의 중심추를 서서히 이동시키고 있다. 가장 보수적이라고 일컬어지는 텔레비전 드라마에서조차 여성들이 반란과 모반을 꾀하고 있으니 말해 무엇하랴?

캔디렐라들 – 〈질투〉에서 〈파리의 연인〉까지

1992년 〈질투〉에서 시작된 트렌디드라마들의 대유행은 안방극장 드라마의 지형을 획기적으로 변형시켰다. 그것은 정통멜로와 가족드라마로 양분되어 있던 멜로드라마 세계에 로맨틱코미디라는 새로운 장르가 빠른 속도로 편입해 들어오는 중요한 계기가 되었다. 또한 미니시리즈라고 하는, 한 시즌에 끝나는 상대적으로 짧고 집중적인 드라마 형식이 자리를 잡게 된 것도 이 무렵이라고 할 수 있다.

이후 〈사랑을 그대 품안에〉(1994), 〈별은 내 가슴에〉(1997), 〈신데렐라〉(1997) 등으로 이어지고 최근의 〈발리에서 생긴 일〉(2004), 〈파리의 연인〉(2004)에서 한 정점을 이룬 트렌디드라마들의 인기는 식을 줄을 모른다. 이 드라마들에서 공통적으로 나타나는 가장 큰 특징은 여자주인공들의 성격이다. 하나같이 씩씩하고 쾌활하고 발랄한 그녀들은 어떠한 어려움과 고난 속에서도 결코 굴하지 않고 굳세게 현실을 헤쳐 나가는 적극적이고 긍정적인 성격의 여자들이다. 그야말로 '괴로워도 슬퍼도' 울지 않는 캔디들이다. 이렇게 건강하고 올곧은 캔디들을 하늘이 도우사 재벌 2세와 같은 백마 탄 왕자님을 내려주고, 왕자는 첫눈에 그녀에게 반해 재투성이 현실에서 그녀를 구원해낸다. 캔디들이 신데렐라로 재탄생하는 순간이다. 이리하여 붙여진 속칭 '캔디렐라'는 이들 드라마들의 기본구도와 여성캐릭터의 특성을 한눈에 보여주는 매우 적절한 이름이다.

이들 캔디렐라들은 그 이전에 대종을 이루었던 순종적이고 수동적인 여성캐릭터들에서 한걸음 진일보했음이 분명하다. 오랜 세월 안방극장을 주름잡았던 이슬 먹고 사는 지고지순한 청순가련형의 스테레오타입에서 벗어난 것이다. 물론 청순가련형의 인물들은 결코 사라지지 않을 뿐만 아니라 여전히 막강파워를 가지고 되살아나기도 한다. 멀리 갈 것도 없이 〈가을동화〉에서 〈봄의 왈츠〉까지 윤석호표 계절연작 시리즈는 청순가련형 여주인공이 얼마나 위력적인가를 새삼 깨닫게 해주었다. 하지만 이들 비련의 여주인공들의 앞날이 그리 순탄할 것 같지는 않다. 〈여름향기〉에 이르러 이미 힘에 부치기 시작한 여주인공은 어떤 식으로든 변신을 하지 않는다면 살아남기 힘든 한계상황에 직면한 것 같다. 절대선善으로 구축된 그녀들의 위태로운 이미지는 낙화 직전의 만개한 꽃처럼 정물로 굳어 있으며, 추락 직전의 날개 잃은 새처럼 생명력을 상실했다.

이에 반해 천상에서 현실로 내려온 캔디렐라들은 땅에 발을 붙이고 살아가는 인간의 모습으로 나타났다. 항상 착하고 예쁜 모습만을 보여야 한다는 강박에서

160

빠져나온 이들은 자기감정에 솔직하고 언제든 자기 생각을 당당하게 말하는, 수시로 망가지기도 하고 가끔은 엽기적이기까지 한 자연스러운 인간의 모습이 되었다. 톡톡 튀는 성격에 자존심도 강하고 성깔도 있는 그녀들 덕분에 비로소 드라마에서 남녀 주인공들 사이에 밀고당기는 진짜 사랑게임이 가능해졌다. 이들의 사랑을 가로막는 어떤 외부적 장애와도 별개로, 남자들과 맞장을 뜨면서 티격태격 사랑을 이루어나가는 사랑의 주체로서의 여성이 등장한 것이다.

이 캔디렐라들의 등장이 의미를 갖는 것은 무엇보다 그녀들이 일을 하는 여성들이라는 점이다. 그것이 먹고 살기 위해 이것저것 닥치는대로 하는 생계형 직업이건 아니면 보다 전문적인 영역의 일이건 그녀들은 모두 자신의 일을 가지고 있으며, 자신의 일에 대단한 애착과 집념을 보여준다. 그녀들의 성격이 그렇게 활발하고 적극적일 수 있는 건 그녀들이 자신들의 열정을 투여할만한 일을 가지고 있기 때문이다. 그녀들은 진정 일과 사랑을 동시에 성취하고자 하는 드라마 사상 보기 드문 인물군이다. 여기에는 물론 일과 사랑 중 어느 한 가지도 얻기가 만만치 않은, 그리하여 경제적 독립과 안전한 결혼 사이에서 갈등하고 번민하는 이 시대 여성들의 열망이 담겨 있다.

그럼에도 불구하고 캔디렐라들의 한계는 그녀들이 남성들이 원하는 여성상, 남성들의 응시와 욕망의 대상으로서의 여성의 틀 안에 갇혀 있다는 것이다. 그녀들은 여전히 예쁘고, 귀엽고, 사랑스럽다. 남자들의 눈길을 끌 수 있을 정도로 적당히 튕기는 도도함을 지녔으며, 재벌들 앞에서도 기죽지 않는 자존심과 기개가 남다르다. 그러나 그녀들의 앙탈과 반항은 남성들의 사랑의 주도성이 위협받지 않는 범위 내에서만 이루어진다. 과도하고 튀는 행동과 잦은 실수는 그녀들의 여린 내면을 드러내는 어설픈 포장이 되고 만다. 그녀들의 그 모든 매력들은 단지 남자들을 사로잡기 위한, 남자에게 간택되기 위한 궁극적 목적을 향해 모아진다. 결국 그녀들은 남성의 손에 이끌려, 그를 위한 인형이 되고 꼭두각시가 되는 운명에 처한다. 이 모든 것이 거역할 수 없는 운명으로서의 사랑이라는 미명하에 이루어지는 것은 물론이다.

〈네 멋대로 해라〉의 전 경 – 총체적 인간의 자유의지

세기가 바뀌면서 반갑게도 이들 캔디렐라들의 스테레오타입에서 벗어난 매우 독특한 인물들이 나타나기 시작했다. 그 첫손에 꼽을 만한 인물은 뭐니뭐니 해도 〈네 멋대로 해라〉(인정옥 극본, 박성수 연출, 2002)의 전 경(이나영 분)이다.

그녀는 여성이기 이전에 한 '인간'으로 그려진다. 인간이라는 표현은 그녀를 설명하는 꽤나 중요한 열쇳말이다. 여성과 인간 사이의 간극은 오래 동안 메워지지 못했다. 특히 드라마에서는 더욱 더. 여성이 인간이 되지 못했다는 것은 여성이라는 존재가 결코 총체적인 인간으로 접근되지 않는다는 의미이다. 여성은 확실히 인간의 대표인 남성들의 타자로서만 존재해왔다. 남성이 아닌 것, 남성의 결여, 결핍으로서의 여성이란 여성적 속성이라고 일컬어지는 몇 가지 앙상한 항목 안으로 대부분의 여자들이 우겨넣어져 만들어진 모습이다.

경은 지금까지 여성들을 규정해왔던 그런 속성들이나 유형들로는 설명할 수 없는 독창적인 아우라를 지닌 인물이다. 그녀에게서는 기존의 여성적 매력을 위한 관습적 기호들과 행동 양식들이 의도적으로 제거되었다. 여성이다 남성이다 하는 구분에 앞서 인간으로서의 자연스러운 욕구와 의지를 지닌 인물로 나타났다. 그녀는 보헤미안기질과 자유의지를 지닌 독립적인 인간처럼 보인다. 속물적이고 무자비한 아버지도 우울한 나르시시스트인 어머니도 그녀의 삶에 함부로

드라마 속 여성캐릭터들의 진화

끼어들거나 간섭하지 못한다. 한 무명 밴드의 키보디스트인 그녀는 단지 음악 속에서 자신을 찾고자 하며 음악을 통해 다른 사람들과 소통하고 인정받고 싶어한다.

그녀가 고복수(양동근 분)라는 보잘 것 없는 소매치기 백수를 사랑하게 되는 것은 자신도 예기치 못했던 어떤 영혼의 부딪침 같은 것이다. 경과 복수의 만남과 사랑은 기존의 로맨틱하거나 판타스틱하거나 혹은 운명적이고 비극적인 그러한 로맨스들과는 상당히 다르다. 그들에게는 정형화된 남녀 성별 역할 구분에 따른 로맨스의 우여곡절과 기승전결이 존재하지 않는다. 그들은 여성의 역할과 남성의 역할을 나누는 어떠한 사회적 통념이나 관습과도 무관하게, 계급적 차이나 죽음을 눈앞에 둔 상황과 같은 외적 조건들과도 무관하게, 인간 대 인간으로서 평등하게 사랑을 한다.

경이 이전의 관습적이고 관념적인 여성상에서 완전히 탈피한 인물이라는 증좌證左는 여러 곳에서 발견된다. 그녀가 드라마 속에서 조연도 아니고, 부정적인 이미지의 제 3의 여주인공도 아닌 제 1의 여주인공으로서 담배를 피우는 장면은 꽤 파격적이다. 게다가 편의점에서 팩소주를 사서 길을 걸으며 소주를 마시다가 나중에는 빨대로 빨아먹는 장면은 웬만해선 상상하기도 어려운 매우 쇼킹한 연출이다. 뿐만 아니라 그녀가 술에 취한 한 기자(이동건 분)나 쓰러진 복수를 업고 가는 장면에서는 기존의 연약하고 가녀린 여성상에 대한 고의적인 뒤집기가 읽혀지기도 한다.

그러나 무엇보다 흥미로운 것은 그녀가 우리사회에 뿌리 깊은 여성의 순결 콤플렉스에서 완전히 벗어나 있다는 점이다. 드라마 속에서 자주 등장하는 매력적인 바람둥이 남성 캐릭터들과는 달리, 여자주인공은 오로지 한 사람만을 사랑

163

해야 하며, 굳이 필요하다면 섹스도 그와만 해야 한다. 그 사랑이 일생에 걸쳐 그녀가 하는 유일한 사랑인 경우가 대부분이다. 과거의 사랑은 감추어져 있거나, 설사 과거의 사랑이 부각되는 설정의 경우도(심지어 이혼녀라 할지라도) 그것은 진짜 사랑이 아니었으며 이제야 그녀는 진정한 사랑을 찾는다. 여성에 대한 순결이데올로기는 드라마에서 순연하고 완전하고 절대적인 사랑에 대한 희구라는 외피 속에 면면히 흐르고 있다.

그런데 경은 전혀 다르다. 그녀는 자신이 이전에 남자와 잔 적이 있다는 사실을 두 남자에게 모두 '커밍아웃' 한다. 과거가 들통나서 혹은 자신의 죄(?)를 사함 받기 위해? 천만에. 그녀는 단지 한 기자의 질문에 거짓말을 하지 않았을 뿐이다. 그녀는 거짓말을 해야 할 아무런 이유도 찾지 못한 것이다. 그녀에게 자신의 옛사랑은 떳떳하고 소중한 과거이며, 순결이나 정절은 지켜져야 할 절대적 가치가 아니다. 모름지기 그녀는 드라마 역사상 순결이데올로기를 뛰어넘은 최초의 여자주인공이라고 할 수 있을 듯하다. 그리고 이 드라마 이후로 실제로 많은 드라마들이 빠른 속도로 여주인공의 순결 강박에서 벗어나기 시작했다.

〈발리에서 생긴 일〉의 이수정 – 두 남자를 사랑한 여자

정통멜로와 로맨틱코미디의 중간 어디쯤에 놓이는 〈발리에서 생긴 일〉(김기호 극본, 최문석 연출, 2004)은 이즈음 유행하는 신데렐라이야기의 가장 현실적이면서 비극적인 버전이다. 아니 현실적이어서 비극적인 이야기이다. 왜냐하면 계급갈등이 이 신데렐라이야기의 단순 배경이 아닌 핵심적 주제이기 때문이다. 여기서 계급갈등은 연인들의 사랑을 방해하는, 두 사람이 함께 극복해야할 외부의 장애물이 아니었다. 그것은 그 자체로 주인공들의 자의식이자 욕망의 출발이고, 애증의 과정이자 그 결과였다. 그리하여 주인공 네 남녀의 사랑과 욕망의 서사는 계급갈등이라는 현실의 깊은 골을 따라 가파른 부침 끝에 처참하고 비극적인 파국으로 끝이 났다.

주인공 이수정(하지원 분)은 아마도 가장 현실적인 하층 계급 여성으로 등재될 듯하다. 그녀는 여느 캔디렐라들과는 많이 다르다. 그녀는 결코 가난하고 어려운 환경 속에서도 꿋꿋하고 씩씩하게 살아가는 밝고 따뜻한 심성의 긍정적 인물들, 보는 사람을 행복하고 즐겁게 만들어주는 그런 캔디렐라가 아니다. 그녀에게는 지긋지긋한 가난에 대한 신물나는 자괴와 기댈 곳 없는 비루한 삶에 대한 콤플렉스, 자신의 현실에서 벗어나고자 하는 헐벗은 몸부림이 뒤엉켜 있다. 그녀의 계층상승 욕구와 갈망은 자신의 밑바닥 삶의 처절함 속을 안쓰럽게 부유하고 다녔다.

수정은 지금까지 보아왔던 어떤 누구보다 복합적이고 입체적인 인물이다. 그녀에게는 여자주인공에게서 쉽게 찾아보기 어려운 밝음과 어두움, 숭고함과 추악함, 순수와 영악, 자존심과 비굴함 따위가 함께 공존하고 있다. 그녀는 자신의 더블(분신)인 위태로운 욕망과 냉소적인 자의식의 사나이 강인욱(소지섭 분)과 자신에게 기회로 다가온 소심하고 이기적인 재벌 2세 정재민(조인성 분) 사이에서 흔들리고 갈등한다. 그러나 두 남자 중 어느 누구도 그녀에게 확실한 미래를 약속해주지 못하며, 그녀를 구원해 줄 아무런 대책도 의지도 가지고 있지 못하다. 그런 사실을 누구보다 잘 알고 있는 수정은 벗어날 수 없는 그들에 대한 사랑과 연민으로 고통스럽다.

그녀는 두 남자를 동시에 사랑하는 드라마 상 유일무이한 여자주인공이다. 이 드라마에 이르러서야 한 여자는 한 남자만을 사랑해야 한다는 우리나라 드

165

라마 제작의 제 1의 불문율이 깨져나갔다. 통상 한 여자와 두 남자의 삼각관계에서 여자는 한 남자만을 사랑해야 하며, 또 다른 남자는 그가 치졸한 악인이건 매력적인 쿨가이건 두 사람의 사랑을 방해하는 훼방꾼이 되어야만 했다. 그런데 수정은 두 남자를 동시에 사랑할 뿐만 아니라, 드라마의 극적 시간 안에서 두 남자와 섹스를 한 여성이 되었다. 그녀는 정말로 두 사람 모두를 사랑했었던 것 같다. 그건 마치 그녀가 마지막 자존심과 신분상승의 욕망 사이에서 끊임없이 갈등했던 것과 같다. 그녀는 둘 중 그 어떤 것도 버릴 수가 없었으며, 그 어떤 것도 취할 수가 없었다. 두 남자를 동시에 사랑하지만 어느 누구에게서도 자신의 구원자를 찾을 수 없었으며, 그럼에도 그 누구도 저버릴 수 없었던 것처럼. 어쩌면 그녀는 그들을 사랑하는 자기 자신에 대한 연민에 빠져 있었던 건지도 모른다.

이 드라마는 확실히 한 여자가 두 남자를 교환하는 새롭고도 매력적인 사랑 얘기이다. 물론 여자가 두 남자를 교환한 대가는 참혹하다. 여자의 두 남자에 대한 위험한 사랑은 안타깝게도 죽음이라는 처벌로 막을 내리고 만다. 그러나 처벌이 여자에게만 가해진 것은 아니다. 세 사람 모두의 죽음은 처음부터 예정된 파국이었다. 넘어설 수 없는 계급적 간극과 공유할 수 없는 사랑에의 배타적 욕망과 엇갈리는 애증의 삼각관계는 세 사람을 돌이킬 수 없는 비극적 나락으로 떨어뜨렸다.

〈내 이름은 김삼순〉의 김삼순 – 현실적 욕망과 반성적 자아 사이에서

2005년 들어 최고의 시청률을 기록하며 삼순이 돌풍을 일으킨 〈내 이름은 김삼순〉(김도우 극본, 김윤철 연출, 2005)은 로맨틱코미디가 이를 수 있는 성과의 한 정점을 보여준다. 그것은 무엇보다 삼순(김선아 분)이라는 진화된 캐릭터

166

가 만들어주는 인간에 대한 깊어진 이해와 인간관계에 대한 넉넉해진 품새에서 비롯된 것이다. 확실히 삼순은 이전에 존재했던 어떤 여자주인공들과도 다른 자기만의 독보적이고 진취적인 면모들을 선취한 인물이다.

삼순은 이전의 캔디렐라들과는 달리 남성들의 욕망의 대상으로서의 좁은 틀에서 멀찌감치 벗어나 있다. 일차적으로 삼순의 육중해진 몸이 그녀를 자유롭게 해준다고 할 수 있는데, 그것이 그녀에게 남성적 욕망의 시선에 복속되지 않는 잉여를 만들어주는 것이다. 그녀가 자신의 마음이나 생각을 솔직하고 대담하게 표현할 수 있는 것, 거칠 것 없는 욕설이나 직언도 서슴지 않고 말할 수 있는 건 늘어난 몸이 주는 자유라고 할 수 있다. 물론 그녀의 자유로움은 남성들의 시선으로부터의 자유만이 아니다. 그녀는 여자는 이러저러해야 한다는 사회적 통념이나 관습적인 여성상으로부터도 한껏 자유롭다.

가장 획기적인 것은 삼순이 지금껏 드라마 속 여성들이 한번도 전취해본 적이 없었던 '성적 욕망의 주체'로 나타났다는 점이다. 지금까지 드라마 속 여성 주인공들은 죽도록 사랑을 하기는 하지만 성적 욕망을 가진 주체로 그려지지는 않았었다. 남성들과는 달리 여성 주인공들에게 사랑과 성적 욕망은 항상 별개의 것으로 존재했으며, 그녀들이 성적 욕망을 드러내는 것은 금기시되었었다. 그런데 삼순은 사랑과 성적 욕망 사이의 머나먼 거리를 단숨에 좁혀버렸다. 그녀는 자신의 성적 욕망을 있는 그대로 과감하고 자연스럽게 드러내는 보기 드문 여성이다. 과거 3년간의 파란만장한 연애에 대한 얘기에서도 그녀가 얼마나 성적으로 자유로웠을지 충분히 예측할 수 있으며, 새롭게 진헌(현빈 분)을 만나면서도 상상 속에서 그를 유혹하기도 하고, 먼저 키스를 감행하기도 한다. '내가 너무 오래 굶은 거야'라고 몸부림칠 때 그녀가 깨닫는 것은 진헌에 대한 사랑 이

167

전에 자신의 성적 욕망에 대한 것이다. 물론 사랑고백을 먼저 하는 것도 우리의 삼순이다.

삼순은 그야말로 이 드라마의 진정한 주체이다. 드라마는 그녀의 일과 사랑에 대한 희망과 욕구로부터 출발하며, 모든 사건의 시작과 과정과 결말은 그녀의 욕망을 따라 그녀에 의해 진행된다. 그녀에 의해 주관되고 주재되는 그녀의 사랑이야기는 때론 로맨틱하고, 때론 판타스틱하지만, 현실과의 접점 속에서 현재를 살아가는 대다수 여성들의 생생하고 사실적인 꿈과 희망과 욕망들과 반갑게 마주친다.

여기서 우리가 목도目睹하는 것은 삼순의 이중적 심리이다. 한편으로 그녀는 아주 현실적이고 속된 욕망을 가지고 있다. 날씬해지고 예뻐지고 싶다, 돈 많고 멋진 남자 만나 안정된 결혼을 하고 싶다 등등. 하지만 다른 한편으로 그녀는 자신의 속된 욕망을 들여다 볼 수 있는 반성적 시선과 자의식을 지니고 있다. 내가 왜 꼭 남들 시선을 의식해야 하지? 인생 뭐 별거 있나. 남자가 내 인생의 전부도 아닌데, 왜 이렇게 연연하는 거지? 나는 내 일이 있는데…… . 이처럼 상충되기도 하고 모순적이기도 한 삼순의 이중심리는 현대 여성들이 지니는 내면의 복잡한 심리를 그대로 포착한 것이다. 한편으로 여전히 남성들에 대한 판타지를 간직하고 있고 남성들에게 의지하고 보호받기를 원하면서도 다른 한편으로는 억압적이고 폭력적인 남성중심의 가부장 질서에 반기를 드는 우리사회 여성들의 그러한 모순적인 이중적 심리가 삼순을 통해 솔직하게 드러난 것이다. 지금까지 사랑과 결혼을 향해 맹목적으로 돌진해 가던 드라마 속 여성은 이제 처음으로 자신의 남성들에 대한 욕망과 결혼에 대한 판타지를 냉정하고 차분하게 들여다 볼 수 있는 새로운 시선을 획득하게 되었다.

드라마 속 여성캐릭터들의 진화

여성캐릭터의 진화를 보여주는 드라마들은 단지 이들만이 아니다. 〈아줌마〉(2000)에서 〈앞집 여자〉(2003), 〈불량주부〉(2005)에 이르는 아줌마 군단은 결혼제도 안의 여성들이 억압적이고 폐쇄적인 공간에서 어떻게 탈출하고 반란을 일으키는가를 여실히 보여주었다. 아침드라마의 여주인공들이 자신들이 처한 굴종과 설움의 현실을 불륜이나 위험한 사랑과 같은 일탈로 해소했다면, 새로워진 이 억척 주부들은 불륜을 넘어(혹은 통과하여) 자신의 또 다른 정체성과 자아를 찾기 위해 길을 나섰다. 그녀들이 자신의 진정한 자아를 찾아냈는지는 의문이다. 가정과 가족의 굴레에서 벗어나고자 했던 그녀들은 자주 처벌의 대상이 되거나, 아니면 자식이 있는 집으로 맥없이 복귀하거나 새 남자의 품에 안기곤 하였다. 그럼에도 그녀들이 결혼과 가족제도의 불합리와 한계를 정면으로 응시하고 그에 맞설 수 있게 되었다는 것은 의미있는 진전이 아닐 수 없다.

　아직도 많은 드라마의 여성주인공들은 참하고 조신한 천사 같은 여자들이다. 그녀들의 적은 여전히 남자를 뺏기 위해 수단 방법을 가리지 않는 안하무인에 과잉 섹슈얼리티의 악녀이다. 삼각·사각 멜로에서 성녀와 악녀의 손쉬운 이분법은 여성의 이미지를 고정시키고 좁은 틀에 가두는 꽤나 무책임한 남용이다. 그런데 이러한 성녀와 악녀의 이분법에도 미세한 변화가 감지된다. 강고한 선악의 이분법이 조금씩 해체의 조짐을 보이는 것은 드라마들이 인간들의 다양한 개인사와 경험을 경유하여 복잡하고 다면적인 인간 내면의 심리와 속성들에 천착하기 시작했기 때문이리라. 착한 여주인공이 어느 순간 독기를 품은 악녀로 돌변하기도 하고, 그녀를 괴롭히던 악녀는 어리숙하고 나약한 연민의 대상이 되어버리기도 한다. 라이벌 관계의 그녀들이 언제부턴가 기묘한 우의를 나누는 모습도 간간이 등장한다.

텔레비전 드라마를 보는 여성들의 욕망은 생각만큼 그렇게 동일하거나 단순하지 않다. 그렇기는커녕 오히려 복잡하고 모순덩어리이다. 여자주인공에 대한 여성들의 판타지는 그녀에게 완벽한 외모와 완전한 선善, 순수하고 절대적인 사랑을 요구할 정도로 가혹하기도 하다. 그러면서도 동전의 양면처럼 그녀에 대한 선망과 질투를 동시에 지닌다. 완전한 그녀들이 필시 고난에 처하는 것은 여성들의 동일시와 감정이입을 위해 어쩔 수 없는 일이다. 그러다가 그것도 부족하면 어느 순간 자신과 가장 가까운 평범하고 별 볼일 없는 여성에게 열광하기도 한다. 여성들의 욕망은 동일시와 대리만족, 현실과 판타지 사이에서 이리저리 옮겨다니는 것이다. 물론 어느 쪽이 우월한 것도, 절대적인 것도 아니다. 어느 쪽이건 좌절과 패배와 시련의 현실 속 여성들에게 감정적 공유와 소통적 연대의 위안을 제공하기 때문이다.

중요한 것은 여성들의 현실적 욕망의 지형도가 서서히 진화해가고 있다는 점이다. 여성들의 사회 속 권력의 확대와 사회적 발언의 증대와 맞물리는 새로워진 여성들의 욕구와 욕망은 겹겹이 둘러싸인 방송제도와 체제의 강고한 보수적 방벽을 뚫고 넘쳐흐른다. 그것은 때론 무정형하거나 방향을 잃기도 하고, 자주 안전한 보호막 안으로 뒷걸음치기도 하고, 손쉬운 해결책을 찾아 타협의 지점에서 멈추기도 하지만, 그럼에도 드라마들의 지속적인 변주와 새로운 모색 속에서 그 숨길 수 없는 정체를 드러내고 만다. 진정 드라마 속 여성캐릭터들의 눈에 띄는 진화는 우리시대 달라진 여성들의 욕구와 욕망을 보여주는 매우 반가운 신호탄임에 틀림없다.

170

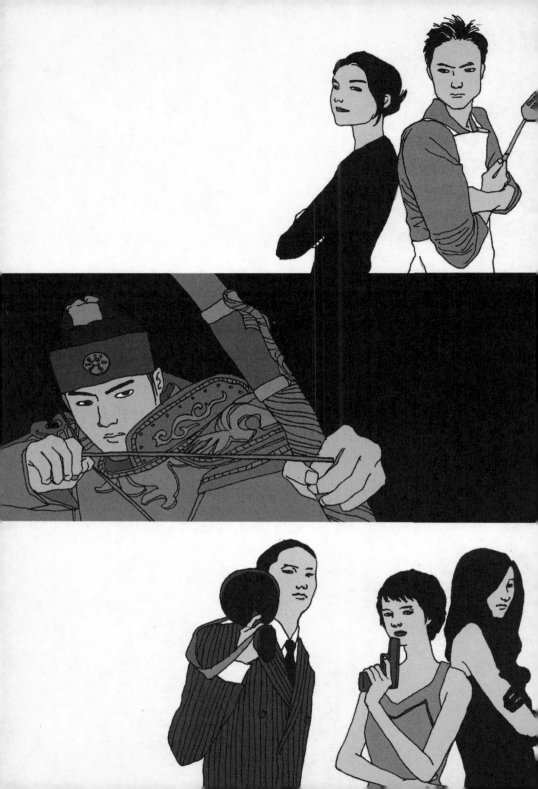

3부

고개 들 뺀 fun 한
남자의 사랑

〈신입사원〉과 〈무적의 낙하산 요원〉

LK사단의 〈신입사원〉 시리즈는 요즘과 같은 초유의 대량 청년실업 시대에 걸맞게 백수의 사회진출기를 다룬다는 점에서 흥미롭다. 〈신입사원〉(김기호·이선미 극본, 한희 연출, MBC)에서 〈무적의 낙하산 요원〉(김기호·박상희 극본, 이용석 연출, SBS)으로 이어지는 이 시리즈는 학벌이나 능력, 어느 모로 보나 별 볼일 없는 무능한 백수가 살벌한 경쟁 사회에 진출하여 좌충우돌 사건을 일으키고 겪게 되는 일종의 어드벤처 코믹판타지이다. 문정혁이 연속 캐스팅된 주인공 강 호와 최 강은 기막히게 황당한 우연으로 국내 굴지의 회사와 정보국에 취직을 하고, 냉혹한 현실의 벽 앞에서의 좌절과 희망의 스릴을 거쳐, 마침내 엉뚱하고 기발하게 사건들을 해결해나간다.

" 니들 미션임파서블 찍냐? 니가 무슨 007인줄 알아?"

(구부장)

"아임 파인 땡큐, 앤드 유?"

(강 호)

〈신입사원〉이 전산오류로 굴지의 대기업에 입사한 한심한 백수가 어떻게 살아남는가에 초점을 두었다면, 〈무적의 낙하산 요원〉은 여전히 별 볼일 없는 백수가 우연히 낙하산으로 입사한 철통같은 국가 정보기구를 어떻게 휘저어 놓으며 주름잡는가에 그 핵심이 놓여 있다. 전자가 졸지에 백수에서 대기업 신입사원이 된 젊은이의 아슬아슬한 생존과 애환을 담아냈다면, 후자는 더욱 뻔뻔해지고 자신만만해진 그가 엉뚱하고 황당무계한 방식으로 산업스파이 색출이라는 국가적 프로젝트에 얽혀드는 상황을 그려낸다.

〈신입사원〉은 지방대학 출신에 외국어 한마디 못하고 필기시험 답안지에 답으로 그림을 그려 넣는 주인공 강 호(문정혁 분)가 전산착오로 LK그룹에 수석입사를 하는 기상천외한 사건으로 시작된다. 나날이 늘어만 가는 청년 실업자들이 눈에 불을 켜고 취업준비에 여념이 없는 시간에도 그는 친구의 자취방에서 만화책을 끼고 뒹구는 '허접한' 인간이다. 여느 실업자들처럼 그의 무능한 부모도 취업에 전혀 보탬이 되지 못했다. 그런 그가 한심하기 짝이 없는 백수에서 하루아침에 세계적인 기업 LK의 신입사원이 된 것이다.

자신들의 실수가 발각될 것이 두려운 김전무 일당은 은밀하게 강 호를 내쫓을 궁리를 한다. 게다가 특채로 입사한 라이벌 동창 이봉삼(오지호 분)은 호시탐탐 강 호의 실체를 발가벗기려고 압박해 온다. 이 둘 사이에 배치된 두 여자, 봉삼의 옛애인 이미옥(한가인 분)과 현재 애인 서현아(이소연 분)는 두 남자의 대치를 더욱 첨예하게 몰아간다. 강 호는 봉삼에게 버림받은 미옥에 대한 연민과

176

세련되고 도도한 현아에 대한 동경 사이에서 흔들린다. 이로써 네 사람의 사각 구도가 틀 지워졌다. 이제 이야기는 강 호가 회사에서 어떻게 살아남고 자기 자리를 찾아갈 것인가 하는 것과 봉삼과 현아의 방해공작을 뿌리치고 어떻게 미옥과 사랑을 이루어갈 것인가 하는 데로 모아지게 된다.

여기서 흥미로운 것은 네 사람의 사각구도를 가르는 두 가지 갈등 축이다. 작가들의 전작인 〈발리에서 생긴 일〉에서의 계급갈등이 한 축이라면, 또 한 축은 새롭게 첨가된 학력갈등이다. 이 두 가지 갈등의 중심에 끼어 있는 인물이 봉삼이다. 그는 〈발리에서 생긴 일〉의 강인욱(소지섭 분)의 한 변주이다. 하층계급 출신으로서의 콤플렉스는 유사하나, 인욱보다 계층상승과 주류사회로의 편입 욕구가 더욱 강하다. 그가 오랜 연인인 상고 출신의 미옥을 버리고 현아를 욕망할 때, 그와 미옥 사이에 또 한 축의 전선이 그어진다.

하층계급 출신의 엘리트와 여전히 하층계급으로 남아있는 계약직 여직원 사이의 전선, 여기에 강 호가 끼어든다. 그의 위치는 정확히 후자 쪽이다. 엘리트인 척 해야 하는 비엘리트 직원, 회사 내에서 그의 위치는 미옥의 그것과 크게 다르지 않다. 같은 출신 성분을 타고 난 세 사람이 이제 학벌과 지적 능력에 따라 나뉘어졌다. 이렇게 해서 현아 대 봉삼·강 호·미옥의 계급갈등 구도는 현아·봉삼 대 미옥·강 호의 학력갈등 구도와 겹쳐지면서 복잡한 애증의 지도를 그려나간다.

설정부터 황당한 코믹멜로 판타지가 생생한 현실과의 접점을 만드는 것은 이러한 이중의 갈등축이 꼬여들면서부터이다. 이 드라마에는 날이 갈수록 빈부격차가 심해지고 학벌에 따른 위계화가 심화되는 우리사회의 현재적 모습이 짙은 명암으로 깔려있다. 작가들의 현실인식이 생경한 관념이나 구색 맞추기 배경으

177

로 끝나지 않는 것은 인물들의 현실지형이 그들의 삶과 욕망과 사랑을 조건지으며 극을 끌고가기 때문이다.

따라서 온갖 코믹한 요소와 경쾌발랄한 분위기에도 불구하고, 드라마의 현실 기조는 극을 통쾌하고 과감한 코미디로 몰고 가는 걸 방해한다. 강 호의 성공스토리는 승승장구하듯 그리 쉽게 이루어지지 않는다. 여기에는 이런 류의 코믹 성공스토리에 따라붙는 그 흔한 룰마저 없다. 주인공이 학벌은 처지지만 알고 보면 기발한 아이디어나 새로운 사고방식, 남모르는 자기 계발로 진짜 실력을 겸비한 인재라는 따위의 룰 말이다. 인재는커녕 강 호는 단순무식할 뿐 아니라 게으르기 짝이 없고 회사에서도 틈만 나면 책상에 엎드려 잠을 잔다. 남들에게는 뻔뻔스레 큰소리 치고 허풍을 떨지만, 속으로는 닥쳐 올 후환이 두려워 잔뜩 겁에 질려 있다.

그는 확실히 반反영웅 계열에 속한다. 그렇다면 지적으로 열등하고 무능력한 반영웅이 대기업 안에서 성공할 수 있는 방법은 무엇일까? 반영웅의 성공스토리라는 딜레마를 극복하기 위해 드라마는 반영웅의 숨겨진 괴력을 끌어내야만 한다. 그런데 그 숨겨진 괴력의 정체가 최첨단 대기업과는 너무도 거리가 먼 전혀 엉뚱한 곳에서 나타난다. 우리의 주인공 강 호가 조폭과 결부된 해결사로서의 면모를 보이기 시작한 것이다.

이것은 학벌과 인맥 중심의 대기업 시스템을 조롱하고 약올리는 잔꾀이다. 체계 밖에 놓인 열외의 인물이 비합리적이고 무지한 조폭 나부랭이들과 결탁하여 가장 합리적이고 효율적인 자본주의 사회의 심장인 대기업 시스템을 좀먹는 것이다. 강 호는 결코 정공법으로 대결하지 않는다. 치고 빠지는 얼렁뚱땅 해결사 컨셉으로 대응한다. 이는 비록 반영웅의 통쾌한 한방에는 많이 못 미치지만,

178

일시에 대기업을 쥐락펴락할 수 있었던 그 엉뚱한 역전의 쾌감만큼은 인정해야 할 듯하다.

〈무적의 낙하산 요원〉에서는 그 배경이 대기업에서 정보국으로 옮겨가면서 백수의 사회진출기는 첩보물과 만나 더욱 화려해지고 다채로워진다. 돈도 빽도 학벌도 없이 처량한 백수신세인 최 강(문정혁 분)에게 어느 날 우연히 대통령 차에 치일 뻔한 할머니를 구해내는 사건이 발생하고, 이 시대 보기 드문 인재라는 대통령 칭찬 한마디에 그는 그만 국가 비밀 정보국에 낙하산으로 입사하는 천재일우의 기회를 얻는다.

최 강이 청와대 빽이라는 사실을 안 팀장 강은혁(신성우 분)은 그를 혹독한 훈련과 기합으로 몰아치는데, 최 강이 특유의 임기응변으로 과제와 사건을 척척 해결해 나가자 그의 진짜 정체에 대한 의문과 호기심은 커져만 간다. 정보국 최대 현안인 국제적인 산업스파이 앨리스를 잡으려는 계획이 추진되는 가운데, 최 강과 은혁 사이에 두 명의 여자, 같은 정보국 요원인 최 강의 고교동창 공주연(한지민 분)과 은혁의 옛사랑인 대규모 호텔의 상속녀 정윤희(앨리스, 윤지민 분)가 끼어들면서 네 사람은 복잡한 사각 러브라인을 형성한다. 이로써 최 강과 은혁의 대치는 더욱 첨예해지고 은혁이 지휘하는 앨리스 체포 작전은 최 강의 개입에 의해 새로운 국면으로 나아간다.

이 드라마는 최 강이 어쩌다가 정보국 요원이 되었는지 하는 어처구니없는 상황에서부터, 고혹적이고 도발적인 앨리스가 세계적인 산업스파이이며 그녀가 바로 국내 최고 호텔을 상속받은 거부 정윤희임이 처음부터 밝혀진 채로 시작된다. 그런데 이 모든 사실을 정보국 요원들은 모르고 있다. 실상 이 드라마의 재미는 청와대 빽으로 낙하산 입사한 최 강의 정체에 대한 정보국 요원들의 그

179

'오인'이 만들어주는 것이다. 싸움 좀 되고 몇 가지 잡기에는 능하지만 도통 실력이나 자질이라고는 없는 한심한 백수가 졸지에 도무지 그 정체를 알 수 없는 국가의 숨은 인재나 해외 특수요원으로 오인되는 것이다. 겉으로 드러난 아무런 자격증도 내세울만한 경력도 학력도 없기에 그의 정체는 아무도 알 수 없는 베일에 가려진 어마어마한 것으로 여겨지는 것이다.

그러나 중반에 접어들어 최 강이 옥장판을 들고다니다 우연한 사고로 정보국에 잘못 들어온 사실이 밝혀지면서 정보국 분위기는 최 강에 대한 무시와 냉대로 돌변한다. 다시 한번 최 강에 대한 오인이 발생하는 것은 그가 앨리스의 존재를 직감하고 혼자 동분서주하다 이번에는 산업스파이로 몰리게 되면서이다.

이처럼 최 강의 정체에 대한 이중적 오인을 통해 드러나는 정보국과 범죄집단 양자에 대한 비의도적인 조롱과 사기의 전술이야말로 이 드라마의 진짜 재미를 구성한다. 자신의 정체를 숨긴 채 요리조리 그물망을 빠져나가고 엉뚱한 지점에서 엉뚱한 방식으로 문제를 해결하는 식으로 말이다. 물론 최 강은 뛰어난 능력과 남다른 재기에 의해서가 아니라 무모한 배짱과 패기에 우연과 운이 따름으로써 문제와 사건들을 해결한다. 핵심은 최 강이 어떤 중대 사건이나 미제의 문제들을 해결한다는 사실 그 자체에 있는 것이 아니라, 최 강이라는 이런 턱도 없는 인물에 의해 전혀 예기치 않은 방식으로 엉뚱하게 사건들이 해결된다는 사실에 있다. 정보력에 기반한 유능한 특수요원들의 활약을 비웃기라도 하듯이 말이다.

정보국 내에서 최 강이라는 인물의 정체에 대한 오인, 그것은 그가 차지한 정보요원이라는 상징적 자리 그 자체가 실재하지 않는 텅 빈 기표임을 드러내준다. 그것은 허접한 백수와 국가 최고의 인재 사이의 역설적 대체를 통해 그 실체없음과 허구성을 여실히 보여주는 것이다. 마치 이 낭만적 코믹첩보물에서 '국가와 민족을 위해'라는 정보국의 모토가 역설적으로 그것의 부재를 환기시키는 것처럼.

이 드라마들에서 주어진 상황은 애초부터 현실성이나 개연성이 거의 없다. 과장과 축소, 비약과 생략, 혹은 의도적 왜곡 등이 이 코믹드라마들의 공통적 특징이기 때문이다. 따라서 이런 드라마에서 상황의 비현실성이나 디테일의 부정확함 따위를 따지는 것은 무의미한 일이다. 그 대신 이 드라마들에는 드라마 전체를 가득 채우는 개성있는 캐릭터들의 뚜렷하고 명쾌한 일관성이 있으며, 여러 겹으로 배치된 이들 인물들 사이의 갈등과 애증 관계에 따른 복합적이고 치밀한 심리전이 있다. 사건들 자체보다 오히려 인물들 사이의 심리전이 드라마의 중심을 이룬다고 볼 수도 있겠다.

그러나 〈신입사원〉 시리즈의 진정한 재미는 뭐니뭐니 해도 허접하고 후줄근한 강 호나 최 강 같은 얼토당토않은 인물이 견고하고 막강한 체제를 뒤흔들고 휘저어놓는 재미이다. 도대체 어울리지 않는 엉뚱한 인물이 엉뚱한 공간에 놓일 때 발생하는 온갖 오인과 해프닝들이 만들어내는 일차적인 웃음과 더불어, 이들 엉뚱한 이물질들의 침입으로 인해 체제 자체의 허점과 한계가 그대로 노출되는 데서 오는 가슴 시원한 유쾌함이 존재한다. 이것이 바로 권위와 무게를 뺀 귀여운 악동같은 강 호나 최 강 같은 반영웅이 반가운 이유이다.

주몽과 두 명의 아버지
〈주몽〉I

세기 말, 거대담론의 붕괴와 큰 타자 아버지의 죽음은 이후에 무수히 많은 작은 아버지들의 등장을 불러왔다. 한 치 앞을 알 수 없는 불투명한 현실 속에서 그것은 지나간 시대의 왜곡되고 부풀려진 소문의 과도한 유령으로 떠돌거나 대중문화의 매끈한 영웅들로 환생하여 우리 곁에 나타났다 사라졌다.

유효기간이 짧은 이들 환영들은 연쇄적으로 다음 타자를 불러낸다. 황우석의 과학신화와 지방선거의 반사적 쏠림, 그리고 월드컵 광풍이 한 차례씩 지나고, 이제 주몽을 위시하여 연개소문, 대조영, 광개토왕 등 머나먼 고구려에서 소환된 영웅들이 줄줄이 자기 순번을 기다리고 있다.

그러나 이들 아버지들의 영웅적 귀환은 역설적으로 아버지의 죽음에 대한 숨길 수 없는 반증이다. 그것은 이미 근대적 아버지가 몰락했음을 알리는 사후적 추인이자 유사 반복적 제의이다. 죽은 자만이 부활할 수 있으며, 부활하여 자신의 과오와 죄업의 흔적을 말끔히 지워버릴 수 있기 때문이다.

182

모든 흔적을 지우고 민족의 이름으로, 국가라는 명분으로 되살아오는 아버지, 우리는 그 아버지의 이름을 여전히 필요로 하는지도 모르겠다. 지젝의 말처럼 탈정치시대의 주체들이 지배와 복종에 대한 외설적 형식들을 필요로 하듯이. 혹은 우리의 모든 불행과 불안을 그 탓으로 돌릴 수 있는 원초적 근원으로서의 아버지의 이름을 요구하듯이. 마치 현재 우리 사회의 모든 문제가 '노무현 탓'인 것처럼 말이다.

그렇게 〈주몽〉(최완규·정형수 극본, 이주환·김근홍 연출, MBC)은 또 한번 바람을 몰고 왔다. 매우 익숙하지만 한층 업그레이드된 모습으로 나타났다. 김혜린 만화 〈불의 검〉과 전작들인 〈다모〉와 〈대장금〉과 〈해신〉과 〈서동요〉를 등에 업고, 그들의 정수만을 뽑아 멜로대하사극의 완결판을 도모한다.

초반까지는 상당히 성공적이다. 서로 꽤 다른 최완규의 선 굵은 갈등구도와 정형수의 섬세하고 정제된 심리묘사와 대사는 그 이음새가 깔끔하고, 돈들이고 공들인 촬영과 연출, 연기까지 모든 것이 잘 어우러진다. 물론 다모폐인 같은 마니아들에게는 유화(오연수 분)와 원후(견미리 분), 주몽(송일국 분)과 대소(김승수 분)·영포(원기준 분)의 단순 선악구도가 통속적 타협의 산물로 보일 테지만 말이다.

하지만 이번에는 그냥 멜로사극이 아니다. 건국신화이다. 한나라 철기군에 무너지고 흩어진 고조선 유민들을 하나로 모아 새로운 민족국가를 일으키는 중차대한 과업이 놓여있다. 이 거대한 과제 앞에 원후와 대소, 부득불(이재용 분)이 보이는 개인적 원한과 사사로운 공명심과 부족국가 일국의 안위는 그야말로 악으로 규정되어야 마땅하다.

그런데 거꾸로 문제의 근원은 부족국가 부여의 바깥에 있는 외부자 해모수

(허준호 분)의 존재이다. 고조선 유민들의 영웅으로 떠오른 그가 부여의 존립에 근원적 악이 될 것이라는 예지적 단언으로 신화는 시작된다. 태초에 말씀이 있었다. 불길한 삼족오의 비상이 말해주듯, 필연성의 신화적 원환구조 안에서 말은 모든 행위를 예견한다. 신탁이 그러하듯, 저주의 말, 주술적인 말, 예지의 말이 이후의 모든 행동과 사건들을 만들어낸다.

예언이 행위를 낳고, 그 행위가 다시 예언을 강화시킨다. 사실 해모수를 영웅으로 키운 건 민초들의 열망이 만들어낸 은밀한 소문이었을 것이다. 눈이 멀고 갇혀진 아버지 해모수의 치명적 위험성은 대를 이어 아들 주몽에게로 이어진다. 주몽은 해모수가 그러했던 것처럼 위험해서 제거되어야 하는 것이 아니라, 제거되어야만 하기 때문에 거꾸로 위험한 인물로 만들어진다.

그는 궁궐에서 내쳐지고 끊임없이 죽음에 내몰림으로써 진정한 영웅으로서의 자신의 길을 찾아갈 수 있게 된다. 유약하고 소심한 데다 게으르고 방탕하기까지 한 부여의 셋째 왕자가 자신에게 주어진 운명의 계시를 따라 강인하고 용맹스런 개국의 영웅으로 재탄생되는 것이다. 나약한 왕자와 미래의 영웅 사이, 그 간극이 크면 클수록 그만큼 영웅의 인생역정은 훨씬 극적이고 폭발적인 파괴력을 내장하게 될 것이다.

"만약 팔을 잃게 되거든 내 두 팔을 평생 네 것처럼 써라."

(해모수가 금와에게)

드라마 초반부에서 가장 흥미로운 지점은 주몽이 지닌 두 명의 아버지의 존재이다. 금와(전광렬 분)와 해모수, 젊은 시절 다물군을 이끌었던 혁명 동지인

184

주몽

두 사람의 운명은 부여 선대왕과 신녀 여미을(진희경 분), 부득불의 음모에 의해 극적으로 갈리게 되었다. 부여의 왕이 되어 유화와 주몽을 거두어주는 금와와 왕인 금와조차 모르는 비밀감옥에 20년 세월을 갇혀 지낸 해모수.

이 두 사람은 부여라는 경계의 안과 바깥에 각각 위치하는 동시에 거세하는 아버지/거세된 아버지의 자리를 차지한다. 목숨을 내주어도 아깝지 않을 평생의 동지가 자신들도 모르게 서로 적대자의 위치에 놓여진다. 결과적으로 금와의 무지와 무능은 해모수의 제거(거세)에 대한 암묵적 승인이 되었고, 그의 한없는 자비는 해모수의 여자 유화를 가로챈 것이 되었다.

자비롭고 인자한 아버지 금와의 카리스마는 알고 보면 2인자들에게 악역을 맡김으로써 고고한 왕의 위치를 떠맡는 전형적 권력의 양태를 드러낸다. 권력의 유지를 위해 자신이 알아서는 안 되는 일은 알지 말아야 하는 것이다. 그가 해모수가 죽었다고 생각한 이후로 유민들을 부여 안으로 거두어들임으로써 부여는 강대해진 반면 다물군의 해체는 가속화된다.

해모수의 생존을 안 이후에도 그가 보인 분노와 자책의 액션에 비해 실제로 그가 한 일은 아무 것도 없다. 여미을과 부득불은 아무런 처벌도 받지 않았으며, 해모수와 함께 떠나겠다는 유화에게 해모수를 자신이 거두겠다는 말로 그는 그녀를 붙잡는다. 그는 마지막까지 사랑하는 유화를 결코 놓아주지 않는다. 그리고 그가 유화를 잃기 전에 해모수는 죽음을 맞이해야만 한다.

> *"주몽의 아버지는 지금까지 그래왔듯 금와입니다. 아가씨를 위해서라도 주몽이를 위해서라도 평생 아가씨와 주몽이를 돌봐 준 금와를 위해서라도 제가 떠나야 합니다."*
>
> (해모수)

185

이제 악역은 그의 두 아들 대소와 영포에게로 넘어갔다. 대소의 손에 해모수는 장렬한 최후를 맞고, 짧은 기간 해모수의 '기운과 무공'을 전수받은 주몽은 이제 대소·영포라는 적대자들과 더불어 영웅으로서의 대장정의 문턱을 넘어서게 된다. 해모수의 죽음으로 진정 자유로워진 금와는 이제야말로 자비로움과 인자함을 떨치고 공정한 판관의 얼굴을 되찾으며 주몽을 강인하게 벼리는 뒷배가 될 수 있다.

금와의 권력과 해모수의 혁명성, 살아있는 아버지와 죽은 아버지, 거세하는 아버지와 거세된 아버지, 두 아버지의 합체로서의 주몽은 부여의 안과 밖을 아우르는 명실상부한 권력의 실체가 되어 간다. 두 아버지의 대업을 물려받은 아들로서, 주몽은 결국 한나라에 맞서 무너진 민족을 재건하는 위대한 혁명적 과업을 완수하는 국가의 아버지로 성장해 간다.

신화는 그야말로 판명된 미래를 위해 소급 적용된 정당화의 체계 그 이상도 이하도 아니다. 물론 그 세계 안에는 역사를 통해 확인된 인간들의 응축된 욕망의 심리적 원형들이 내재해 있을 터이다. 드라마 〈주몽〉의 관건은 아마도 그 정당화 체계 내에서 살아있는 인간들의 욕망의 지형도를 얼마나 역동적으로 추적하는가에 있을 것이다. 그 역동성의 우발적 계기가 체계 자체에 파열을 일으킬 수 있다면 더할 나위 없겠지만 말이다. 이제 영웅들의 대장정은 시작되었다.

186

고독한 절대영웅의 부활
〈부활〉

잘 짜인 이야기를 보는 것은 꽤나 즐거운 일이다. 그것이 만화건, 영화건, 드라마건, 앞뒤 아귀가 짝짝 들어맞고, 느슨하지 않게 긴장감을 유지시키는 극적 이야기의 탄탄한 짜임은 그 자체로 완전한 오락물이 된다. 게다가 그것이 미스터리나 스릴러일 때, 이야기의 치밀한 구성은 극의 재미를 훨씬 배가시켜준다. 〈부활〉(김지우 극본, 박찬홍·전창근 연출, KBS)이 바로 그런 경우이다. 뿐이랴? 미스터리에 강력한 멜로라인까지 얽혀 있으니, 금상첨화라 아니할 수 없다. 자칭 미스터리멜로라는 수사가 무색치 않은 미스터리와 멜로라는 두 마리 토끼잡기의 성공은 오랜만에 정통멜로의 정공법을 구사하는 이 드라마에 그토록 열광적인 마니아가 몰리는 이유를 말해준다.

사실 이 드라마의 미스터리 구조는 매우 단순하다. 사건의 전모는 극 초반부에 이미 모두 드러난 것처럼 보였다. 관광호텔 사장 임대식의 자살사건을 수사하던 서하은(엄태웅 분)은 타살을 직감하고 수사하던 중, 이 사건이 20년 전 건

설사 과장의 자살사건, 그리고 그 사건을 수사하던 유건하형사의 의문의 교통사고와 관계가 있다는 것을 알아낸다. 범인은 관광호텔 부사장 최동찬(김규철 분)이었으며, 그 배후의 주범이 J&C그룹의 정상국회장(기주봉 분)과 국회의원 이태준(김갑수 분)임을 밝혀낸다. 또한 자신이 교통사고 차량에서 가까스로 살아남아 버려진, 유형사의 쌍둥이 아들 중 형 강혁이었음을 알게 된다. 20년 만에 만난 쌍둥이 동생 신혁이 하은 대신 죽임을 당하자, 무릉건설 부사장 신혁으로 위장한 하은은 일생일대의 복수를 감행해 나간다.

마지막 반전이 나타날 때까지 드라마는 크게 두 부분으로 나뉜다. 하은이 사건의 내막을 알게 되기까지와 신혁의 죽음 이후 하은에 의해 복수가 완료되기까지. 하은이 사건의 전모를 알게 될 때까지 하은의 시점을 좇던 시청자는 하은과 동시에 진실에 접근해 간다. 시청자는 극 초반에 사건의 주범과 그들의 음모를 알게 되는 것이다. 주인공 서하은이 진실에 접근해간 만큼. 그리하여 서하은과 동일한 권위가 시청자에게 부여되고, 시청자는 정확히 서하은과 동일시하게 된다. 따라서 드라마는 서하은이 주도하는 진실게임으로 진행된다. 그의 카리스마가 드라마를 이끄는 주요 동력이 될 수밖에 없는 것이다.

미스터리의 핵심은 진실을 아는 것, 진실을 알아가는 것이다. 서하은에 의해 펼쳐지는 진실게임의 진실은 두 가지. 하나는 모든 죽음과 사건의 실체-배후가 정회장과 이의원이라는 것, 다른 하나는 유신혁이 서하은이라는 사실. 이 두 가지 진실은 긴밀히 뒤엉켜 하은의 복수를 추동한다. 이 두 가지 진실의 비밀을 가지고 하은(과 시청자)은 범인들과 진실게임을 펼친다. 여기에 미스터리의 꽃인 마지막 반전이 기다린다. 바로 무릉건설 회장인 신혁의 계부 강인철(이정길 분)이 모든 사건의 진짜 배후임이 드러나는 것이다.

게임의 룰은 간단하다. 진실을 아는 자는 죽임을 당하거나 파멸한다는 것. 첫 번째 진실, 범죄의 진실을 아는 자, 그 진실에 접근하거나 진실을 발설하는 자들이 계속 연달아 죽임을 당한 것처럼, 하은은 범인들을 향해 두 번째 진실의 덫을 놓는다. 조금씩 옥죄어 오는 불길한 망령, 하은의 존재를 아주 서서히 알아가게 하는 것, 그들이 그 진실에 완전히 다다랐을 때 그들은 결국 복수의 칼을 받고 파멸당할 것이다.

그러나 진실을 알아야만 하는 것은 단지 범인들만이 아니다. 모든 등장인물은, 그가 하은의 원군이건 적대자이건 모두 그 두 가지 진실을 알아야만 하는 현실에 처한다. 그들 사이에 존재하는 것은 단지 시간차이다. 누가 더 먼저 진실에 다가가는가, 누가 더 많은 진실을 알고 있는가, 그 시간차로 인해 인물들 사이에 갈등이 발생한다. 드라마의 긴장은 그 시간차에 의해 복수複數로 펼쳐지는 몇 겹의 갈등들의 배치에 의한 것이다.

물론 진실의 누설이 마지막 복수를 완성할 때까지, 그 진실을 알아가는 인물들의 순서를 결정하고 시간차를 조정하는 것은 순전히 하은의 권한이다. 이태준 의원의 딸인 사회부기자 이강주(소이현 분)가 직접 아버지의 진실을 되밟아오도록 치밀한 작전을 구사하는 것은 하은이 행하는 가장 잔인한 복수가 된다. 파문이 동심원을 그리며 번져가듯이 진실은 마지막 순간까지 하나하나씩 서서히 밝혀져 나간다. 그 진실게임은 최후의 복수 대상자, 정회장과 이의원, 그리고 마지막 강회장이 모든 사실을 아는 데까지 진행되며, 사랑하는 두 여자 어머니와 은하(한지민 분)가 모든 진실과 하은의 실체를 알게 되는 순간까지 지속된다.

이렇게 촘촘히 짜여진 진실게임이 더욱 힘을 받는 것은 하은이라는 복합적 인물이 내뿜는 독특한 매력 덕분이다. 그는 복수를 수행하면 할수록 자신이 던진 칼날이 부메랑처럼 자신에게 되돌아오는 가혹한 운명에 놓여있다. 신혁으로 살 수밖에 없는 하은이 만들어 내는 사무치는 분노와 원한, 내면적 고민과 혼란에서 오는 고통의 울림은 그에게 인간적 깊이를 부여한다. 두 가지 삶, 두 개의 인물 사이에서 오는 정체성의 혼란은 그를 고뇌하는 인간으로 만들어준다. 그는 억울한 동생의 죽음을 어머니에게도 알리지 못하고, 자신을 대신해서 동생이 죽었다는 죄의식에 시달릴 수밖에 없으며, 그 누구에게도 진짜 자기 존재를 드러낼 수 없는 가장 원초적인 비극 앞에 놓여있다.

자신이 살아있었다는 사실조차 모르고 있는 어머니에게도, 동생 신혁이 마음속에 담고 있던 이강주를 복수를 위해 이용할 때도, 자신의 어머니를 그토록 사랑하는 강회장을 향한 마지막 복수를 감행할 때도, 그 회한과 연민의 감정이 그를 괴롭힌다. 절대악을 향한 복수의 과정은 그에게 최고의 고통을 안겨준다. 무엇보다 자신이 죽은 줄 알고 절망에 빠져있는 은하를 바라보기만 해야 하는 하은의 심정은 통절하다. 하은으로서 은하를 사랑할 수 없는 절대적 고통, 그 비극적 사랑의 감정이 이 미스테리극을 멜로의 정점으로 끌어올린다.

> *"나는 유강혁이며, 서하은이며, 죽은 유신혁의 분신입니다."*
>
> (하은)

그는 고독한 절대영웅이다. 그는 가면 같은 얼굴로 자신의 정체를 숨기는 냉혹하고 외로운 인물이지만, 그러나 그는 또한 무소불위의 권력자이다. 그는 자신만이 모든 진실을 알고 있는 만물을 주재하는 전지전능한 신이자, 모든 처벌과 형량을 결정하는 인간의 얼굴을 한 엄정한 집행관이다. 사실 여기서 정-재

190

계—폭력계 커넥션 따위는 사회악이나 공공의 적으로 그려지지 않는다. 그들은 다만 이 절대영웅의 위용에 걸맞는 거대한 적수일 뿐이다.

이 드라마 역시 이즈음 유행하는 복수극들처럼 자신의 삶을 송두리째 파괴한 악인들을 향해 지극히 개인화된 복수와 처단을 행한다. 하지만 이 절대영웅은 부나방처럼 파국을 향해 직진하는 여느 영웅들과는 다르다. 그에게는 한없이 나약한 인간이 복수를 위해 자신을 파괴할 수밖에 없는 패배와 자멸의 동시대적 비감을 찾아볼 수 없다. 일개 형사 하은이 하지 못하는 복수와 응징은 대기업 부사장, 신혁의 막강한 물리력과 자금으로 가능해진다. 그리하여 우리의 절대영웅은 비극적 영웅으로 죽어가는 대신 장쾌한 모험담을 끝내고 승리자가 되어 귀환하게 된다. 비록 그 자신은 많은 상처를 입었지만 자신의 사랑이 기다리는 원래의 자기 자리로 되돌아온다. 신을 대신해 세계를 건설했던 지난 시대의 무수한 영웅들처럼.

남자, 아줌마 되다
〈불량주부〉

여기 초유의 실업과 환란의 시대를 온몸으로 맞서는 두 부류가 있다. 학벌도 딸리고 별다른 능력도 없이 혈기만 방자한 20대들이 그 하나라면, 세상 살이에 적당히 닳고 적당히 안주하다 뒤통수 맞은 비리비리한 30대 후반들이 다른 하나다. 예의 〈신입사원〉이 전자라면 〈불량주부〉(강은정·설준석 극본, 유인식·장태유 연출, SBS)가 후자에 해당한다. 〈신입사원〉과 〈불량주부〉가 각기 담아내는 이 두 부류의 인간들은 생존 자체가 삶의 목적이 된 이 시대 젊은이들의 초상이다.

직장에서, 사회에서 '살아남는 것', 생존투쟁과 같은 절실하지만 칙칙하고 무거운 문제가 멜로드라마의 주요 테마가 될 수 있는 것은 두 드라마를 가로지르는 코믹 기조 덕분이다. 두 드라마의 코믹 기조는 절망과 모순에 찬 현실을 타고 넘을 수 있는 몇 안 되는 방법들 중 하나이다. 이들 드라마에는 현실과 판타지의 코믹한 교직이 만들어내는 절묘한 긴장이 살아있다.

192

〈불량주부〉는 실직한 남편을 대신하여 7년차 전업주부 아내가 직업전선에 뛰어들면서 벌어지는 크고 작은 해프닝들을 경쾌발랄하면서도 가슴 찡하게 그려가는 코미디이다. 피자회사 영업과장이던 남편 구수한(손창민 분)이 실직을 하게 되자, 호시탐탐 사회진출을 꿈꾸던 전업주부 아내 최미나(신애라 분)는 처녀라고 속이고 그 피자회사에 덜컥 취직을 하게 된다. 그 여차저차의 과정이 좀 생뚱맞긴 하지만 어쨌거나 그렇게 해서 그 둘은 졸지에 가장과 주부의 자리를 바꿔갖는다.

여기에는 정확히 가장과 주부로 역할 분화된 남성과 여성의 가정 내의 위계를 뒤집는 의도적인 전치가 있다. 마초근성이 강한 수한은 자신에게 부하된 경제적 책무에서 벗어나는 만큼 자신이 누렸던 권력을 내놓아야만 했다. 실업이라는 위기상황에 내몰린 그가 강제적으로 받아들이는 주부의 자리는 그에게서 몸에 밴 탱탱한 권위와 허세의 바람을 조금씩 빼놓는다. 반대로 평범하고 소심한 미나는 목소리가 점점 커지고 배짱도 자신감도 두둑해져 간다.

여기에 이 드라마의 첫 번째 포인트가 있다. 역전된 권력관계를 통해 남성들이 행사해온 권력의 정체를 까발리는 것. 남성들이 대대로 누려온 절대권력이 신성불가침의 천부권이 아니라 한낱 경제력에 불과했다는 것. 경제력을 쥐고 있는 자가 권력을 휘두르고 지배자로 군림해왔다는 것. 경제력을 상실한 수한이 열패감과 무기력으로 의기소침하다 못해 발기불능 증세까지 보이는 것은 남성들의 권력의 원천이 무엇인가를 새삼 확인시켜 준다.

그러나 경제력을 상실한 남성들의 억지 권력이 흔히 가정폭력으로 이어지듯이, 남성들이 자신들의 권력을 그렇게 순순히 내놓을 리는 만무하다. 미나와 수한의 갈등과 싸움은 권력의 이동과 반동 사이의 미묘한 줄다리기다. 변화된 현실에 적용하기 힘들기는 미나도 마찬가지. 그들의 오랜 습성은 자꾸 하던 노릇을 반복한다. '내가 직장만 구해봐, 너는 당장 그만둬.' 수한은 허세를 부리고, '그러면 나도 좋지, 살림만 하고.' 미나는 맞장구를 쳐준다.

하지만 이들 둘 다 진심이 아님을 우리는 안다. 이미 사태는 되돌리기 힘든 상황에 이르렀음을 그들 스스로 잘 알고 있기 때문이다. 재미있는 것은 미나가 권력의 획득에 별로 관심이 없다는 사실이다. 아니 그녀는 뒤집힌 권력관계 속에서 그 권력의 쓴 맛을 이미 보아버렸다. 그것이 생각보다 그리 달콤하지 않다는 것, 그 권력이라는 것이 대개는 아주 치사하고 비겁한 것이라는 것. 그녀는 잠시 남편에게 유세도 부리고, 군림도 해보지만 그 얼마나 부질없는 짓이런가? 이렇게 해서 권력의 역전은 현명한 여성에 의해 사실상 수평적 권력이동이라는 쪽으로 방향을 정리한다. 그들이 그렇게 쉽게 화해하고 타협하는 것은 어쩌면 그 권력이 순 허당임을 알게 되었기 때문일 게다.

여기서 이 드라마의 두 번째 포인트가 도출된다. 수한은 권력을 상실하는 만큼 자신을 억누르는 과도한 책무와 과잉 남성성에서도 조금씩 해방된다. 이 드라마는 남편과 아내의 권력관계를 역전시키는 데서 한 걸음 더 나아가 뿌리 깊은 남성성과 여성성의 허구적인 이분법적 도그마에 균열을 일으킨다.

두 사람은 뒤바뀐 역할 속에서 갖은 고생과 수모를 견뎌야 하지만, 각자 자신들의 새로운 생활을 은근히 즐기기 시작했다. 특히 수한은 주부생활에 이력이 붙으면서 자신만의 노하우를 마련하고 자신만의 영역과 공간을 확보해나가기 시작했다. 아이와의 연대는 그가 발견한 새로운 축복이다. 따라서 '미디어세상 열린사람들'에서 이 드라마가 주부의 현실을 미화하고 왜곡한다고 비판한 것은 실상 초점이 어긋난 것이다. 그는 정말로 자신이 잃어버렸던 자기 안의 또 다른

194

자기를 발견하기 시작하는 것이다.

말하자면 구수한은 자신의 남성성 자체에 대한 회의와 자기 안에 내재한 여성성을 발견하고 찾아가는 것이다. 그가 옆집 여자 유진과 만들어가는 관계는 새로운 자신을 찾아가는 과정 중의 하나이다. 그것이 연정인지, 우정인지 명확하지는 않다. 하지만 무엇인들 어떠랴? 그들은 아주 좋은 인간관계를 맺고 있는 걸.

미나가 직장을 다시 그만두기로 하고, 자신이 일자리를 찾아야 할 처지에 몰리자 수한은 불안하고 초조하다. 그는 도살장 끌려가는 소마냥 집 밖으로 발걸음을 옮긴다. 실상 그는 직장생활을 하기 싫은 게 아닐까? 직장을 구하기 위해 왔다갔다하는 그의 모습에선 어떠한 열의도 결기도 느껴지지 않는다. 그는 정말로 직장을 구할 마음이 없는 것 같다. 끝까지 버텨주면 좋으련만, 못내 떠밀려 그가 찾은 마지막 타협점은 앞치마를 두르고 장사를 하는 것이다.

이제 억압적 권력에서 해방되어야 할 자는 남성들 자신이다. 남성이 전업주부로 남는 것이 결코 새로운 대안이 될 수는 없지만, 남성도 선택에 의해– '선택'이 중요하다– 전업주부가 될 수 있어야 하지 않을까? 모든 사람이 돈을 벌어야 하는 것도 아니고, 모든 남성이 돈을 벌어야 하는 것도 아니다. 그것은 남성들이 권력에서 자유로워질 때, 그리고 경제력이 권력이 되지 않을 때, 그때라야 가능한 일일 것이다. 아니 그 반대이다. 남성 전업주부가 늘어날수록 권력의 노예인 남성들의 해방 가능성은 점점 커질 것이다(글쎄, 과연 가능할까?).

〈불량주부〉의 구수한이 잃어버린 것, 그것은 이제는 별로 쓸모가 없어진 과도한 남성성이자 누군가를 지배하고 제압하고자 하는 헛된 권력에의 욕망이다. 그리하여 그가 잃어버림으로써 얻은 것, 그것은 바로 자기 안의 소중한 여성성이자 그로 인해 완성되는 자신의 '인간'으로서의 정체이다. 이것이 바로 〈불량

195

주부〉가 근거 없는 낙관주의와 가족애로의 손쉬운 회귀라는 한계에도 불구하고 소중하게 건져 올린 값진 성과이다.

카리스마가 무너질 때의 코믹 에너지
〈달콤한 스파이〉

드라마가 종방을 향해 치닫는데도, 이것이 어디로 흘러갈지 도무지 알 수가 없다. MBC 월화드라마 〈달콤한 스파이〉(이선미·김기호 극본, 고동선 연출, MBC)가 그 주인공이다. 여전히 스파이들의 정체도 묘연하고, 사건의 핵심도 잘 잡히지 않는다. 도대체 한유일의 정체는 뭐고, 볼펜과 괴문서에 담긴 정보의 실체는 뭐란 거야?

이 드라마가 처음부터 첩보스릴러 겸 형사물에 코미디와 액션, 멜로까지 뒤섞어 놓은 잡탕식 장르 혼종을 내비쳤을 때, 이미 사태는 예견돼 있었다. 느슨하고 엉성한 구성에 이야기는 중심 없이 이리저리 흔들린다. 아무리 골몰해봐야 사건들의 치밀한 중첩이나 기승전결의 아귀가 맞아떨어지는 스토리라인을 찾아보기 어렵다. 그야말로 중구난방에 오리무중이다.

그런데 그럼에도 불구하고 이 드라마, 매력 있다. 아니 사실은 그럼에도 불구하고가 아니라, 그렇기 때문에 매력이 있다. 그 끝을 알 수 없는, 방향이 정해져 있지 않은 예측불허의 즉흥적이고 우발적인 사건이나 상황들의 뒤섞임이 이 드라마가 흥미진진한 진짜 이유이다. 헐렁하고 시시껄렁한 이러한 형식 자체가 이 드라마만의 색다른 재미를 안겨주는 것이다.

주 무기는 역시 LK사단답게 발군의 인물군이다. 주·조연 가릴 것 없이 개성 있는 성격의 인물들이 제각각 살아서 움직인다. 전형성에서 그리 멀지도 않고, 그렇다고 진부하지도 않은 이들 인물들은 제멋대로 제 갈 길을 간다. 하나의 중심을 향해 모아지지도 뚜렷한 결말을 향해 나아가지도 않는 인물들의 버라이어티쇼는 순간순간 우리를 몰입시킨다. 드라마는 어느 한 순간 뜨거운 멜로라인으로 우리를 빨아들이고, 어느 순간은 사건의 추이를 좇아 바짝 긴장하게 하다가, 어느새 한 발짝 떨어져 키득거리게 만든다.

문제의 발단은 순직한 남편 대신 경찰이 된 이순애(남상미 분)가 교통단속 중 집어넣은 볼펜 한 자루이다. 어마어마한 정보가 담긴 것으로 추정되는 이 볼펜을 찾기 위해 국내외의 크고 작은 조직들이 움직인다. 정체불명의 스파이 한유일(데니스 오 분)과 정계의 핵심 인물인 송현철(김일우 분)과 박실장(김용희 분), CIA와 흑룡회, 여기에 한물간 범구파의 최범구(최불암 분) 일당, 이들 모두의 뒤를 캐는 수사과장 강 준(이주현 분)과 박은주(유선 분)가 뒤엉킨다.

도대체 누가 정말 스파이이고, 감추어진 진실은 무엇인가? 이들이 빼앗고 되찾기 위해 좌충우돌, 동분서주하는 볼펜과 비밀서류에 담긴 대단한 정보는 무엇인가? 그런데 드라마가 진행될수록 감추어진 진실이 드러나기는커녕, 그 볼펜과 비밀서류에 담긴 내용은 점점 더 중요한 것이 아닌 것이 되어 버린다. 그것은 어쩌면 빈껍데기일 뿐, 도달하지 못하는 편지와 같은 기표에 불과한 것처럼 보인다.

이 드라마에서 볼펜과 비밀서류의 존재는 단지 주의를 딴 데로 돌리기 위한 날렵한 속임수가 아니다. 빈껍데기인 볼펜과 비밀서류의 존재 그 자체가 바로 이 드라마의 핵심 키워드이다. 진실은 볼펜과 비밀서류에 담긴 내용에 있는 것이 아니라, 그들을 찾기 위해 꾀어드는 권력과 조직들의 커넥션 그 자체에 있다. 빈 껍데기인 볼펜이나 비밀서류의 핵심적 구실은 엄청난 폭발력을 지녀야 할 그것들이 별 것 아닌 것으로 서서히 쇠락하는 상황의 전개에 있다. 어마어마한 진실을 감추고 있는 배후며 거대한 음모나 사건 같은 것은 애당초 있지도 않았던 것이다(또는 그것이 무엇으로 밝혀지든 더 이상 별로 중요해 보이지 않는다).

이것은 등장인물들이 주요한 스파이나 거물급으로 서로가 서로를 오인하는 사태 속에서 잘 드러난다. 단적으로 최범구라는 한물간 보스가 국제적인 명성의 거물 스파이로 둔갑되는 우스꽝스러운 상황을 보라. 그는 실상 허름한 체육관에서 더부살이하는 보잘 것 없는 인물에 불과하다. 이로써 국제적 범죄조직과 국가 유력 정치권, 재계 거물급 인사들이 마구 뒤섞여 그들 사이에 차별이 무화되고, 미국의 CIA와 국제적인 조직, 고위층의 유력인사들이 한낱 무능력한 동네 보스와 동급이 되는 것이다. 정재계를 주름잡는 국제적인 깡패나 동네 양아치나 모아놓고 보면 거기서 거기라는 거다.

인물들 각자는 대단히 카리스마가 넘치고, 뭔가 대단한 일을 하는 듯이 폼을 잡지만, 알고 보면 실수투성이에 어설프기 짝이 없는 별 볼일 없는 인간들이다. 그리 대단하지도 그렇게 위력적이지도 않다. 이 드라마가 재미를 주는 것은 정확히 이 지점이다. 인물들의 카리스마를 아주 살짝 무너뜨리는 절묘한 허점의 노출, 잔뜩 폼을 잡은 인물들이 한순간 놓쳐버리고 마는 긴장. 이 드라마의 재미는 그 카리스마와 긴장이 한순간 무너질 때 방출되는 코믹한 에너지에서 비롯된다. 순애와 유일, 강 준의 로맨스가 펼쳐지는 것도 바로 이 순간이다.

그런데 더 재밌는 건 이 드라마가 정색을 하고 사회비리나 권력층을 풍자하는 것도 아니라는 거다. 여기에는 서늘하고 날카로운 비판적인 시선이 들어가 있지 않다. 선인이건 악인이건 모두 어수룩하고 허점투성이의 인간적인 모습이다. 인물들 사이에는 서로를 탐색하고, 상대의 수를 읽고 허점을 파고드는 치열한 공방전과 대결이 펼쳐지지만, 그들에게는 사생결단의 적개심도 서로에 대한 분노와 증오도 없다.

마치 게임이나 놀이를 하듯, 드라마 속 인물들은 모두 한데 어울려 너무나 인간적인 이상야릇한 공동체를 형성한다. 이렇게 현실감이 증발된 만화적 세계는 역설적으로 뒤죽박죽의 변화무쌍하고 복잡다단한 인간사의 단면들을 우의적으로 환기시켜준다. 어리숙하고 보잘 것 없는 인간들이 살아가는 헛된 몸부림과 발버둥이 귀엽고 사랑스러워 보일 때, 따뜻한 기운이 팽배한 LK드라마의 휴머니즘은 완수된다.

더 이상 드러낼 감추어진 진실 따위는 없다. 감춰진 진실을 파헤쳤던 드라마 〈부활〉의 경우만 봐도 고뇌하는 주인공과 같은 매력적인 캐릭터들이 없었다면 촌스러운 구닥다리 드라마로 끝났을 공산이 크다. 세기말을 경유하며 우리사회를 지탱하는 지배와 권력의 모든 추악한 모습들이 드러났다. 정치인과 재계의 커넥션, 검은 돈의 흐름, 미국 등 강대국의 세계제패 음모 따위는 이제 상식이 되었다. 심지어 가장 전문적인 성역 중의 성역이라고 믿어마지 않던 과학적 성과조차 허위로 밝혀지는 판국이니 더 이상 무엇을 감출 수 있겠는가. 드라마에서 정색을 하고 그들을 까발리려고 덤비느니 차라리 그들을(나아가 스스로를) 웃음거리로 만드는 〈달콤한 스파이〉의 방식이 한 수 위인 것만은 틀림없어 보인다.

글로벌 시대의 남성영웅 판타지
〈해신〉

KBS 대하드라마 〈해신〉(정진옥·황주하 극본, 강일수·강병택 연출, KBS)의 인기는 남성영웅담의 현재적 변화를 말해준다. 이같은 멜로사극의 인기는 〈영웅시대〉와 같은 기업드라마나 한때 잘나가던 액션모험극 류의 남성장르 현대물들이 맥을 못 추는 것과 대비되는 현상이다. 대중문화의 남성영웅담은 기업이나 조폭의 소영웅들의 시효가 다할 즈음 〈친구〉와 〈태극기 휘날리며〉 식의 과거를 거슬러 이제 더 먼 역사적 인물로 귀착되었다.

〈해신〉은 사극과 액션판타지가 만나고 무협과 멜로가 결합됐다는 점에서 이전의 〈왕건〉류의 정통 역사물뿐만 아니라 〈허준〉이나 〈대장금〉 등의 바른생활 국민사극들과도 다르다. 이 드라마는 확실히 최근의 통속적 대중문화의 최고의 성과들을 솜씨 좋게 버무려내고 있다. '해상왕 장보고'의 일대기라는 서사성이 밑그림을 놓고, 그 위에 세 남녀의 일생을 건 운명적 대결과 사랑의 곡절이 화려하게 수를 놓는다.

201

신라와 당나라를 오가며 상권을 잡기 위해 아슬아슬하게 펼쳐지는 몇몇 세력들의 치열한 머리싸움과 무력대결이 빠르게 극 전개를 이끌어 간다면, 그 속에서 유장하게 흐르는 주인공 세 남녀의 비극적 사랑이 극의 호흡을 골라준다. 궁복(최수종 분)과 정년(김흥수 분)의 생사의 고비를 넘나드는 로드무비적 진행은 다양하고 복잡하게 펼쳐 놓은 이야기 갈래들을 하나로 모아주는 안정된 중심축이 된다.

드넓은 대륙, 초원과 사막 위를 말달리는 남성들의 육감적인 실루엣과 높푸른 바다 선상 위에 위태롭게 걸쳐진 영웅들의 비감어린 눈빛은 그 자체로 스펙터클이 된다. 물론 매 회마다 벌어지는 박진감 넘치는 칼싸움 대결을 빼놓을 수 없다. 유려한 액션과 율동적인 몸의 움직임, 합이 들어맞는 검의 부딪침, 날렵하면서도 육중한 검의 무게, 이 모두를 빠르고 또 느리게 잡아내는 카메라워크의 속도와 리듬이 눈길을 잡아끈다.

그런데 정말로 흥미로운 것은 이 드라마에서 그려지는 남성영웅의 변화된 모습이다. 궁복(장보고)은 약자의 편에 서서 세상을 구원하고 정의를 실현하는 기존의 영웅들과는 전혀 다르다. 그는 이순신처럼 위기에 빠진 나라를 구하는 수장도 아니고 임꺽정이나 장성백(〈다모〉)처럼 민중을 대리하는 혁명가도 아니다.

그는 단지 자기 개인의 복수를 위해 싸우는 인물이다. 자신의 어미, 아비를 죽게 하고 자신을 죽음과 맞닿은 모진 운명 속으로 몰아넣은 세상에 복수하고자 할 뿐이다. 궁복의 얼굴에서 〈올드보이〉의 오대수의 얼굴이 겹쳐지는 것은 결코 우연이 아니다. 물론 그의 복수의 대상은 하층 노예 노동에 기반한 서열화된 계급사회라는 거대한 그것이 아니다. 그의 분노와 증오심은 이도형(김갑수 분)과 염문(송일국 분), 자미부인(채시라 분) 등 한정된 몇몇 인물들에게로만 향한다.

이로써 대결의 지점은 명확해졌다. 궁복과 정년이 몸담고 있는 설평(박영규 분)상단과 염문이 있는 이도형상단의 대결구도에 정화(수애 분)가 속한 자미부인상단이 가세한다. 궁복은 단지 이도형과 자미부인을 무너뜨리기 위해 거상이 되기로 결심한다. 그가 서남해안 일대의 해적을 소탕하고자 결심하는 것도 부모를 죽인 해적들에 대한 원한과 더불어 자신의 상권을 보호하고자 하는 개인적 목적에서 비롯된다.

〈해신〉의 매력은 정확히 이 지점이다. 그는 거추장스러운 민족의 이름도 국가의 허울도 걸치지 않는다. 어떠한 대의나 명분도 필요치 않다. 그를 노예신분으로 나게 해 사지로만 몰아넣은 사회를 위해 그가 무슨 희생과 헌신을 해야 한단 말인가? 이 인물은 왠지 이즈음의 우리 모습을 닮아 있다. 신자유주의 글로벌시대의 우리들을. 민족과 국경도 넘어서고 어떠한 구획이나 경계도 뛰어넘는 자유로운 '세계인'이 되고자 하는 우리시대의 열망을.

따라서 〈해신〉의 세계는 선악의 구별이 무의미한 세계이다. 겉으로 드러나는 선악의 구별은 피아彼我를 구별하기 위한 양식적 디테일들에 불과하다. 피아를 불문하고 거래와 교환으로 맺어진 관계들의 집합체이다. 궁복은 자신의 목숨을 구하기 위해 수없이 많은 타인의 목숨을 빼앗아야만 했다. 자신이 살아남기 위해 자신과 똑같은 처지의 검투노예들을 죽여야만 했다. 설평상단의 설대인 역시 상업의 정도와 신의를 강조하는 인물이지만, 그는 눈앞의 작은 이익보다 앞날의 더 큰 이문을 생각하는 기업가정신의 소유자이다. 그가 황실의 비밀 자금을 관리해왔으며, 수십 년간 대운하 운항 독점권을 행사했다는 사실은 그가 결코 '선한(?)' 자본가가 아님을 말해준다.

203

마찬가지로 그 대척점에 놓인 악인들도 마냥 밉기만 한 절대악이 아니다. 이도형과 자미부인 그리고 염장은 수단과 방법을 가리지 않고 이익을 취하는 이들이지만, 자신들의 지위와 권력에 알맞은 매너와 룰을 가지고 있다. 사람을 가려내는 비상한 재주와 사람을 다루는 뛰어난 수완도 있다. 상대를 인정하고 그에 맞는 대우를 해주기도 하며, 자신의 패배를 인정하기도 하는 고수들이다. 그들은 끝없이 펼쳐지는 이 내기게임의 동등한 적수인 것이다. 염장이라는 반영웅이 그토록 주목을 받는 것은 선과 악 양자 사이에 동등하게 배분된 힘의 균형 때문이다. 그는 냉혹하고 잔인하지만 사랑하는 여자를 향한 애절한 마음은 그래서 더 애틋하고 가슴 시리다.

궁복과 염장은 한 배아에서 나서 서로 다르게 자라난 쌍생아와 같다. 그들은 서로가 서로를 알아본다. 그들은 검투장에 선 노예검투사들처럼 서로가 서로를 죽이지 않으면 안 되는 운명에 처하지만 또한 상대가 죽으면 자신의 존재의미도 사라진다는 사실을 알고 있다. 정화라는 인물은 너무도 가까워서 위험한 이들 사이의 거리를 안전하게 벌려놓는다. 이제 세 사람 사이에서 순환하는 애증은 세 상단 사이의 대결을 예리하게 벼리다가도 어느 순간 그 대결을 무화시키는 이중적 포즈를 취하게 된다.

선악의 이분법을 자유롭게 넘나들며, 민족과 국경의 구획을 뛰어넘고 명분과 대의에 속박되지 않는 〈해신〉의 세계는 상당히 매력적이다. 한때 아름다운 기치를 들었던 대기획들이 너무도 자주 개인의 욕망과 자유를 내팽개쳐왔기 때문이리라. 모든 것이 거래와 교환에 의해 이루어지고 경쟁과 적자생존의 냉엄한 현실 법칙이 작동하는 〈해신〉의 세계는 개인들의 욕망과 선택의 자유를 기세 좋게 복원시켰다. 이는 자본과 노동의 전지구적 흐름이 압도하는 글로벌한 우리시대

204

의 투영이다.

남는 문제는 액션이 폭력으로 넘어가는 그 지점이다. 화려한 액션과 볼거리 뒤에 숨은 잔인한 폭력과 살상의 현실이 언뜻언뜻 자신의 본모습을 드러낸다. 우리의 영웅들은 점차 살인병기가 되어간다. 그들에게는 어떠한 반성도 자의식도 없다. 자신이 무슨 짓을 저지르는지도 모르는 채 대규모 살육을 자행하는 살인병기가 되어가는 것이다. 그들은 자신들이 그렇게 벗어나고자 했던 노예신분에서 한 치도 벗어나지 못했다. 그들은 여전히 그들 자신의 운명의 노예이다. 글로벌시대의 '자유인', '세계인'의 모습은 어느덧 검투장에 선 검투노예의 모습을 닮아 있다. 이 영웅들의 비장미는 바로 '세계인'을 갈망하는 노예들의 비극적 운명에서 새어나오는 처연한 향취이다.

서동은 과연 세상을 구원할 수 있을까?
〈서동요〉

정말로 새로운 사극의 시대가 도래했다. 시간과 공간의 무한확대는 거대한 자본과 물량의 투입만큼이나 경이로운 것이다. 새로운 시간과 공간으로의 이동은 그만큼 많은 창조적 자유와 상상력의 확장을 자극한다. 특히 최근의 멜로사극들이 이루어낸 성취는 권위주의 시대사극들이 지녔던 용비어천가 식의 체제 정당화의 논리나 피비린내 나는 권력쟁투로 인한 정치적 허무주의에서 멀찍이 벗어났다는 데 있다.

그렇다고 멜로드라마와 사극의 접합이 탈정치와 보수화의 시대적 흐름 속에 과거의 역사를 단지 로맨스의 새로운 배경으로 끌어다 붙이는 것만도 아닌 듯하다. 기획과 제작의 예리한 촉수는 지나간 과거의 역사 속에서 흥미진진한 드라마를 발굴해낼 뿐만 아니라, 잊혀졌던 인간사의 풍요로운 배면들을 들춰내기도 한다. 물론 이것이 국민의 정부에서 참여 정부로 이어지는 정치현실의 시대적 변화와 그 궤를 같이 한다는 것은 놓칠 수 없는 지점이다.

206

〈서동요〉(김영현 극본, 이병훈 연출, SBS) 역시 이러한 새로운 사극의 추이에 잘 맞아떨어진다. 확실히 〈서동요〉에는 새로운 것들이 있다. 개척되지 않은 과거를 찾아 점점 더 역사를 거슬러가는 요즘 사극들의 추세에 맞게 드디어 삼국시대로 눈을 돌린다. 무엇보다 승자 중심의 주류 역사 기술에서 항시 배제되었던 백제라는 사회를 주 무대로 내세운 것은 특기할 만한 일이다. 제대로 평가받지 못하고 가려져왔던 백제와 그 과학기술에 대한 주목은 드라마의 허구적 틀이라는 뻔한 한계에도 불구하고 값진 시도라 하지 않을 수 없다.

게다가 〈대장금〉의 장금의 뒤를 이어 선화공주라는 적극적이고 진취적인 여성 인물을 되살려내었다. 이것은 '서동요'라는 익히 알려진 노래의 유래를 뒤집어 해석해내면서까지 이루고자 하는 여성 캐릭터의 전진적 배치를 의미한다.

〈서동요〉에는 모든 것이 다 있다. 〈왕건〉도 있고 〈대장금〉도 있고 〈해신〉도 있고 〈다모〉도 있다. 국가와 체제의 경계를 뛰어넘고 극단적 신분의 차이를 넘어서는 남녀의 로맨스가 있고, 격물의 이치를 깨달아가는 선구적 인물들의 치열한 자기 계발의 경쟁적 구도가 있으며, 왕위를 둘러싼 음모와 암투 속에 나라들 사이에 벌어지는 영토 싸움과 전쟁이 있다.

꼼꼼하게 짜인 드라마 구성은 이야기와 에피소드들의 매끈한 연결과 꼬리에 꼬리를 무는 사건들의 적절한 배치로 나타난다. 백제 위덕왕의 숨겨진 자식인 불우한 천덕꾸러기 장이(조현재 분)와 신라의 공주 선화(이보영 분)의 위험천만한 사랑에 신라 귀족 사택기루(류진 분)의 야망에 찬 충정이 가세한다. 삼국의 팽팽한 대결과 주변국들과의 관계 속에서 국가의 앞날과 운명을 등에 진 서로 다른 위치의 세 인물 사이에는 여러 가닥의 복잡한 감정들이 얽혀든다.

그럼에도 이 드라마에는 아쉽게도 결정적인 한방이 없다. 가슴으로 전해 오

207

는 강렬함도, 뇌파를 자극하는 번뜩임도, 육신으로 전이되는 통절함도, 감각에 호소하는 즐거움도 없다. 〈왕건〉의 치밀한 전략과 배포도 없고, 〈대장금〉의 재기발랄과 재치도 없으며, 〈해신〉의 사무치는 원한과 도발도 없고, 〈다모〉의 절절하고 유려한 애증의 판타지도 없다.

> "나무가 되라 하시면 나무가 될 것이고,
> 하늘이 되라 하시면 하늘이 될 것이고,
> 바다가 되라 하시면 바다가 되겠습니다."
>
> 〈장이〉

도대체 〈서동요〉의 이 밋밋함과 싱거움은 어디에서 연유하는 것일까? 별로 과학적이지도 않고 흥미롭지도 않은 과학기술의 놀래키는 전시 때문일까? 우우 거리면서 우왕좌왕하는 조잡한 전쟁씬 때문인가? 무대세트와 의상 등의 스펙터클이 기대에 많이 못 미치기 때문일까? 아무래도 연기자들의 연기가 영 신통치 않아서 그런 게 아닐까? 아마도. 이 모두가 조화를 이루어 상승작용을 일으키는 것일 게다. 하지만 보다 치명적인 원인은 딴 데 있다.

이 드라마는 사실 전형적인 영웅담이다. 어두운 태생의 서동이라는 한 남자의 성장담이자 모험담이다(물론 선화공주의 성장과 모험이 함께 곁들여진다). 거칠고 험난한 세상 속에서 그가 어떻게 한 인간으로 성장해 가는가, 그리고 어떻게 영웅으로 우뚝 솟아오르는가 하는 이야기이다. 영웅은 어떻게 단련되는가? 방황과 유랑을 경유하고, 무수한 시험과 관문을 통과하며, 수난과 고난의 길을 기꺼이 감수하여 마침내 영웅으로 일어선다. 민중의 삶의 현실 속으로 투신하여 애민의 대의와 궁휼의 지혜를 얻어 마침내 왕이 될 자격을 얻는다.

그런데 이 이야기는 실상 고전적인 영웅신화처럼 버려졌던 아이가 제자리를 찾아가는 이야기에 다름 아니다. 말하자면 왕의 아들이 왕이 되는 이야기이다. 여기서 한 번 맥이 꺾인다. 번쩍이는 오색야명주라는 신표만큼 촌스럽고 시대착오적이다. 만물에는 제자리가 있기 마련이고, 서동은 제자리를 찾아 그 예정된 왕으로의 길을 걷는 것이다.

　예정된 길을 가기 위해 드라마는 서동이 얼마나 타고난 천부적인 영웅인지를 증명하느라 여념이 없다. 그는 타고난 신동이자 천재이며, 뛰어난 발명가에 전략가이기도 하다. 아무리 어려운 문제에 맞닥뜨려도 서동의 머릿속에서는 마술상자처럼 짠하고 해결책들이 튀어나온다. 새로운 발견과 발명은 눈 깜짝할 새에 뚝딱 이루어지고, 그 많은 재주를 언제 익혔는지 우리는 도통 알 수가 없다. 서동은 마침내 마법사의 경지에 이른 것이다.

　이 드라마의 마법은 예언대로 이야기가 진행되는 데서 쉽게 확인된다. 이야기를 떠받치는 두 가지 예언, 향로에 불을 피운 자 왕이 되리라는 땅에서 솟아난 예언과 선화 공주가 서동과 정을 통한다는 자작극적 주술이 그것이다. 그 예언들은 너무나 위력적이어서, 주인공들을 자기들도 모르는 사이 예정된 목적지로 스르륵 끌고 간다.

　문제는 그 예언이 현실이 되어가는 지난한 과정의 생생함이 빠져 있다는 점이다. 그 예언을 잊을 만큼의 삶의 무게가 없다면, 그 예언이 과연 이루어질 수 있을까 싶을 만큼의 간난과 신고가 없다면, 그 예언은 공허해지기 마련이다. 근데 어떠한 현실의 어려움과 고난도 주인공들에게만 이르면 가뿐히 비켜가고, 슬쩍 넘겨진다. 현실의 고통은 그들 속을 뚫고 들어가지 못한다. 그야말로 그들은 현실의 고통을 반사(!)시킨다.

고통이 각인되지 않는, 삶의 깊이가 쌓이지 않는 인물에게서 영웅의 풍모를
느끼기는 어려운 일이다. 세파에 찌들지 않고 세속에 때묻지 않는 곱고 예쁘기
만 한 이들에게 어찌 감히 험한 세상을 구원하라고 요구할 것인가? 차라리 이들
이 왕실이나 태학사 안에서 연애를 했더라면 더 잘 어울렸을 텐데. 장금이가 수
랏간에서 자신의 진면모를 부각시켰듯이 말이다. 더군다나 우리의 예쁜 주인공
들에게는 비극적이고 운명적인 로맨스마저 어울리지 않으니 참으로 안타까운
일이 아닐 수 없다.

서동요

태생적 한계 혹은 잉여적 매혹
〈제5공화국〉

📺 ～♡ 　 무소불위의 권력과 영향력을 지닌 방송매체의 가장 약한 고리는 아무래도 정치문제이다. 인기 연예인들의 일거수일투족은 실시간으로 감시하면서, 정치적 사건이나 사안의 진실은 항상 너무 늦게 알려준다. 정치에 관한 한 어떠한 특종보도나 시사다큐나 심층취재도 일종의 시대착오를 드러낸다. 그것은 항상 너무 늦게 도달한다. 그래서 예리한 비판의 칼날이 되지 못하고, 잔치 끝난 뒤의 맥 빠진 박수부대로 남기 십상이다.

　 MBC드라마 〈제5공화국〉(유정수 극본, 임태우·김상래 연출, MBC)의 위치는 어정쩡하다. 그것은 정치문제라고 하기엔 시대착오적이고, 역사라고 하기엔 그 시간적, 심리적 거리가 너무나 가까운 최근세사가 된다. 역사의 수레바퀴를 되돌렸던 주역들은 퇴장 뒤에도 여전히 건승을 과시하고 있고, 민주화와 진보를 위해 온몸으로 항거했던 열혈청년들은 이제 현역정치인들이 되어 무대 위에 서 있다. 싸움은 아직 완결되지 않았고, 망령은 자주 부활하며, 열정과 함성은 시들었다.

다큐드라마를 표방한 이 드라마가 굳이 지금 이 순간 필요하다면 그건 아마도 자꾸 잊혀지는 우리의 쓰라리고 아팠던 부끄러운 지난 시간에 대한 기억과, 잃어버린 순수했던 분노와 열정에 대한 회한 때문이리라.

왜곡과 편향 시비에 휘말리고, 객관화의 함정에 내몰리는 위험을 감수하면서 5공시대를 드라마화하는 이 프로의 첫 번째 의미는 바로 이것이다. 현재적 지평에서 지난 역사의 진실을 마주하는 것. 현재와 과거의 만남, 25년의 시간차가 만들어낸 변모와 훼절의 산란적 확산 속에 자유로울 자 누가 있겠는가?

이 드라마는 우리의 무딘 기억의 촉수들을 아프게 건드린다. 누가 역사의 발전을 가로막았는가? 유혈참극을 밟고 등극한 권력의 실세들에 대한 역사적 심판은 제대로 이루어진 것일까? 그들의 끝없는 탐욕과 광기, 국민에 대한 능멸과 배반의 파노라마가 빠른 속도와 팽팽한 긴장으로 우리를 압박해온다.

그러나 이러한 표층적 의미 아래로 또 한 줄기의 표표한 해석의 흐름이 현존한다. 이것이 이 드라마의 두 번째 의미이다. 다큐가 아닌 이상, 이 드라마의 핵심은 있는 그대로의 객관적 사실을 보여주는 것에 있는 것은 아니다. 감춰진 역사적 사실을 새롭게 파헤치고 드러내는 것에 있는 것도 아니며, 역사에 대한 어떠한 재해석의 시도를 보여주는 것도 아니다. 이 드라마의 핵심은 오히려 역사적 현실과 허구 사이의 긴장에 있다.

현실과 허구 사이의 미세한 틈새 사이에서 언뜻언뜻 얼굴을 들이미는 건 남성영웅들의 웅비와 비극적 파멸, 즉 영웅판타지라는 대중문화의 장르적 코드들이다. 획을 긋는 역사적 전기마다 정의와 명분을 내세우고 지도력과 카리스마로 세를 규합해 목숨을 걸고 돌진해 간 비극적 영웅들이 살아 숨쉰다. 김재규가 그

2/2

러하고, 전두환이 그러하다. 물론 그들은 어떠한 드라마나 영화의 영웅들보다 훨씬 영웅적이다. 한 나라의 운명을 좌지우지한 그들만큼 영웅적인 인물을 또 어디에서 찾는단 말인가?

전두환 미화논란을 비롯한 이 드라마의 모든 논쟁이 시작되는 것도 바로 현실과 허구 사이의 극적 긴장으로부터이다. 그리고 그러한 가열된 논란들이 바로 이 드라마를 둘러싼 유희와 재미 그 자체이다. 닮은꼴 배우들에게서 살아 있는 실제 인물들의 흔적을 찾는 일과 실제 인물들을 그 배역들에 투사하는 적극적인 공명의 심리는 매순간 동시적으로 발생한다. 현실과 허구의 간극을 메우려는 위험한 관극심리를 알아챈 명민한 연출은 그 거리를 떼어놓기 위한 의도적 방어벽을 쳐놓는다. 간간이 삽입되는 자료화면과 육성은 역사적 사실을 환기시키면서도, 그 간극 사이의 긴장을 팽팽하게 유지시켜 준다.

현실과 허구 사이의 좁은 간극, 그 사이에 스며드는 것은 침묵의 순간이나, 미세한 눈빛, 손의 작은 떨림이나 정교한 음악 같은 것들이다. 이들이 바로 드라마의 의미와 재미를 만드는 촘촘한 흐름들을 엮어낸다. 그리고 그 틈새에서 영웅들이 자라난다. 어쩔 수 없는 일이다. 제작자들이 의도하건 의도하지 않았건 이것은 이 드라마의 태생적인 한계 혹은 잉여적 매혹이다.

이제 이 모두를 아울러 형성되는, 더 깊숙이 자리한 세 번째 의미에 대해 논할 시간이 되었다. 인정하고 싶지 않겠지만, 왕조 중심의 모든 사극들, 일련의 공화국시리즈들이 그러하듯이 이 작품 역시 은밀하게 혹은 무의식적으로 남성들의 공모적 지배담론을 재생산해내고 있다. 형해화形骸化되고 축소된 영역 안에 치밀하게 배치된 '그들만의 세계'(그 순간 그것은 세계의 전부이다)는 감히 여성들이나 아랫것들이 범접할 수 없는 견고한 방책으로 둘러쳐져 있다.

그 안에서 이루어지는 위정자와 독재자들의 반란과 반역, 살인과 고문, 부정과 축재, 그 모든 악행들은 국민의 이름으로, 민주와 정의의 이름으로 역사적 단죄와 처단이 이루어지지만, 그것은 단지 남성지배신화의 수정과 개보수작업 안에서일 따름이다.

12·12 군사쿠데타를 둘러싸고 어지럽게 횡행하는 명령불복종, 항명, 지휘체계문란, 쿠데타, 이런 어휘들은 그 자체 완고한 국가 위계체계를 절대화하는 것이다. 보안사령관이 감히 계엄사령관을 연행할 때, 그의 졸개의 졸개들이 계엄사령관과 특전사령관을 군홧발로 짓이길 때 전해져 오는 그 치욕과 분노는 무너진 기강과 위계에 대한 참담한 한탄의 염을 넘어 온전한 국가체계의 복구를 염원하게 만든다.

그리하여 결국 회귀하는 곳, 그곳은 보다 완전무결하고 질서정연하여 더 이상의 사사로운 탐욕과 광기가 발붙이지 못하는 굳건한 권력구조와 지배체제이다. 물론 그 철옹성의 주인은 위대한 남성영웅들로 이루어진 지배엘리트집단이다. 대의와 명분의 깃발을 치켜든 영웅들의 할거와 이합집산, 그들의 목숨을 건 정치투쟁으로 말미암아 위태로운 남성지배신화는 제자리를 찾아간다.

신화는 여전히 신화로 남는다. 균열을 봉합하고 체제를 재정비함으로써 그것은 더욱 견고하고 견실하게 재구축된다. 모든 논란과 논쟁의 위험을 감수하면서 지속적으로 양산되는 정치드라마들의 최후의 효과는 이러한 남성 지배 신화에 닿아 있다. 〈제5공화국〉 역시 그 자장에서 결코 자유롭지 못하다.

주몽은 어떻게 선악의 낡은 틀에 갇혔나
〈주몽〉 Ⅱ

주몽(송일국 분)의 한계는 그가 혁명 2세대라는 것이다. 2세대의 한계는 명확하다. 어떻게 하더라도 그들은 1세대를 넘어서지 못하며, 1세대의 치열함과 무모한 열정을 따라갈 수가 없다. 그리하여 2세대는 1세대에 대한 열등의식과 넘겨진 부채의 무게로 훨씬 복잡한 내면적 갈등에 시달려야만 한다.

그런데 주몽에게는 애초부터 2세대의 자의식과 고뇌마저 박탈되었다. 그는 자신이 미처 깨닫기도 전에 사라진(그의 실제적 죽음에 앞서 이미 존재가 지워진) 해모수(허준호 분)의 적통을 이어받은 적자였던 것이다. 그가 해모수의 적자일 뿐만 아니라, 부여왕 금와(전광렬 분)의 적자로 자라났다는 것, 금와의 친자인 대소(김승수 분)와 영포(원기준 분)보다 오히려 더 많은 애정과 기대로 키워졌다는 것, 이 모든 것이 그가 가진 원초적 한계로 작용한다.

그에게는 자신의 존재를 송두리째 뒤엎을 만한 뿌리 깊은 상처도 애끓는 통한의 시련도 부재하는 것처럼 보인다. 그리하여 그의 목표는 단지 이념형으로만

215

존재한다. 그는 두 아버지를 대리하는 인물에서 한 치도 벗어나지 못하는 것이다. 그는 해모수가 그러했던 것처럼 자신의 존재조건으로부터 혁명가가 되는 것이 아니라, 아버지의 명분과 어머니의 원한으로부터 자신의 역할과 임무를 부여받는다. 이는 부여의 왕자였던 금와의 태생적 한계를 고스란히 답습하는 것이다.

그러나 주몽은 실패한 혁명가 금와와는 달리 조국건설의 혁명을 완수해야만 한다. 여기서 모든 순서는 거꾸로 뒤집혀 있다. 주몽은 자신의 위치를 깨닫고 자신의 임무를 부여받은 이후에야 비로소 뒤늦은 방황을 시작하고 옛 조선 유민들의 참상을 돌아보기 위해 주변국들을 주유하는 것이다. 그는 진지하고 결연한 반면 유민들과의 연대는 안쓰러울 만큼 공허하다. 이것은 정확히 해모수가 걸어간 길을 거꾸로 거슬러가는 것이다. 드라마가 종반에 이른 현재까지 주몽이 결코 해모수의 카리스마와 매력을 뛰어넘지 못하는 것은 너무도 당연해 보인다.

주몽 캐릭터가 이렇게 약화된 것은 이 드라마가 퓨전사극에서 정통사극으로 너무 빨리 회귀해버린 것과 무관하지 않다. 〈다모〉나 〈해신〉에서 드러났듯 퓨전사극의 매력은 광활한 원시적 자연풍광을 무대로 하는 역동적인 전투신과 화려하고 감각적인 영상, 현대적인 음악, 속도감 있는 극 진행과 빠른 편집 등에만 있는 것은 아니다. 그것은 오히려 선악의 경계를 넘나드는 중간자적 인물들의 고뇌어린 선택과 자신의 운명과의 비극적 대결에 있다. 그들은 이것을 얻으면 저것을 잃어야 하고, 원하는 것을 위해 전부를 걸어야 하는 강요된 선택의 갈림길에 부려져 있었다.

그러나 대단히 아쉽게도 〈주몽〉에서는 모든 인물들이 주몽 편과 주몽 반대편으로 너무나 빠르게 분할되었다. 대소와 주몽 사이에서 금와가 자신의 중립적 위치를 버리고 주몽을 택한 것은 사태를 회복될 수 없게 악화시켰다. 한편으로 아비로서의 자식 대소에 대한 끊을 수 없는 애정과 다른 한편으로 못다한 꿈을 대리하는 주몽의 비전에 대한 확신 사이에서 그는 아무런 갈등 없이 후자를 선택했다. 이로써 그는 평생을 짓누르는 해모수에 대한 죄의식과 혁명에 대한 부채감을 벗어날 수 있었던 반면, 그 스스로는 아들과의 권력투쟁에서 밀려 무기력해져 갔을 뿐만 아니라 더 중요하게는 자신의 공적 위치와 내면의 열망 사이에서 갈등하던 자신의 인간적인 매력을 잃어갔다. 그리하여 그가 뒤늦게 아들 대소와의 권력게임에서 승리하여 다시 권력을 되찾았을 때 그는 이제 정반대로 권력에만 집착하는 폭군과 같은 위치로 내몰린다.

주몽 주위에 긴밀하게 배치되어 각기 서로 다른 힘으로 길항하던 다섯 명의 여자들도 동일한 방식의 대립각을 그리며 재편되었다. 가장 치명적 타격을 입은 인물은 바로 여미을(진희경 분)이다. 금와와의 대결 속에서 부여에서 쫓겨난 그녀가 삼족오의 불길한 주인이었던 주몽을 급작스럽게 자신의 주인으로 모시게 되는 전환은 그간의 그녀의 성정에 비추어볼 때 납득하기 힘든 것이었다. 이러한 훼절은 예지력으로 독자적 입지를 지녔던 여미을의 독보적 카리스마를 한순간에 무너뜨렸다.

그러나 퓨전사극으로서의 재미를 결정적으로 반감시킨 것은 무엇보다 멜로 라인의 부실함이다. 주몽에게 마음이 있으면서도 대소와 주몽, 양자의 가능성을 치밀하게 견주었던 소서노(한혜진 분)가 맥없이 주몽에게 올인을 맹세한 것은 그녀 최대의 악수였다. 그녀는 자신의 속내를 너무 쉽게 드러내 보임으로써 주몽과의 멜로의 긴장의 끈을 놓아버렸다.

"왕자님께 제 운명을 걸겠습니다. 제가 거래에 실패하여 목숨을 잃는다

217

해도 저는 아무런 후회도 않을 것입니다."

(소서노)

"저는 떠나지만 제 마음 한켠은 아가씨께 맡기고 가겠습니다."

(주몽)

그녀는 냉정하고 도도한 자태와 끓어오르는 연정 사이에서 좀 더 갈등하고 좀 더 애를 태웠어야 했다. 영리한 현실적 계산과 뿌리칠 수 없는 사랑의 유혹 사이에서 팽팽한 균형을 유지했어야 했다. 아이러니하게도 두 사람이 서로의 사랑을 확인하는 순간 둘 사이의 기대되고 예견된 감정의 파고는 사그라들었다. 둘 사이는 상단의 이해와 정치적 필요의 전략적 제휴 이상의 사랑의 격정으로 끌어올려지지 못한 것이다.

결국 소서노와 주몽의 애정모드는 대소와 설란(박탐희 분)의 정략결혼에 버금가는 무덤덤하고 무미건조한 것으로 가라앉았다. 소서노에 대한 대소의 욕망 또한 그 자신의 대권욕에 비하면 보잘 것 없는 시시한 추문으로 전락했다. 소서노가 우태(정호빈 분)와 결혼하고 나자 새로운 여자 예소야(송지효 분)가 등장하는 여주인공의 순차적 투입은 부영(임소영 분)이 사라지고 나서야 소서노와 주몽의 애정라인이 뚜렷해진 타이밍이 그러했던 것처럼 이 드라마의 멜로라인의 총체적 부실을 단적으로 보여준다.

유화(오연수 분)와 원후(견미리 분) 역시 처음부터 주몽과 대소의 가장 튼실한 조력자이기는 했지만 중반에 접어들면서 이루어지는 두 여인의 변신은 흥미로운 구석이 있다. 두 여자는 왕의 여자 자리를 놓고 신경전을 벌였던 지난 시기와 달리, 권력에 대한 직접적인 야욕을 드러낸다. 각기 자신의 아들을 왕으로 만들기 위해 본격적인 권력투쟁의 장에 뛰어드는 것이다. 금와가 급속도로 무력해진 것도 실상 두 여자의 권력다툼에 그가 말려들기 시작하면서부터였다.

막후 권력의 실세로 부상한 두 여인의 대결이 반복된 태자경합으로 인한 침체에 일말의 활력소가 되기는 했으나, 드라마는 여성들의 궁중암투라는 익히 보아온 양상으로 치달으면서 고답적 권력투쟁이라는 주제로 귀착되었다. 이로써 주몽과 대소로 갈라진 선악의 대립은 더욱 극명하게 명암을 갈랐다.

한나라에 대한 강경론과 유화론의 유서 깊은 대치의 역사는 주몽신화라는 신성불가침의 민족담론을 따라 원색적인 선악 구도로 단순화되었다. 주몽은 모든 역경을 빈번한 천우신조로 버텨나가고, 대소는 자신의 고민이 깊어지기 전에 너무 쉽게 악인으로 돌변해 버렸다.

그리하여 무궁한 상상력의 신화적 세계는 혼미하지만 매혹적인 인간세계를 담은 퓨전사극으로 온전히 전취되지 못한 채 안타깝게도 선악의 낡고 좁은 틀 안에 갇혀버렸다.

약한 자여 그대 이름은 남자
〈봄날〉[4]

📺 ~♡ 한때 터프가이가 이상적인 남성아이콘이었던 적이 있었다. 근엄하고 무표정한 얼굴, 탄탄하고 넓은 근육질의 몸피, 말이 없는 그는 강렬한 눈빛이나 선 굵은 행동으로 자신을 보여준다. 두 어깨는 신념의 무게만큼 견고하며 발걸음은 고뇌의 깊이만큼 진중하다. 불의를 보면 참지 못하는 의협심으로, 대를 위해 소를 버리는 충정으로, 항상 자신감 넘치는 카리스마는 뭇 여성들의 마음을 사로잡았었다.

이 시대 그런 남성이 점점 사라져 가고 있다. 이제 터프가이는 코미디프로의 '복학생'만큼이나 희화화된 존재가 되어버렸다. 신념도, 용기도, 무모하리만치 강력한 카리스마도 점점 그 빛을 잃어버렸다. 대신에 꽃미남이나 섹시가이, 아니면 빈티지룩의 아웃사이더들이 21세기형 남성아이콘으로 새롭게 부상하기 시작했다. 이들은 거창한 것을 주장하지 않는다. 투정부리고 토라지고 매달리면서, 자신들의 얍삽한 속내와 사소한 욕망을 드러내기 시작한다.

이름하여 나약한 남자들이 나타나기 시작한 것이다. 찌질이에 마마보이에 소심남까지 약한 남자들이 여기저기서 출현하고 있다. 엄밀히 말하면 그들이 어느 날 갑자기 하늘에서 떨어지거나 땅에서 솟아난 것은 아니다. 그들은 오랜 시간 어딘가에 숨어 있었다. 여자들의 치마폭 뒤에 혹은 팬텀의 가면 뒤에 꼭꼭 숨어 있었다. 가끔은 야음을 틈타 자신의 본성을 폭력적으로 내보이고 재빠르게 도망가버리곤 했었다. 그러던 그네들이 이제는 드디어 자신들을 가려주던 안전하고 넓은 치마폭도, 근엄하고 말쑥한 가면과 외피도 벗어버리기 시작했다.

드러난 맨얼굴은 흉터투성이의 추악하고 흉측한 그것이 아니다. 오히려 해맑고 파리하다. 상처 입기 쉬운 연약함과 잔뜩 긴장이 어려 있는 예민함은 보기에도 안쓰러운 연민을 불러일으킨다. 이 배면의 얼굴은 여자들의 보호본능을 자극한다. 그들이 위악과 엄살로 자신들의 여린 속내를 드러낼 때, 그들을 다독이고 감싸주는 것은 항상 여자들의 몫이었다. 사실 여성들은 오래 전부터 알고 있었다. 강인하고 위엄있는 얼굴 뒤에 붙어 있는 나약하고 소심한 비겁자의 우울을. 남성들의 이러한 이중적 포즈는 여성들을 붙잡고 가두어두는 두 가지 힘이었다. 한 손에 폭력과 억압, 다른 한 손에 동정과 연민. 여성들은 잔인한 야수의 이면을 보아버린 죄로 그에게 자발적으로 포획되는 미녀와 같은 운명에 처해왔다.

다행히 밤낮과 안팎의 이중생활에 지쳐가는 남자들이 생겨나기 시작했다. 자신에게 맞지 않는 가면과 외피를 떼어내려고 애쓰는 이들에게서는 강고한 남성 지배체제 아래 억눌려온 여성들의 목소리와 공명하는 힘겨운 자활의 몸부림이 느껴진다. 하지만 그것은 그리 쉬운 일이 아니다. 오랜 시간 자신들을 지배해온 내면화된 남성성의 신화에서 벗어나는 것도 쉽지 않을 뿐 아니라, 공범이 되기를 요구하는 지배 사회의 강력한 제재를 피하기도 만만치 않다. 남성 히스테리

221

아들이 생겨나는 것은 바로 이 지점이다.

로고스와 히스테리

히스테리라는 말은 주로 어떤 여성이 공연히, 쓸데없이 혹은 필요 이상으로 신경질을 부릴 때 사용된다. 여자가 성질이 예민하고 별나고 까탈스럽다는 부정적 의미로 히스테리라는 용어가 쓰이는 것이다. 이 말은 '노처녀 히스테리'라는 조어에서 느껴지듯이 때가 되어도 결혼을 하지 않는 노처녀들과 같은, 사회규범과 체제 바깥의 여자들에게 주로 따라붙는 것이다. 이렇듯 일상적으로 사용되는 히스테리라는 용어에는 순하고 길들이기 쉬운 착한 여성을 원하는 남성들의 묵은 욕망이 묻어난다. 이를 뒤집어 말하면 히스테리란 남성들의 욕망의 시선에 복속되지 않는 어떠한 잉여로서의 여성들의 에너지나 리비도를 의미한다고 볼 수 있다.

정신분석학적으로 히스테리의 역사를 논구한 크리스티나 폰 브라운은 여성들의 히스테리가 문자로 쓰여진 남성들의 로고스의 법칙을 거부하는 몸의 언어라는 사실을 명쾌히 밝혀주었다.[5] 그녀에 따르면 로고스라 불리는 근대이성, 남성중심의 거대서사는 문자와 사유, 논리라는 자신의 무기로 자연과 육체, 물질 등을 억압해왔다. 정신과 물질을 억지로 분리시킨 후, 물질을 여자에게 폭력적으로 전가시킴으로써 자신의 우월성을 확립하였다. 자연이나 육체와 등치된 여성은 남성주체의 타자가 되어 역사 'his'tory의 무대 뒤로 사라졌다. 이렇게 억압된 여성들의 욕망이 육체적 증후로 나타난 현상이 바로 히스테리이다. 로고스이성이 승리를 구가하던 19세기 서구에서 여성들의 히스테리 질환은 그 정점을 이루었다. 발작이나 기절, 호흡곤란 등 숨이 넘어갈 듯한 히스테리 증세들은 로고스에 의해 강요당한 '자아부재'를 극단으로 밀어붙임으로써 자신의 존재증명을 하고자 했던 다소 의식적이고 연출된 신체언어였다.

이러한 큰 동작의 과도한 히스테리 증후들은 로고스 이성의 완전한 승리가 이루어지는 19세기를 경과하면서 점차 잦아든다. 이것은 성적 자아로서의 여성이 점차 로고스 아버지의 복제물인 모성적 어머니로 포섭되는 것과 때를 같이한다. 그런데 이렇게 성적 존재인 여자가 사라지는 것은 '어머니'로서의 여자 자신이 성적 존재인 남자 또한 없애고 그를 아들로 바꾸어버리는 결과를 초래한다.[6] 성적 존재인 여자가 어머니로 교체되자 남자 역시 타자의 상실과 그로 인한 성적 자아의 상실로 고통을 받기 시작하는 것이다. 남성 히스테리가 터져나오는 것은 이 때부터이다. 전능하고 총체적인 남성이라는 로고스의 신화는 남자 자신의 목을 치는 부메랑으로 되돌아오게 되었다. 이제 히스테리는 여성, 남성을 불문하고 의학적 증상을 넘어 다양한 전이를 수행하게 되었다.

SBS 미니시리즈 〈봄날〉(원작 일본 NTV '별의 금화', 김규완 극본, 김종혁 연출, 2005)이 흥미로운 것은 이 드라마가 정색을 하고 이들 히스테리아들을 전경화한다는 점이다. 그것도 드라마 역사상 유례없는 남성 히스테리아를.

〈봄날〉의 히스테리아들

〈봄날〉은 방영 전부터 온갖 화제를 뿌리며 한동안 재미있는 드라마에 굶주렸던 드라마 시청자들의 관심을 끌어당겼다. 무엇보다 재벌가의 며느리에서 왕년의 스타로 다시 돌아온 고현정에 대한 사람들의 관심은 26.9%라는 첫 방송 시청률이 말해주듯 범상치 않은 것이었다. 그러나 그녀에 대한 기대는 단지 한 여배우의 화려한 인생역전에 대한 세인의 호기심이라는 차원을 뛰어넘는 것이었

223

다. 여기에는 그녀가 드라마 〈모래시계〉에서 보여줬던 (그전까지의 드라마 역사 상 거의 찾아보기 어려운) 자신의 운명의 주체였던 지적이면서도 자의식 강한 여주인공 혜린이라는 캐릭터에 대한 시청자들의 기대와 열망이 고스란히 담겨 있다고 볼 수 있다. 게다가 〈발리에서 생긴 일〉에서 사랑과 질투의 복잡하고 미묘한 감정을 개인적 스타일의 매력과 완벽하게 매치시킨 조인성을 다시 보고 싶어 하는 시청자들의 호응이 〈봄날〉에 대한 주목도를 한층 높여놓았다.

이러한 기대에 부응하듯이 이 드라마는 최근 주류를 이루는 한없이 가벼워져만 가는 트렌디드라마들과도, 극적 장치로 출생의 비밀을 남발하는 정통멜로물들하고도 일정한 거리를 두고 출발하였다. 물론 이 드라마 역시 한 여자를 둘러싼 이복형제의 사랑싸움이라는 다소 진부한 구도에서 시작된다. 그럼에도 불구하고 이 드라마를 흥미롭고 재미있게 만들어 주는 것은 이들 인물들이 엇갈리는 운명적 사랑에 빠져드는 과정이 매우 생생하고 정교하게 구축되고 있다는 점이다. 여기에는 특히 인물들 개인사를 파고드는 시선의 예리함이 단단히 한 몫을 하고 있다. 세 인물이 가지고 있는 저마다의 내면의 상처와 고통이 그들 각자의 사랑에 깊이와 강도를 더하면서 헤어날 수 없는 애증의 굴레 속으로 그들을 몰아넣고 있는 것이다.

이복형제인 은호(지진희 분)와 은섭(조인성 분)은 종합병원의 의사들이고, 아버지(장용 분)는 그 병원의 원장이다. 번듯한 모범생으로 자라난 은호에게는 어려서 이혼당한 엄마(이경진 분)에 대한 뼈아픈 그리움이 있다. 자신의 의지와 무관하게 의사가 되어버린 은섭에게는 자신의 콤플렉스와 욕망을 모두 아들에게 투사하는 술집마담 출신의 엄마(이휘향 분)가 버티고 있다. 은호는 어머니를 찾아 연고지인 비양도 보건소로 내려오는데, 그곳에서 말을 잃고 자기 안에 갇혀

224

있는 정은(고현정 분)을 만나 사랑에 빠진다. 은호의 애정으로 정은은 말문을 트게 되고 은호는 돌아오겠다는 약속을 남기고 엄마가 있는 강원도로 향한다.

기다리던 정은이 은호를 찾아갔을 때, 은호는 교통사고를 당해 엄마를 잃고 의식불명의 상태로 누워있었다. 형에 대한 애정과 질투, 원망과 회한의 눈물을 흘리는 은섭 앞에 정은이 나타난다. 그리고 은섭은 자기도 모르는 사이 낯설지만 따뜻하고, 매몰차지만 사랑 앞에 한없이 바보가 되는 정은을 사랑하기 시작한다. 은섭은 그녀가 형의 여자라는 사실을 알게 되면서 점점 심한 고통과 갈등을 느끼게 된다. 깨어난 은호는 열세 살 나이로의 정신적 퇴행이라는 해리성 기억장애를 일으킨다. 자신을 알아보지 못하는 은호의 모습에 절망하는 정은, 그리고 그녀를 바라보는 은섭의 마음은 심한 격랑에 휩쓸리는데, 빠른 속도로 기억을 회복해 가는 형을 보는 그의 심경은 더욱 복잡하게 꼬여간다.

여기서 특히 흥미로운 것은 이 드라마가 삼각사랑을 엮어가는 과정 속에 세 사람에 대한 정신분석과 심리치료의 과정을 함께 짜 넣는다는 점이다. 세 사람 모두 히스테리성 증후를 앓았거나 현재 앓고 있다는 점은 독특하다 하지 않을 수 없다.

정은 – 자기현시로서의 실어증

드라마는 실어증에 걸린 정은을 중심으로 시작된다. 그녀는 입을 닫고 자기 안에 갇혀 살고 있다. 제주도 외딴섬 비양도라는 물리적 공간은 그녀가 처한 사회적 단절과 고립을 드러내는 심리적 기호가 된다. 그녀가 말을 잃고 자신을 자기 안에 유폐시킨 것은 그녀 자신이 먼저 거부당했기 때문이다. 그녀는 이중의 거부에 직면했다. 오케스트라 입단이 좌절됨으로써 피아니스트로서의 사회적–

횡적 자기 정체를 상실했으며, 재가한 어머니에게 외면당함으로써 자신의 가족적—종적 정체성마저 상실하였다. 이러한 이중적 거부로 인한 자기 상실은 실어증이라는 자기현시로 나타났다.

그녀에게 실어증은 자기 자신의 역설적 존재증명이자 의도적으로 연출된 제스처이다. 그녀는 말을 '못 하는' 것이 아니라 '안 하는' 것이다. 그것은 자기 외부와의 일체의 소통과 접속을 거부하겠다는 자기표현의 방식이자 사회적 발언의 형식이다. 확실히 말의 부재는 육체를 통해 자기 존재감을 도드라지게 하는 매우 효과적인 방법이다. 허공에 날리는 찰나적인 소리의 휘발성 대신에, 몸짓과 표정의 미세한 떨림과 흐름을 통해 그녀는 자신의 현존을 광경화한다. 그것은 비교적秘敎的이고 신비로우면서도 광포하고 날카로운 어떤 힘을 지닌다. 이는 그녀가 자신을 거부하고 억압하는 세상에 대해 온몸으로 재현하는 전치된 히스테리 증세이다.

소통을 거부하면서 소통을 갈망하는 정은의 소리 없는 절규는 은호에게 가닿는다. 은호는 대번에 그녀가 자신의 잃어버린 어머니이자 자신과 동류의 쌍생아 같은 존재임을 알아본다. 어머니의 상실에 따른 내면의 상처와 고통을 공유하는 두 사람은 서로에게서 자기 자신을 발견한다. 이들은 이제 가슴 속 밑바닥에 꾹꾹 눌러 담았던 사무치는 외로움과 그리움을 밖으로 토해낸다. 그리하여 드디어 타인에게로 가는 통로를 발견한다. 정은이 말을 되찾고 피아노를 다시 칠 수 있게 된 것은 은호라고 하는 동일시된 타자를 경유함으로써 이다. 두 사람의 상처의 교환과 내밀한 소통이 사랑이라는 형식을 얻게 되는 것은 당연해 보인다. 정은과 은호의 사랑이 이 드라마의 첫 번째 사랑이다. 은호의 사랑으로 정은은 자신의 히스테리에서 빠져나와 한 발짝씩 조심스럽게 사회를 향해 나아간다.

은섭 - 아버지에 대한 거부의 히스테리

멜로드라마의 남자주인공들은 그야말로 로고스의 화신들이다. 그들은 부와 명예, 권력 등과 더불어 여성을 사랑할 줄 아는 능력까지 지닌 완전한 남성이거나 아니면 자신에겐 없는 그 힘들을 얻기 위해 위태로운 욕망의 사다리를 오르는 비운의 주인공들이다. 그들이 아무리 반항아적 액션을 취하는 변주를 구사한다 해도, 그것이 아버지 로고스의 자장 안에서 이루어진 헛폼이었음이 조만간 만천하에 드러나고 만다. 어느 곳에 자리하건 그들이 사회의 지배적 가치와 체제를 구현하는 인물들임에는 틀림이 없다. 그들이 마지막에 여성을 차지하는 것은 자신들의 권능에 완전무결이라는 마침표를 찍는 상징적 의례이다.

헌데 우리의 주인공 은섭은 이들과는 확실히 다르다. 그는 아버지 로고스를 '의도적, 의식적으로'가 아닌 '육체적으로' 거부하는 것이다. 자신의 전능한 아버지에 대한 거부와 반란은 말(아버지의 언어, 즉 논리)이 아닌 육체적 증후로 나타난다. 자신의 억압된 욕망의 육체적 증후로서 히스테리를 일으키는 것이다.

그 아버지가 다름 아닌 종합병원의 병원장이라는 사실은 꽤나 의미심장하다. 의사란 육체에 대한 정신의 정복에 낙인을 찍은 근대의 마지막 승자이다. 따라서 그들이 사회 최고의 지성인 동시에 지배엘리트가 된 것은 로고스중심의 현 체제에서는 너무도 당연한 일이다. 병원장인 아버지는 로고스를 상징하는 대문자 아버지가 되는 것이다. 그 아버지는 두 아들 은호와 은섭을 모두 번듯한 의사로 키워냈다.

하지만 은섭은 아버지가 만들어 놓은 그 질서 안에 포섭되기를 '육체적으로' 거부한다. 그의 나약하고 여린 성정은 아버지의 권위에 직접적으로 저항하거나 불복하지 못하고 자신의 거부를 그저 육체적 증후로 치환시킨다. 그는 상처나

227

피를 보면 구토를 하고 환자 앞에서 벌벌 떨면서 땀을 흘린다. 그는 의사가 되기 위해 필요한 것들, 냉정함과 무심함을 갖추지 못했다. 냉정함과 무심함은 환자를 정신이 배제된 육체이자 물질로 바라보았을 때만 가능한 것이다. 의료행위란 정신의 구현체인 의사가 육체와 물질을 대상화하는 것, 터져 나온 피와 살을 봉합해서 육체와 물질을 온전한 정신의 그릇으로 만드는 것이다. 하지만 은섭은 터져 나온 피와 살에서 인간의 영혼과 정신, 욕망을 본다. 즉 그는 육체와 정신을 분리시키지 못하는 것이다.

은섭의 내상의 직접적 계기는 어릴 적 어머니가 아버지의 메스로 자신의 팔목을 긋는 장면과 아버지가 수술 도중 사람을 죽이는 현장을 목격했다는 사실이다. 이 두 가지 기억은 아버지 로고스가 자기 존재의 완성을 위해 어떻게 육체적 타자들을 유린하고 말살시켜 왔는가를 보여주는 징후적 편린들이다.

은섭의 히스테리가 성적 자아로서의 어머니의 히스테리와 닮은꼴을 이룬다는 것은 남성 히스테리아들이 가지는 내면의 '여성성'[7]의 근원에 대한 해답의 실마리를 제공한다. 아버지 로고스는 여성들의 성적 자아를 억압해왔을 뿐만 아니라, 자기 안에 있는 '여성성'마저 말살해버렸기 때문이다. 이로써 아버지 로고스는 전능성을 얻은 대신 성적 존재로서의 남성적 자아를 상실하게 된다. 은섭이 보여주는 육체적 증후는 잃어버린 남성적 자아를 찾기 위한 절망적 몸부림이다. 그것은 자기 안에 잃어버린 '여성성'을 회복함으로써만 가능한 것이다.

억압된 자신의 욕망을 육체적 증후로 치환하는 과정을 통해 은섭은 자신의 존재를 지탱한다. 화려한 옷을 입고 재즈카페에서 콘트라베이스를 연주하는 도취된 그의 모습은 잃어버린 자신의 여성성과 더불어 자신의 육체를 구원하기 위한 섬세한 조율이다.

228

그런 그 앞에 정은이 나타난다. 교통사고 후 의식불명으로 병실에 누워있는 은호를 찾아온 여자, 형의 사고로 절망과 회한에 휩싸인 은섭의 가슴에 꼭 그만큼의 간절함과 절박함으로 은호를 바라보는 정은이 들어오기 시작한다. 정은으로 말미암아 은섭의 히스테리 증후들은 조금씩 치유되기 시작한다. 아니 한 여자를 사랑하게 되면서 그는 자신의 상처를 망각한다. 형의 여자를 사랑함으로써 비롯된 더 큰 고통과 갈등이 그의 히스테리 증후들을 가리고 지워버린 것이다. 이렇게 시작된 정은과 은섭의 사랑이 이 드라마의 두 번째 사랑이다.

은호 – 어머니의 상실과 정신적 퇴행

아버지 로고스가 되는 것은 그리 만만한 일이 아니다. 은호와 은섭은 각자 서로 다른 내면의 상처와 고통을 가지고 있고, 로고스가 되려면 각자 자기 몫의 대가를 치르고 힘겨운 시험과 관문을 통과해야만 한다. 그들 상처의 근원은 아버지의 두 여자에 맞닿아 있다. 은호의 버려진 어머니와 현존하는 은섭의 어머니. 이 두 어머니는 각기 두 아들의 존재의 뿌리에 해당한다.

은호의 상처는 부재하는 어머니에서 비롯된다. 어려서 이혼당한 부재하는 어머니에 대한 그리움이 그의 잠재된 고통의 근원이다. 겉으로 항상 반듯하고 모범생인 은호는 자라면서 남들 모르게 새어머니 골탕먹이기에 골몰하는 이중성을 지녀왔다. 그는 자신이 받은 상처를 은밀한 방식으로 새어머니를 향해 뱉어내왔다. 은섭의 존재 역시 그에게는 애정과 연민, 증오와 질시의 이중적 거리에 놓여 있다.

은호를 키워낸 것은 사실 부재하는 어머니이다. 언젠가 어머니를 다시 만날 수 있다는 기대와 희망으로 그는 자기 삶을 지탱해왔다. 어머니와의 만남을 계

229

속 유예시키면서 아버지가 원하는 훌륭하고 번듯한 의사로 성장한 것이다. 그런 은호가 나이 서른이 되어 가까스로 어머니를 찾아낸다. 머나먼 강원도의 한 구석에서 아이들에게 피아노를 가르치면서 혼자 살아가는 어머니. 그녀는 은호가 꿈속에서도 그려왔던 변하지 않은 모습 그대로의 어머니였다. 어린아이처럼 재잘거리며 잠시 행복을 만끽하는 은호, 그가 굳게 다짐한 어머니와 정은과 함께 비양도에서 살겠다는 소박한 결심은 애초부터 불가능한 것이었다.

은호가 교통사고 후 어머니의 죽음을 받아들이지 못하고 어린시절로 퇴행하는 것은 그가 보여줄 수 있는 극단적인 히스테리 증세이다. 자기 눈으로 어머니의 죽음을 목격해야만 했던 정신적 외상이 해리성기억장애라고 하는 부분 기억 상실을 가져온 것이다. 이러한 무의식적, 심리적 반응은 외부 현실이 자신에게 가하는 고통과 억압을 거부하기 위해 스스로 조직하는 육체적 히스테리 증후라고 할 수 있다.

어머니를 상실한 은호는 자신의 과거 속으로 되돌아감으로써 새로운 어머니, 정은을 받아들이고 거듭 태어나기 위한 준비를 마친다. 그는 정은을 통해 어린 아이에서 어른으로 다시 자라난다. 자신이 그토록 갈망했던 '어머니' 정은의 사랑으로 그의 정신적 외상과 오랜 내면의 상처가 동시에 치유된다.

세 사람이 지니는 히스테리성 증후는 모두 자신을 짓누르는 심리적, 정신적 억압이 육체적으로 발현된 무의식적 증상이라고 할 수 있다. 그렇다면 이들이 히스테리를 일으키는 근본적인 원인은 무엇일까? 이들을 짓누르는 심리적, 정신적 억압의 정체는 무엇인가? 그것은 다름 아닌 우리사회의 아버지들이 만들어 놓은 로고스중심의 사회질서이다. 근대이성과 정신이 구현한 가부장질서가

봄날

이 세 사람의 정신적 외상의 근원적 실체이다.

아버지 로고스가 이루어 놓은 가부장체제는 남성성과 여성성의 폭력적 분리와 위계화로 남성중심의 사회질서를 공고히 하였다. 남성에 의한 여성의 복속이 보편적인 자연법칙이라는 이름을 얻어 촘촘한 사회 그물망 안에 여성들을 가두어버렸다. 여성들의 육체와 성적 자아는 억압되었다. 여성은 무성적인 '모성적 어머니'로 귀속되거나 그렇지 않으면 체제 바깥으로 내던져졌다. 여성과 모성적 어머니 사이의 간극은 좀처럼 메워지지 않는다. 그 간극 사이의 어딘가에서 여자들은 뿔뿔이 흩어졌다.

그 결과는 우리의 세 주인공이 공통적으로 겪고 있는 어머니의 상실이다. 그들이 꿈꾸었던 모성적 어머니는 애초부터 부재했던 것이다. 문제는 이들이 어머니의 상실과 더불어 자기 내부의 여성성을 상실하게 되었다는 것이다. 아버지 로고스에 의한 여성성의 억압은 물론 자기 정체성의 상실로 나타난다. 세 인물이 아버지 로고스를 거부하는 히스테리를 일으킨 것은 어찌 보면 당연해 보인다.

이들이 잃어버린 자기 자신을 찾기 위해 벌이는 처절한 싸움 앞에 이들을 치유해 줄 사랑이 놓여있다. 이들 세 사람이 각각 나머지 두 사람으로부터 자신의 상처를 찾아내고 치유해가는 과정은 이들 모두를 성숙시킬 닫히지 않는 연쇄적인 감정과 소통의 교환과정으로도 볼 수 있다.

오이디푸스 삼각형과 히스테리 아들들

한 여자와 두 남자 사이에서 순환하는 사랑은 흥미롭게도 새롭게 변형된 오이디푸스 삼각구도를 형성한다.

은호와 은섭은 원래 각자의 오이디푸스 삼각구도 안에 위치해 있었다. 이들은 어머니, 아버지와의 삼각관계 속에서 자신의 성적 존재로서의 남자를 소멸시키고 아버지 로고스가 되도록 강요받았다. 이들의 오이디푸스 삼각구도가 하나로 겹쳐지지 못하는 것은 아버지의 여자가 하나로 통합되지 못하고, 모성적 어머니와 성적 어머니라는 두 명의 어머니로 분열되었기 때문이다. 이러한 분열은 로고스인 남성이 세계에 대한 자신의 전유방식에 따라 여성을 탈육체화(정신화)하는 과정에서 비롯된 후유증에 다름 아니다.

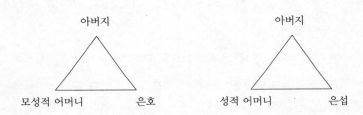

은호의 어머니는 모성적 어머니이다. 그녀는 남편에게 버림받은 후 20년 세월을 홀로 살아왔다. 그녀가 새로운 남편이나 새로운 자식 없이 혼자 살아왔다는 것은 오랜 세월을 이겨낸 그녀의 박제된 모성성을 나타낸다. 게다가 아이들에게 피아노를 가르치면서 연명해왔다는 것은 그녀가 친아들 대신 유사자식들을 통해 여전히 어머니로서의 위치를 유지해왔음을 보여준다.

은호의 모성화된 어머니는 부재함으로써 자신의 (신화화된) 모성성을 완수한다. 은호는 부재하는 어머니로 인해 '모성적 어머니'에 대한 환상을 키우게 된다. 그리고 그러한 신화화된 모성적 어머니를 통해 자신의 로고스를 완성해 가도록 요구받는다. 그가 반듯한 모범생으로 자라난 것은 성인이 되면(아마도 의사가 되면) 어머니를 만날 수 있다는 아버지의 약속 때문이다. 그는 모성적 어머니에 대한 환상으로 힘겨운 날들을 버텨왔다. 그 자신 아버지 로고스가 되어 어머니를 얻고자 하는 욕망으로 아버지에 근접해 갔다. 그런 그에게 어머니의 죽음은 자신의 존재기반을 허물어뜨리는 총체적 위기로 다가온다. 그가 정신적 퇴행과 같은 극단적인 히스테리를 일으키는 것은 꽤나 당연해 보인다.

은호의 어머니가 모성적 어머니인데 반해, 은섭의 어머니는 성적 어머니이다. 아버지의 현재 아내인 그녀는 자신의 열망과는 다르게 모성적 어머니가 되지 못하고 성적 어머니로 남아있다. 그녀는 과잉여성성의 기표들로 채워져 있다. 육감적인 몸매를 훤히 드러내는 옷차림과 진한 화장, 요란한 머리스타일은 그녀의 잉여적 리비도의 외화이다. 그녀는 무뚝뚝하고 무심한 남편을 향해 끊임없이 사랑을 갈구한다. 때론 교태를 부리고 때론 칭얼대면서 그녀가 얻고자 하는 것은 남편의 사랑임과 동시에 그의 아내로서의 안정된 지위이다. 그러나 그녀는 그 어느 것도 완전히 얻지는 못했다(고 생각한다). 은호와 은호 어머니의 존재는 그녀의 위치를 잠재적으로, 그러나 항시적으로 위협한다.

성적 어머니는 자신의 탈육체화되지 못하는 성적 자아를, 충족되지 않는 욕망을 히스테리로 치환한다. 사실상 그녀는 이 드라마의 최초의 히스테리아이다. 그녀는 자신의 육체를 무기로, 자신의 육체에 고통과 열망의 흔적을 아로새김으로써 자신의 존재를 현시한다. 남편에 걸맞는 지성과 교양을 갖추어 모성적 어머니의 자리를 얻기 위해 애를 써보기도 하지만, 그것은 그리 쉬운 일이 아니다. 그녀의 욕망은 아들 은섭에게로 투사된다. 그녀에게 은섭은 자신의 분신이자 남편을 대신하는 대리물이다. 그녀는 자신의 출신에 대한 콤플렉스를 아들을 통해 보상받고자 하는 동시에 그 아들을 자기 손아귀에 소유하려 든다. 그러나 그녀의 모든 노력은 번번이 실패한다. 그녀는 남편으로부터도 은섭으로부터도 인정받지 못한다. 흔들리는 자신의 위치에 대한 불안과 공포는 그녀를 자살소동과 같은 상습적인 히스테리 증세로 몰고 간다. 그녀의 젊은 정부는 그녀 자신의 잉여적 성적 자아를 배출하는 은밀한, 그러나 헛된 통로이다.

은섭은 자신의 어머니의 욕망으로부터 자유롭지 못하다. 그는 어머니의 욕망의 대리자로서 오이디푸스 삼각형의 꼭지점 안에 위치해 있다. 어머니의 욕망을 좇아 그녀의 주문 呪文처럼 '착한 아들'이 되어 아버지 로고스의 위치에 다다라야만 한다. 번듯한 의사가 되어 아버지의 과업을 이어가야만 한다. 무엇보다 형 은호를 능가해야만 한다. 하지만 은섭은 자신의 히스테리 어머니의 더블이다. 그는 자신의 어머니가 그러했던 것처럼, 로고스의 질서에 부합되지 않는 잉여적 욕망을 갖고 있다. 그것은 넘어설 수 없는 아버지와 형의 거대한 벽에 가로막힌 소심한 2인자의 열패감과 뒤섞여 있다. 그의 어머니가 자신의 억압된 성적 자아를 히스테리로 치환한 것처럼 그 역시 아버지와 어머니의 로고스적 욕망에 의해 억눌린 자아를 히스테리로 표출한다. 그가 자신의 어머니와 차이가 있다면, 그건 그 스스로가 로고스의 질서를 벗어나고 싶어한다는 점이다. 그는 자신의 잉여적 욕망 자체를 욕망한다.

자신들의 오이디푸스 삼각형으로부터의 이탈을 꿈꾸는 은호와 은섭, 이 두 명의 히스테리 아들들은 이제 정은이라는 여자를 통해 자신들의 히스테리를 치유하고 새로운 오이디푸스 삼각형 안으로 들어간다. 이 두 남자에게 정은은 새로운 어머니가 된다. 그러나 정은의 의미는 은호와 은섭에게 동일하지 않다.

버림받은 어머니와 자신을 동일시하는 은호에게 또 다른 버림받은 여자 정은은 어머니의 대체자로서 동일시의 대상이 된다. 은호가 '고장 난' 정은의 내

234

면의 상처를 치유하고 말을 찾아준 것처럼, 정은은 은호가 어린아이에서 성인으로 다시 태어날 수 있도록 그를 보살피고 돌보아준다. 그녀는 은호에게 새로운 모성적 어머니가 되는 것이다. 그가 어린시절의 외롭고 아픈 기억들을 되밟아 올 동안, 은섭과의 힘겨운 화해를 치를 때도 그리고 첫사랑을 바라보고 있을 때도 그녀는 한결같이 은호를 기다리고 지켜준다. 그 치유의 예정된 결과는 당연히 은호가 완전한 로고스 남성이 되는 것이다. 그것은 은호가 그토록 꿈꾸었던 모성적 어머니와의 완전한 합일이자 자신의 로고스 남성의 완성이다.

그러나 은섭에게 정은은 모성적 어머니이자 성적 자아라는 이중적 의미를 지닌다. 은호의 여자로 은섭 앞에 나타난 정은은 그를 아버지 로고스 곁에 포박시키면서 상반된 두 가지 힘으로 그를 양쪽으로 잡아당긴다. 은섭이 정은을 만나면서부터 자신의 육체적 증상들을 조금씩 극복해나가는 모습은 로고스의 대리자인 모성적 어머니로서의 그녀의 위치를 보여준다. 첫 만남부터 눈물을 닦아주고, 그의 심약함과 두려움을 꾸짖으면서도 달래주는 정은은 그가 가져본 적 없는 모성적 어머니의 현신이다. 하지만 다른 한편 그녀는 형의 여자임에도 불구하고 은섭을 유혹하는 성적 자아이기도 하다. '그러지 말아요'라는 정은의 반복되는 대사는 그에게 금단의 열매만큼이나 유혹적이다.

은호가 모성적 어머니인 정은을 통해 자신의 로고스 남성을 완성해 가는 것과는 달리, 은섭은 정은으로 인해 로고스 아버지에 대한 거부와 수용의 갈림길에서 심하게 흔들리게 되는 것이다. 이렇게 해서 세 사람은 새로운 오이디푸스 삼각형 안에 위치 지워진다.

235

은호

정은　　　　　　　　은섭

　은호는 정은과의 사랑을 통해 자신의 정체성을 되찾고 안전하게 아버지의 품
안으로 회귀했다. 이제 그에겐 정은과 결혼해서 아버지 로고스의 권좌에 오르는
일만 남아 있다. 그가 정은과 결혼 후 비양도 보건소로 내려가겠다고 공언을 하
는 것은 말 그대로 헛소리가 될 것임에 틀림없다. 공교롭게도 병원장인 그들의
아버지가 심장병으로 위기를 맞이한 것은 때 맞춰 은호의 발목을 붙잡는 계기
가 된다. 그는 결코 자신의 아버지를 배반하지 않는다. 배반은커녕 아버지의 체
제에서 한 발짝도 벗어나지 않는다. 그렇게 은호는 아버지 로고스가 되어 간다.
　은호의 모성적 어머니와 은섭의 성적 어머니는 정은을 통해 하나로 통합된
다. 형의 여자인 정은이 은섭의 욕망의 대상이 되면서 세 사람이 만드는 오이디
푸스 삼각형은 팽팽한 긴장을 유지한다. 정은은 두 남자의 사랑 사이에서 갈등
한다.
　은호의 사랑이 아버지 로고스가 되기 위한 통과의례인 반면에 은섭의 사랑은
아버지 로고스의 질서에 어긋나는 금지된 사랑이다. 형의 여자에 대한 욕망은
아버지에 대한 거부만큼이나 강렬한 힘으로 그를 잡아당긴다. 사랑을 갈구하는
그의 육체는 착한 아들, 착한 동생이 되고자 하는 머릿속(정신)의 명령을 배반한
다. 은섭은 로고스의 질서에 따라 형의 여자를 포기하고 착한 동생으로 남을 것
인가 아니면 자신의 성적 자아를 찾아 금지된 사랑을 얻을 것인가 하는 갈림길
에 놓이게 된다. 은섭은 형을 따라 위대한 로고스의 안정된 체제 속으로 귀의할

236

것인가 아니면 아버지 로고스의 견고한 성채에 구멍을 낼 것인가?

지금까지 은섭은 아버지 로고스가 되고자 하는 욕망과 아버지 로고스를 거부하고자 하는 욕망 사이에서 갈등해왔다. 이는 그가 형 은호에게 갖는 양가적 감정과 궤를 같이 한다. 항상 은호가 하는 모든 것이 멋져 보이고 은호처럼 되고 싶다는 선망과 그를 인정하고 싶지 않은 질투와 반발 사이에서 갈등해온 은섭에게 정은은 마지막 시험이다. 은호의 기억장애를 계기로 과거의 시간 속으로 되돌아간 은호와 은섭이 서로의 아픈 기억과 상처를 발견하고 치유해가는 과정은 은섭이 모든 것을 포기하고 형의 여자를 선택하는 것이 그리 쉽지 않을 것임을 암시한다.

아니나 다를까 드라마는 중반을 넘어가면서 은섭이 과감하게 형의 여자를 향해 돌진하지 못하고 외곽을 맴돌면서 지지부진한 변죽만 울리는 양태로 나아갔다. 소심한 은섭이 뽑아든 칼을 찔러보지도 못한 채, 자신의 발등만을 찍고 있는 형국이다. 드라마는 명확한 중심 갈등라인에 들어가지 못하고 따로 노는 세 사람의 똑같은 감정만을 지루하게 반복하고 있었다. 시청률이 떨어지고 네티즌들이 실망스럽다는 반응을 쏟아낸 것도 당연한 노릇이었다.

늦었지만 돌파구는 다른 곳에서 마련되었다. 반갑게도 정은이 구원투수로 나섰다. 정은이 은섭에 대한 사랑을 깨닫게 되면서, 정은 쪽에서 먼저 은섭을 향해 다가가기 시작한 것이다. 수동적이고 답답한 모습으로 두 남자의 사랑을 받기에만 여념이 없던 정은이 자신의 사랑을 확신하고 그 사랑을 향해 조심스럽지만 먼저 손을 내민 것은 점점 재미없어지던 이 드라마에 그나마 활력을 불어넣는 계기가 되었다.

결말은 정은과 은섭의 사랑이 결실을 맺는 것으로 귀착되었다. 그리하여 은

237

호와 정은, 은섭의 팽팽한 오이디푸스 삼각형은 정은과 은섭의 이탈로 완전히 와해되었다. 정은은 모성적 어머니의 자리를 박차고 성적 자아로서의 자신의 정체를 찾아간다. 히스테리 아들 은섭은 아버지의 여자를 꾀참으로써 오이디푸스 삼각형을 무너뜨리고 아버지 로고스 체제에 일대 타격을 가하는 최후의 승리자가 되었다.

그런데 드라마는 여기서 다시 한번 타협과 화해를 위한 마지막 액션을 구사한다. 패자인 은호의 의미심장한 부활이 목도된다. 형의 여자를 빼앗고 아버지 로고스의 체제에서 이탈해 간 은섭의 사랑이 그렇게 치명적인 것이 되지 않을 수 있도록 로고스가 된 은호의 한없이 너그러운 용서와 포용이 뒷받침되는 것이다. 정은과 은섭의 마지막 맺어짐은 은호에 의해 주도되고 베풀어짐으로써 은호가 은섭에게 정은을 양도하는 듯한 합법화(?)가 이루어진다.

위대한 아버지 로고스는 자신을 배신한 패륜 아들을 사랑과 용서로 끌어안는 너그러움과 넉넉함의 위용을 과시한다. 아마도 은호는 유학을 마치고 돌아와 아버지 병원을 물려받아 젊은 피의 수혈로 아버지 로고스 체제를 더욱 공고히 할 것이다. 비양도 보건소에 있는 둘째 아들 은섭은 아버지 로고스의 인간적이고 자애로운 일면을 드러내는 적절하고도 화려한 액세서리가 될 것이다.

그리고 물론 정은과 은섭의 결합은 새롭게 시작되는 또 하나의 오이디푸스 삼각형의 가능성을 예고한다. 그들이 어떠한 외부의 장애도 없이 인가된 결혼이라는 제도 속으로 안착될 때 새로운 오이디푸스 가족 삼각형은 만들어지기 시작한다. 은섭을 유혹하던 성적 자아로서의 정은은 다시 모성적 어머니의 자리로 되돌아오고, 정은으로 인해 모든 히스테리 증세를 치유하고 어른으로 성장한 은섭은 아버지 로고스가 되기 위한 모든 준비를 끝마치게 된다.

대부분의 멜로드라마의 해피엔딩이 그러하듯, 사랑하는 두 남녀 주인공의 맺어짐은 필히 결혼으로 이어진다. 이성애 남녀의 결혼과 새로운 가족의 형성은 우리사회의 가부장체제를 받쳐주는 근간이 되어, 드라마 속에서 지속적으로 반복된다. 멜로드라마의 사랑과 욕망의 판타지가 현실로 되돌아오는 것은 정확히 이 지점이다. 결혼과 가족의 구성적 실재가 드라마에서 현실로, 현실에서 드라마로 돌고 돌아 이루어내는 가부장제이데올로기는 여전히 우리사회의 지배적 실체이다. 〈봄날〉 역시 그 한계에서 결코 자유롭지 못하다.

남성 히스테리 – 억압된 것의 귀환

로고스라 불리는 근대이성이 세계를 완전히 제패할 무렵, 문자와 사유, 논리, 의식, 정신에 의해 억압되어왔던 자연과 육체, 물질, 감각, 무의식 등은 다시 화려한 부활을 꿈꾸기 시작했다. 그러나 '여성', '여성성'과 결부된 후자의 억압된 것들은 자신들의 귀환이 그들을 더 이상 두려워하지 않는 위대한 로고스에 의해서 인위적으로 만들어진 가상적인 것임을 뒤늦게 깨닫게 되었다.

대중미디어에 의해 넘쳐나는 육체와 자연, 여성의 이미지들은 위대한 로고스의 넓은 품에서 마음껏 뛰어노는 천진난만한 어린아이들의 모양새다. 이는 로고스가 포획한 적들이 더 이상 아무런 무기도 전략도 가지고 있지 않음을 드러내주는 명백한 증거이자, 로고스의 포용력과 전능함을 보여주는 화려한 전리품들이다.

그런데 이 인위적이고 가상적인 이미지들에는 억압된 자들이 스스로 만들어내는 연출된 이미지들이 뒤섞여 있다. 억압된 욕망들이 가상이라는 베일 위로 자신들의 맨얼굴을 언뜻언뜻 드러내는 것이다. 이들에게는 이제 19세기 여성 히

239

스테리아들이 보여줬던 숨넘어갈 듯한 자기 파괴와 과장된 몸짓은 더 이상 보이지 않는다. 분노와 모멸, 자괴와 고통은 가상이라는 베일의 안전막 뒤로 사라지고, 치고 빠지는 숨바꼭질 같은 경쾌한 유희가 표피적이고, 감각적이고 즉각적인 대중문화의 표면을 빠르게 흘러다닌다.

〈봄날〉의 미덕은 억압된 자들의 히스테리에 진지하고 신중하게 육박해 들어간다는 것이다. 경쾌한 유희와 나른한 쾌감을 넘어 현대 인간들의 내면에 자리한 고통과 상처의 근원의 한 자락을 힘겹게 잡아올린다. 아버지 로고스에 의한 가부장 체제는 그 질서 내에 다른 위치와 서열로 배치된 다수의 사람들에게 꼭 그만큼의 억압과 굴종을 안겨주었다. 많은 여성들이 강요된 모성성으로 자신의 진짜 자아를 어딘가에 꼭꼭 숨겨두었으며, 남성들은 아버지 로고스가 되어야한다는 당위에 자신들의 진짜 자아를 헌신짝처럼 내던져버렸다.

이들의 숨겨지고 버려진 진짜 자아가 드라마 〈봄날〉을 통해 히스테리란 이름으로 음울하지만 강렬하게 귀환하였다. 정은, 은호, 은섭, 세 명의 히스테리아들은 자신들의 억압된 욕망과 억눌린 자아를 히스테리로 치환하여 자신의 존재를 세상에 알렸으며, 누군가로부터 구원되기를 갈망했다. 이들의 히스테리의 중심엔 억압된 타자로서의 '여성성'이 가로놓여 있었다. 여성성이 전능한 아버지 로고스에 의해 오랜 시간에 걸쳐 체계적으로 말살되어온 결과, 성적 존재로서의 인간의 양성성은 설 자리를 잃게 되었다.[8]

여자의 몰락은 점차 성적 존재 전체의 몰락을 의미하게 되었다. 남자들은 자기 내부에 있는 '여자'들을 상실함으로써 자신의 존재마저 소멸될 위기에 처하게 되었다. 뒤늦게 나타난 결과가 남자들의 히스테리이다. 이 드라마에서 은섭은 진정한 의미의 남성 히스테리아이다. 그는 아버지 로고스의 질서와 체제에서 벗

240

어나기 위해 발버둥을 치며, 자신의 잃어버린 여성성을 끊임없이 찾아 헤맨다.

단지 은섭만이 아니다. 이 시대의 많은 남성들은 자신들이 스스로 구축해온 지배와 정복의 무기였던 남성성이라는 거대한 구조물에 깔려 신음하고 있다. 그들은 이제 자신들의 어깨 위에 지워진 과도한 책임과 의무의 짐을 벗어나기 위해 발버둥치기 시작했다. 자신의 권리와 권한을 포기하는 대신 자신에게 지워진 무거운 짐을 여성들에게 나눠주는 남자들이 생겨나기 시작했다. 어깨에 힘을 빼고 자기 안에 숨겨진 여성성을 발견하기 시작한 남자들도 하나둘씩 늘어나고 있다.[9] 이는 물론 오랜 세월 투쟁해 온 여성들의 지난한 싸움의 결과이다. 하지만 다른 한편 남성들이 자신들이 만들어온 지배체제에 스스로도 억압되어 왔음을 힘겹게 폭로하는 것이기도 하다.

최근 대중매체 속 남성의 이미지들은 이러한 남성성의 자기분열적 모습을 조금씩 드러내 보인다. 근육질의 몸매에 부드러운 미소를 가진 꽃미남들. 그들은 억압적인 카리스마 대신 자상하고 온화한 부드러움을 강조한다. 메트로섹슈얼이라 칭해지는 도시의 젊은 남자들은 억압하고 군림하는 남성성 대신 타인의 시선에 자신을 맞추고 자신을 가꾸어가는 여성적 면모를 추구하는 것처럼 보인다. 대중매체의 상업성과 선정성을 감안하더라도 그들의 변화는 충분히 의미심장한 것이다. 군림하고 지배하는 것에서 배려하고 공존을 모색하는 것으로의 변화는 그것이 아무리 표피적 이미지에 불과할지라도 중대한 변화임에는 틀림없다.

기존의 강인한 남성 캐릭터들 역시 승승장구 승리를 구가하던 이전의 그 용맹무쌍한 영웅들이 아니다. 그들은 세상에 대한 분노와 억울을 표명하는 피해의식으로 가득찬 복수의 화신들로 변모했다. 영화 〈복수는 나의 것〉, 〈올드보이〉, 〈실미도〉에서 〈달콤한 인생〉에 이르기까지 남자 주인공들은 자신을 옭아매는 부조리한 현실의 어떤 힘들에 대해 지극히 개인적이고 파편화된 수준의 복수를 감행한다. 멜로의 옷을 입고 있기는 하지만 텔레비전 드라마 〈해신〉의 장보고와 염장도 이들과 별로 다르지 않다. 그 결과는 지극히 자기파괴적인 파멸이다. 이러한 자멸적 복수는 남성들이 자신들이 쌓아온 강고한 남성성의 근저를 뒤흔드는 자폭적 몸부림이다. 그들은 자신들의 남성성을 마지막 순간까지 관철시키면서 그 남성성의 중심을 겨냥해 자폭한다. 이들의 장렬한 산화가 보여주는 것은 남성성으로 남성성을 파괴하고자하는 극단적 자기모순이다.

이러한 이즈음 남성들의 여성성 되찾기, 자기분열과 자기모순은 남성 히스테리아로서의 은섭과 동시대적 울림을 갖는다. 〈봄날〉은 스스로의 남성성에 포박된 가련하고 나약한 남자들을 전시한다. 이들을 구원하는 것은 여성이다. 그것도 성스러운 모성으로서의 여성이다. 〈봄날〉이 흔들리는 것은 정확히 이 지점이다. 정은의 모성적 이미지는 자주 이들을 아버지 체제로 회귀시킨다. 물론 은섭은 형의 여자 정은을 모성적 어머니에서 성적 자아로서의 여자로 끌어당김으로써 자기 자신 역시 성적 자아로서의 남자가 되고자 했다. 그는 형의 여자를 취함으로써 아버지 로고스의 질서에 타격을 가하고, 자신과 정은을 동시에 구출할 수 있었다. 망설이고 주저하는 은섭을 다그치며 성적 자아로서의 자신을 되찾아간 정은의 힘이 주요하게 발휘되기도 하였다. 그리하여 한순간 견고한 오이디푸스 삼각형이 무너질 수 있었다.

그러나 끊임없이 재생되는 모성적 어머니에 대한 신화는 이 드라마를 아버지 로고스 체제에 대한 파괴로까지 밀어붙이는 데 결정적인 한계로 작용한다. 두 남자 주인공이 각자가 가진 내면의 상처를 치유하고, 결핍과 증오를 해소하면서 성숙한 인간으로 성장해가는 과정은 그들이 각기 독립된 아버지 로고스가 되어

242

가는 과정임에 틀림없다. 그리고 이들을 성숙과 독립으로 이끌어주는 것은 다름 아닌 모성적 어머니로서의 정은의 사랑이다. 상처를 보듬고 고통을 잠재우고 위안을 주는 것은 결국 정은의 모성적 손길이었던 것이다. 무너진 오이디푸스 삼각형이 새롭게 구축되는 것은 모성적 어머니와 형제애라는 가족적 신화의 복구에 의한 것이다. 멜로드라마의 안정된 귀결을 따라 정은과 은섭은 오이디푸스 가족 삼각형 안으로 다시 빨려들어갔다.

그럼에도 불구하고 오이디푸스 가족 삼각형은 여전히 위태로워 보인다. 남성 스스로에 의해서 내부에서 터져 나온 반발과 저항은 어느 한순간 걷잡을 수 없는 불길이 되어 로고스 체제 자체를 위협하게 될 지도 모른다. 한번 균열이 가기 시작한 철옹성은 언젠가 급격히 무너져 내릴 수도 있다. 드라마 〈봄날〉이 흔하디흔한 삼각사랑 속에서 우리에게 보여준 것은 내부의 반발과 저항, 그리고 균열이 발생하는 바로 그 지점이다. 남성 히스테리를 통한 억압된 것의 귀환, 아직 완성되지는 않았으나 그 뚜렷한 징후가 반가울 수밖에 없다.

4부

드라마가
달라지고 있다

드라마 속 멜로가
달라지고 있다

텔레비전 드라마처럼 반복적이고 변하지 않으며 다양하지도 않은 대중문화 장르가 또 있을까? 만화나 영화, 가요 등 대부분의 대중문화 장르들 역시 익숙함과 반복성을 특징으로 한다. 그러나 드라마만큼 세부장르의 범위도 작고 변주의 폭도 좁은 그런 분야를 찾기는 쉽지 않다. 물론 국민 일반을 잠재적 시청층으로 상정하고 시청자의 평균적인 지적·문화적 수준에 맞추어 프로그램을 제작하는 방송매체의 기본 특성에다 시청률로 사활이 갈리는 현재와 같은 방송의 상업적 성격까지를 감안한다면 드라마의 이런 성격이 이해되기는 한다. 위험하지 않은 안전하고 확실한 주제나 내용, 형식들에 골몰하고 이미 대중적 인기가 검증된 요인들만을 우려먹을 수밖에 없는, 방송사의 사정이라는 것이 있기 때문이다.

정말 이해하기 힘든 것은 우리 시청자들은 왜 그 뻔하디 뻔한 통속적인 드라마들에 그리도 열광하고 집착하는가 하는 것이다. 허구한 날 사랑타령에, 그 얘기가 그 얘기고, 얽히고설킨 삼각·사각관계, 심심하면 불치병, 알고 보니 친남매 따위의 설정들이 난무하는 황당하고 비현실적인 이야기들에 왜 그리 빠져들어 눈물, 콧물 짜내는지 알다가도 모를 일이다. 한두 번 보면 결말까지가 훤히 보이는 그 뻔한 드라마들을 손꼽아 기다리고, 만사를 제쳐두고 TV 앞에 모여들며, 심지어 국민의 반 이상이 시청하기도 하는지 참으로 불가사의한 일이다.

이 책의 글들은 그런 궁금증을 풀어보기 위한 시도들이다. 드라마 안의 어떤 요인들이 시청자를 유혹하고 빨아들이는지, 드라마 안에서 발견하는 재미와 즐거움은 무엇인지, 그 속에서 드러나는 우리의 욕망이나 바람은 무엇인지 하나하나 개별 작품들을 통해 살펴보고자 하였다. 주로 드라마 속 주인공들의 사랑이라는 멜로라인을 중심으로 접근했는데, 그것이 필자를 포함하여 대다수 시청자들의 가장 큰 관심사이자 드라마 매혹의 핵심이라고 생각되기 때문이다.

그런데 똑같은 이야기들이 반복되고, 주기적으로 유행이 돌고 도는 와중에도 어떤 변화의 기운이 감지된다는 점이 무척 흥미롭다. 드라마 안에서 시대적 변화에 따른 대중적 감수성이나 심리의 변화를 읽을 수 있는 것이다. 또한 사람들의 욕망이나 욕구가 어떻게 변해가는가 하는 대중적 욕망의 지형을 확인하기도 한다.

멜로라인의 변화

가장 먼저 눈에 띄는 것은 멜로라인의 변화다. 오랫동안 멜로드라마 속 사랑의 기본구도는 삼각관계였다. 80년대까지만 해도 통속적인 멜로드라마 하면 바로 삼각관계가 떠오를 정도로 각광을 받았다. 삼각관계는 주인공 두 남녀의 사랑을 방해하는 제 3자의 등장으로 이루어졌다. 악역이 될 수밖에 없는 제 3의 인물은 주인공들의 사랑의 고난과 역경을 가시적으로 드러내주는 역할을 담당했다. 주인공에 비해 더 나은 조건이나 배경을 가진 그는 주인공들의 진정한 사랑을 시험하는 일종의 장애물로 기능했다. 이때 전형적인 구도는 한 남자와 두 여자의 삼각관계이다. 착하고 가난한 여자와 부유하고 못된 여자 사이에서 갈등하는 남자주인공은 사랑을 택할 것인가 현실을 택할 것인가의 기로에 서 있었다.

90년대 트렌디드라마들은 그 중심축을 남자주인공에서 여자주인공으로 서서히 이동시켰다. 여자주인공 한 명에 두 명의 남자가 등장하는 드라마들이 늘어나기 시작했다. 여전히 착하고 가난하지만(혹은 평범하지만) 명랑하고 쾌활하게 변신한 여자가 따뜻하고 헌신적이지만 평범한 남자와 부유하고 능력 있는 남자, 두 사람 모두에게서 사랑을 받는 경우가 많아졌다. 이때 남자주인공은 평범한 남자였다. 부잣집 남자는 주로 여자주인공을 탐내고 소유하려 드는 악역을 맡기 일쑤였다.

이러한 구도를 좀 더 극단적으로 밀어붙인 것이 신데렐라이야기이다. 〈사랑을 그대 품안에〉(1994) 이후 여자주인공은 점점 더 가난하고 열악한 상황에 놓이기 시작했고 남자주인공은 평범한 남자에서 재벌 2세나 능력 있는 엘리트남성으로 옮겨갔다. 이렇게 만들어진 가난한 여자와 백마 탄 왕자의 우여곡절 사랑이라는 신데렐라로맨스는 〈파리의 연인〉(2004)에서 정점을 맞을 때까지 계속되었다.

삼각관계가 사각관계로 변해가기 시작한 것도 이때부터다. 여자 한 명에 남자 두 명의 삼각관계에 재벌가의 여자가 끼어들면서 사각라인이 형성된다. 물론 이때까지도 나머지 둘은 신데렐라와 왕자의 사랑을 위해 존재하는 조연에 머물렀다. 그들은 두 주인공의 사랑을 방해하는 훼방꾼으로 등장해서 마지막 주인공들의 사랑이 이루어질 때까지 그들의 사랑의 순수성과 절대성을 증명하는 조력자 역할을 충실히 담당했다.

주인공 남녀 두 사람만의 절대적이고 궁극적인 사랑이라는 멜로드라마 절대수칙이 깨지기 시작하는 것은 악역을 담당했던 조연들이 매력적인 인물들로 급부상하기 시작하면서부터다. 김수현의 리메이크작 〈청춘의 덫〉(1999)에서는 주인공 윤희(심은하 분)와 동우(이종원 분) 못지않게 영주(유호정 분)와 영국(전광렬 분)이 주인공으로 떠올랐다. 영주는 개성 강한 매력적인 악녀로, 영국은 상처를 가진 로맨틱한 재벌 2세로 등장하여 새롭게 달라지는 사각관계의 가능성을 예고하였다.

2000년대에 접어들어 사각관계는 더욱 본격화되었다. 다수의 드라마들이 사각구도를 택했다. 변화된 사각관계의 특성을 가장 뚜렷이 보여주는 예가 〈발리에서 생긴 일〉(2004)이다. 신데렐라이야기를 현실로 가차 없이 끌어내린 이 드라마에서 사랑은 네 남녀 사이를 돌고 돌아 결국 비극적 파국으로 귀착되었다. 네 명의 주인공은 각자 자신을 중심으로 하는 삼각형의 중심 꼭지점을 차지하며 팽팽하게 힘의 균형을 이어갔다. 사각관계 안에 네 명이 각기 중심인 네 개의 삼각관계가 중첩된 것이다. 이는 〈청춘의 덫〉에서 윤희와 동우를 중심으로 영국-윤희-동우와 윤희-동우-영주 두 개의 삼각관계가 맞물린 것이나, 〈네 멋대로 해라〉(2002)에서 경(이나영 분)과 복수(양동근 분)를 중심으로 동진(이동건 분)-경-복수, 경-복수-미래(공효진 분)의 삼각관계가 겹쳐진 것과는 상당히 다른 것이다. 이들은 여전히 두 남녀 주인공의 절대적 사랑이라는 틀 안에 놓여 있었다.

새로워진 사각관계에서 이제 남녀주인공 두 사람만의 절대적이고 영원한 사

250

랑이라는 개념은 무너지기 시작했다. 사랑은 다양한 색깔과 질감으로 넓혀졌다. 외사랑이나 짝사랑도 주목을 받을 만큼 소중하게 다루어졌고, 사랑의 이동이나 교환 같은 가변성도 더 이상 배신이 아닐 수 있게 되었다.

새로운 사각관계의 의미

이렇게 변화된 사각관계는 빠르게 변화하는 소비자본주의시대의 욕망과 조응한다. 갈수록 치열해지는 생존경쟁에서 살아남아야만 하는 우리는 점점 그악스러워지는 개인들의 이기적 욕망을 인정할 수밖에 없는 처지에 몰렸다. 사각관계는 그 자체로 경쟁체제로의 전면적 돌입을 나타낸다. 라이벌의 등장으로 주인공들의 절대적 지위는 무너졌다. 자신의 사랑(생존)을 위협하는 라이벌의 존재는 자신에 대한 연인의 사랑을 확신할 수 없게 만듦으로써 자신의 욕망을 더욱 부채질한다.

경쟁체제로의 진입으로 이제 주인공들은 사랑을 하는 인물에서 사랑을 '욕망하는' 인물로 바뀐다. 사랑과 욕망 사이의 경계는 불분명해졌다. 그래서 욕망하는 인간들은 불안하고 절박하다. 그 대상을 차지하려는 욕심으로 불안하고, 그를 가질 수 없을지도 모른다는 불안으로 절박해진다. 갈등이 내면화되는 것은 바로 이 지점이다. 사랑하는 두 남녀와 그들의 사랑을 방해하는 외부적 제약이라는 외적 갈등은 인물들 사이의 내적 갈등을 거쳐, 이제 인물들 개개인의 내면적 심리 안으로 들어온다.

최근 드라마 〈연인〉(김은숙 극본, 신우철 연출, SBS)은 그러한 심리적 갈등의 추이를 섬세하게 포착한 성공적 사례다. 사각관계에 놓인 두 남녀 미주(김정은 분)와 강재(이서진 분)를 떼어놓는 임신한 애인이나 사회적 지위의 차이 등

251

현실적 조건은 네 사람 사이의 미묘한 갈등으로 나타나고, 마침내 두 남녀의 깊어지는 내면갈등과 고뇌로 나아간다. 여기서 문제가 되는 것은 사랑하는 두 남녀의 결합을 가로막는 외적 조건이나 제약 그 자체가 아니라, 역으로 그러한 객관적 상황에도 불구하고 형성되는 두 남녀의 어쩔 수 없는 이끌림과 내면적 갈등인 것이다. 이는 주인공 남녀의 사랑을 위한 전제조건으로서의 외부적 제약이나 한계가 그 과잉성으로 그들의 사랑 자체를 압도해버리는 이즈음의 다른 멜로물들(〈눈의 여왕〉, 〈게임의 여왕〉, 〈90일, 사랑할 시간〉 등)이 고전을 면치 못하는 것과 좋은 대비를 이룬다.

인물들의 내면적 심리를 비추는 순간, 네 사람을 갈랐던 명쾌하고 단호한 선악의 틀은 해체될 위기를 맞는다. 그것은 이들 사이에 공통으로 흐르는 사랑과 소통에 대한 열망, 시기와 질투, 의존과 집착, 피해의식과 과대망상, 자괴와 콤플렉스 등 유약하고 소심한 인간존재의 내면적 비애를 드러내주기 마련이다. 아무리 악한 인물이라도 그가 자신의 감춰진 속살들과 삶의 쓰라린 이면을 내보이는 순간 우리는 이 연약하고 안쓰러운 인물에게 연민을 느끼고야 만다. 게다가 비등하는 인간의 욕망에 대해 한없이 너그러워진 사회적 분위기는 더 이상 도덕이나 윤리의 잣대로 선악을 가르는 것이 무의미함을 상기시킨다.

선악의 개념이 무너져가듯이 이제 절대불변의 사랑도 조금씩 무너져내리기 시작했다. 사각관계에서 사랑은 여러 개가 되었고 동시에 상대적인 것이 되었다. 이는 꼭지점을 달리하는 삼각관계가 여러 겹으로 중첩되면서 나타나는 사랑의 탈중심성이다. 탈중심성은 수평적 권력분산 형태의 일종으로, 사랑의 감정 역시 분열되거나 이전되기도 하고 소멸되거나 재생성되기도 하는 것이다. 사랑은 두 사람 사이에서 이리저리 흔들리고 변해가는 가변적인 것이 되었다. '사랑이 어떻게 변하니?' 영화 〈봄날은 간다〉의 상우가 한탄했듯이, '사랑은 움직이는 거야.' 라는 광고카피가 대중의 감수성을 파고들었듯이, 변화무쌍한 사랑의 역동성 자체가 자주 주제로 떠올랐다.

〈내 이름은 김삼순〉에서 진헌(현빈 분)이 삼순(김선아 분)을 새롭게 사랑하기 시작하면서 희진(정려원 분)과의 오랜 사랑을 정리하듯, 〈봄날〉에서 정은(고현정 분)의 사랑이 은호(지진희 분)에서 은섭(조인성 분)으로 변해가는 힘겨운 시간이 그러하듯, 사랑은 순차적으로 가고 오지 않는다. 사랑이라는 감정은 동시다발적이기도 하고 스스로를 배반하기도 한다. 〈발리에서 생긴 일〉에서 수정(하지원 분)의 사랑이 인욱(소지섭 분)과 재민(조인성 분) 사이에서 방황을 거듭하고, 〈오버 더 레인보우〉에서 네 젊은이의 사랑이 모두 사각관계 내부에서 끊임없이 흔들리는 것은 사랑의 불확실함과 불안정성을 명확히 보여준다.

사랑은 그것을 불가능하게 하는 외부적 제약과 한계로 인해 비극적인 것이 아니라, 변해간다는 사실 때문에 비극적인 것이 되었다. 사랑은 시간의 문제이거나 선택의 문제가 되어간다. 시간차에 의한 사랑의 어긋남이 당면한 절박한 문제가 되고, 현실적 필요에 의한 선택이 운명적 사랑을 대체한다. 〈이별에 대처하는 우리의 자세〉는 그 시간차가 각인시킨 사랑의 덧없음과 고통을 네 사람 모두에게 고루 배분하며, 〈비밀남녀〉는 현실적인 손익계산서를 놓고 누구를 선택할 것인가에 몰두하는 네 남녀의 사랑게임을 전시한다.

그리하여 사랑의 유통기한이 점점 짧아지면서 '쿨한' 사랑의 시대가 열린다. 떠나가는 사랑은 울며불며 매달리는 대신 쿨하게 웃으면서 보내줘야 하고, 실연의 상처와 아픔은 다가올 새로운 사랑으로 치유되어야 한다. 사랑의 상처는 사람을 성숙시킬 것이며, 그들을 더욱 넓어진 타인들과의 관계와 소통으로 이끌

것이다. 〈연애시대〉의 은호(손예진 분)와 동진(감우성 분)이 이별하며 겪는 고통과 타인과의 사랑으로 훨씬 성숙해진 모습으로 다시 새롭게 만나는 것처럼, 〈굿바이 솔로〉에서 점처럼 흩어져 있는 주인공들이 쿨해짐으로써만 서로에 대한 소통의 갈망을 유지할 수 있는 것처럼.

이렇게 변화한 사랑의 모습과 더불어 정말로 달라진 것은 남녀관계에서 여성의 위상이다. 오랫동안 드라마 멜로라인은 남자들을 중심으로 견고한 삼각관계를 유지해왔다. 그것은 주로 한 남자가 두 여자를 교환하는 이야기였다. 90년대 접어들어 여자 한 명에 두 남자가 등장하는 삼각관계가 많아졌지만, 신데렐라이야기들이 그렇듯이 그건 여전히 두 남자가 한 여자를 교환하는 이야기였지 한 여자(그녀는 오매불망 왕자님만을 사랑해야 하므로)가 두 남자를 교환하는 이야기는 아니었다.

사각관계의 등장 이후 남녀 간의 역관계와 교환관계는 뒤집혔다. 삼각관계의 중첩으로 절대불변의 사랑이 깨져나가듯 지고지순한 여자 주인공들이 사라지기 시작했다. 그리고 여성들이 사랑을 주도하기 시작했다. 여성들이 남성들을 선택하고 교환하는 이야기가 가능해진 것이다. 〈패션 70s〉에서 준희(김민정 분)와 더미(이요원 분)가 동시에 동영(주진모 분)을 차지하려는 욕망으로 경쟁을 벌이고, 〈환상의 커플〉에서 시종일관 여왕으로 군림하는 안나(한예슬 분)가 두 남자 빌리(김성민 분)와 철수(오지호 분)를 교환하는 것처럼 말이다.

변형멜로, 퓨전 사극

시대가 바뀌니 사랑도 변해갔다. 가볍고 경쾌하게, 일상적이고 쿨하게. 그럼에도 불구하고 우리는 여전히 '운명적이고 비극적인 사랑'에 발목 잡혀 있다.

불가능한 사랑을 끌고 오는 정통멜로의 반복적 회귀가 말해주듯, 운명적이고 비극적인 사랑은 멜로드라마의 영원한 로망인 듯하다. 물론 계절적 요인이 크게 작용했겠지만, 최근 들어 로맨틱코미디류 트렌디드라마들의 퇴조가 두드러지면서 정통멜로로의 선회가 더욱 가속화되었다. 이 드라마들은 어떻게 하면 주인공들의 사랑을 더욱 애절하고 비극적으로 만들 것인가에 골몰하는 것처럼 보인다. 불치병이라는 죽음을 무릅써야만 하고 사촌지간이라는 금기도 넘어서야 하며 집안 간의 원한도 이겨내야만 한다.

우리는 왜 여전히 운명적이고 비극적인 사랑을 꿈꾸는 것일까? 이루어질 수 없는 불가능한 사랑을 꿈꾸는 이유는 도대체 무엇인가? 그 사랑을 영원히 꿈꿀 수 있고 그 사랑에 대한 욕망을 지속시킬 수 있기 때문이 아닐까? 이루어진 사랑이 필연적으로 맞게 될 파국을 너무도 잘 알기에 그 직전에서 사랑이 영원히 정지되길 원하는 것은 아닐까? 그렇다면 운명적이고 비극적인 사랑이란 영원한 사랑의 다른 이름임에 틀림없다. 불가능으로서의 영원한 사랑. 운명적이고 비극적인 사랑을 꿈꾸는 건, 역설적으로 그런 사랑이 더 이상 존재하지 않는다는 걸 알기 때문이다. 현실 속에서는 목숨을 거는 따위의 사랑은 없다. 그것은 이루어지지 못한 지나가버린 과거의 사랑에 대한 회한어린 신비화이거나 도달하지 못한 미래의 사랑에 대한 불가능한 꿈이다.

문제는 현실에서 정통멜로의 운명적이고 비극적인 사랑이 점점 그 시효를 다해가고 있다는 점이다. 〈마이걸〉이나 〈환상의 커플〉에서처럼 주인공들을 갈라놓는 가장 원초적인 장애인 신분차이나 계급갈등은 로맨틱코미디의 판타지로 극복 가능한 것이 되었다. 불치병이나 출생의 비밀, 기억상실증은 너무 많이 우려먹어 블랙코미디가 아닌 한 더 이상 새로운 이야기가 나올 수 없는 지경이 되었다.

멜로드라마가 시대극이나 사극으로 눈을 돌리게 된 이유이다. 멜로드라마와 사극의 본격적 결합을 알린 〈다모〉나 〈해신〉, 〈비천무〉 등은 사극이 변화해간 것이라기보다 멜로드라마가 변신한 것으로 보일 정도이다. 그만큼 이 드라마들은 멜로드라마적 성격이 강한 것이다. 정통사극들에서의 역사적·시대적 구체성은 멜로드라마 주인공들의 운명적이고 비극적인 사랑을 위한 화려하고 독특한 배경으로 물러났다.

뛰어넘을 수 없는 간극으로서의 신분 차이나 계급적 격차는 〈다모〉나 〈황진이〉에서처럼 과거의 시공간 속에서 주인공들의 사랑을 가로막는 근원적 장애로 부활하였고, 전쟁이나 혁명 등 시대적 격변의 소용돌이는 〈해신〉과 〈다모〉에서처럼 주인공의 운명을 생사의 기로에 부려놓았다. 철저한 신분제 위계사회, 혼란과 격동의 시대 배경, 무력과 정벌이 횡행하던 약육강식의 논리 등 사극의 세계는 주인공들의 사랑을 운명적이고 비극적으로 만들어줄 원색적이고 자극적인 요인들로 넘쳐난다. 그리하여 사극은 운명적이고 비극적인 사랑을 위한 절대적 공간으로 재탄생한다.

이들은 멜로가 변형된 퓨전사극이라고 할 만하다. 이는 권력암투와 궁중비화, 전쟁영웅을 중심으로 펼쳐지는 정통사극과는 달리 사극의 현대적 버전에 가깝다. 〈대장금〉이 지존을 다투는 서바이벌게임 류의 현대적 경쟁논리를 궁중요리라는 미시적 아이템에 접합시킨 것처럼, 퓨전사극은 현대물들의 빠르고 급격한 시공간 이동과 침식의 한 양상으로 보인다.

따라서 퓨전사극들이 선악의 고전적 질서보다는 오히려 현대인들의 복잡하고 다기한 심리와 내면세계를 보여준다고 보는 것도 결코 무리는 아니다. 이건

256

역사에 대한 현대적 재해석과는 전혀 다른 문제다. 현대물들이 환상적인 로맨스가 펼쳐지고 극적인 대립과 대결구도가 벌어지는 자신들의 시공간적 무대로 역사를 빌려오는 것이다. 〈황진이〉가 보여주는 기생들의 마치 황녀들을 방불케 하는 위엄과 기품, 사대부를 능가하는 예지와 기개, 그리고 기생들과 양반들 사이의 뒤집힌 역관계는 확실히 현대 여성들의 달라진 위상과 더불어 그녀들의 억누를 수 없는 자기계발 욕구와 자존적 의지를 투사한다.

사각관계가 현대 도시남녀의 내면풍경을 더 잘 드러내주는 형식이 된 것처럼, 멜로가 한 가지를 사극으로 뻗은 것처럼, 멜로드라마는 끊임없이 변신을 모색해 왔다. 그리고 변신만이 멜로드라마가 살아남는 방법이다. 지난 10년을 풍미했던 트렌디 드라마들이 퇴조현상을 보이는 것은 그들이 더 이상 변해가는 대중적 감수성이나 취향, 시대적 가치나 지향의 흐름, 장르의 생멸 과정 등을 따라잡지 못하기 때문이다. 게다가 다매체 다채널로 인해 기존 지상파 방송의 독점적 지위가 위협받는 급변하는 방송환경은 멜로드라마가 새롭게 분화되고 다양화되지 않으면 안 될 절박한 상황에 처했음을 말해준다.

문제는 사각관계건 퓨전사극이건 드라마 공식이 모든 걸 해결해주지는 않는다는 너무 당연하지만 자주 잊혀지는 사실이다. 중요한 것은 드라마 공식의 반복과 독자적 변주 사이의 능숙한 줄타기이다. 그 팽팽한 긴장을 버텨내지 못할 때 드라마는 자주 이미 검증된 안전하고 익숙한 공식들에 투항해버리고 만다. 어쩌면 멜로드라마 공식들에 대한 전면적인 재검토의 시점이 왔는지도 모르겠다. 멜로드라마의 상상력은 현재에서 과거로 과거에서 미래로 시공간의 제약을 뛰어넘어야만 하며, 스릴러나 미스터리, 호러, 코미디, SF 등 다양한 장르들과

257

의 장르혼합의 실험을 과감하게 밀어붙여야만 할지도 모른다. 그리고 그런 징후

들은 아직 미약하지만 이미 나타나기 시작했다.

임성한의 드라마 세계
: 복수와 보상의 변증법

보면 볼수록 임성한의 무한내공에 감탄이 절로 나온다. 연장에 연장을 거듭하면서도 구구절절 이야기를 엮어내고, 이리저리 에피소드를 다채롭게 갖다 붙이는 놀라운 능력은 그 누구도 따라잡기 힘든 일정한 경지를 보여준다. 지상파 TV의 시청률이 점진적으로 하락하고 있는 요즘과 같은 다채널시대에 스타급은커녕 연기검증도 제대로 안 된 신인연기자들을 데리고 시청률 40% 고지를 점령한 것은 누구도 예상치 못한 일이었다. 이에 대해 억지설정이니 늘리기 방영이니 암만 떠들어대 봐야 임성한의 괴력에는 씨도 안 먹히는 소리이다.

이것은 일차적으로 시청률만 나와 준다면 무슨 짓이든 용서가 되는 시청률지상주의에 대한 얘기임에 틀림없다. 하지만, 이것은 또한 단순한 시청률지상주의를 넘어서는 문제이기도 하다. 작품성이 바로 시청률로 이어지지 않는 것처럼 자극성이나 선정성 역시 시청률과 직결되는 것은 아니기 때문이다. 여기에 바로 헤아릴 수 없는 시청률의 심연이 가로놓여 있다.

259

따라서 모든 드라마를 시청률의 잣대로 판단하는 것만큼이나 시청률지상주의로 환원시키는 것 또한 매우 위험한 발상이다. 이것은 요행히 방송사의 이해와 임성한식 스타일이 행복하게 맞아떨어진 보기 드문 결과이기도 한 것이다. 그만큼 임성한의 드라마 세계에는 시청자를 사로잡고 빨아들이는 뭔가 특별한 요인들이 존재한다. 단순히 자극성과 선정성만으로는 설명될 수 없는 대중적 소구력 내지는 흡인요인이 있다는 것이다. 그토록 많은 비난에도 불구하고 〈하늘이시여〉가 그렇게 높은 시청률을 올릴 수 있었던 힘은 도대체 어디에서 연원하는 것일까? 이는 임성한 드라마에 대한 좀더 면밀한 검토를 요구한다.

첫 연속극이었던 〈보고 또 보고〉(1998)는 서로 다른 성격의 두 자매의 갈등을 탁월하게 묘사하여 인기를 끌었었다. 엄마의 편애를 한몸에 받는 언니 금주(윤해영 분)에 대한 콤플렉스에 시달리는 미운오리새끼 은주(김지수 분)가 온갖 풍파를 헤치고 일등신랑감을 만나 완벽한 결혼생활에 이르는 지난한 과정이 생생하고 흥미진진하게 펼쳐졌었다.

그 후 〈인어아가씨〉(2002~2003)는 조강지처를 버린 아버지와 그 가족에게 보복을 감행하는 한 여자의 처절한 복수극으로 이후 일일연속극의 지형을 바꾸어버릴 정도로 대박을 터뜨렸다. 확실히 최근에 온가족이 둘러앉아 보는 일일연속극에까지 출생의 비밀과 불치병과 꼬이고 꼬인 복잡한 갈등이 전면에 등장하게 된 것은 〈인어아가씨〉의 성공이 가져다준 부작용의 측면임을 부인할 수 없다.

이제 자신이 낳은 딸을 며느리로 맞아들이는 애틋한 모성을 그리는 〈하늘이시여〉(2005~2006)에 이르러 그 갈등과 자극의 강도는 거의 최고조에 달하게 되었다. 버려진 딸이 자신의 며느리가 되었다가 그 며느리가 다시 자신의 딸로 되돌아오는 우여곡절의 전개 과정은 인물들 사이의 갈등이나 대립 차원을 넘어

연속적인 충격과 반전으로 그 파문을 확산시킨다. 이는 마치 누군가의 음모에 의해 모든 사건들이 발생하고 그 음모의 전말이 밝혀지기까지의 과정을 그리는 미스터리나 스릴러를 방불케 하는 구성이다.

상식과 논리를 넘어

무엇보다 신기한 것은 임성한의 드라마가 일반인들의 상식과 논리를 가뿐히 뛰어넘는다는 사실이다. 보통 사람들이라면 감히 상상할 수조차 없는 비상식적이고 '비윤리적인' 일들이 천연덕스럽게 벌어진다.

〈인어아가씨〉의 아리영(장서희 분)은 엄마와 자신을 버린 아버지와 그를 빼앗은 여자에 대한 복수로 엉뚱하게도 그들의 딸이자 자신의 배다른 동생인 예영(우희진 분)의 약혼자를 빼앗는다. 아버지에 대한 미움과 원한을 그가 사랑한 여자와 그들의 딸에게로 전가시키는 것이다. 즉, 목표물에 대한 직접 공격 대신 허를 찌르는 회심의 우회적 공격을 단행한다. 하지만 우회적 공격임에도 불구하고 이것은 부모에게 자식이라는 가장 약한 고리를 공략하는 동시에, 정확히 자신이 당했던 '아버지(혹은 남자)의 빼앗김'이라는 동일한 현실을 고스란히 되돌려주는 것이다. 비겁하지만 또한 그만큼 치명적인 방식인 것이다.

〈하늘이시여〉는 한술 더 떠 주인공 영선(한혜숙 분)이 처녀시절 자신이 낳아버린 딸 자경(윤정희 분)을 며느리로 맞아들이는 설정으로 갈 때까지 간 '패륜 드라마'라는 악명을 떨치게 된다. 그녀는 포악한 계모 밑에서 갖은 고생을 하면서도 반듯하게 자라난 딸을 부유하고 능력이 있으면서도 자상하기까지 한 자신의 의붓아들 구왕모(이태곤 분)와 계획적으로 맺어준다. 우연을 가장하여 최대한 자연스럽게 엮어줌으로써 마치 두 남녀가 자신들도 모르게 하늘이 계시한 운명적인 사랑에 빠져드는 것처럼 보일 지경이다. 딸을 딸로 되찾는 것이 아니라 며느리로 맞는 이러한 꼬이고 뒤틀린 구도는 지금까지의 드라마 역사상 가장 극단적이고 자극적인 설정임에 틀림없어 보인다.

게다가 우연적이고 우발적인 사건이나 사고들이 수시로 발생한다. 필요하면 언제든지 예정에 없던 새로운 인물이 투입되고 불필요하거나 방해요소가 되는 인물이 제거되는 거야 대부분의 드라마에서 자주 발생하는 일이지만, 임성한 드라마에서만큼 그렇게 급작스럽고 충격적인 방식으로 이루어지는 경우는 찾아보기 어렵다. 〈하늘이시여〉에서 영선과 홍파(임채무 분)의 재결합을 위해 느닷없이 봉은지 여사(김영란 분)를 교통사고로 죽게 만든 것이 대표적인 예일 터인데, 그것도 봉여사를 정부와 함께 밀월여행 중에 사고를 당한 부도덕한 여자로 처리해버림으로써 상처에 대한 애도기간도 필요 없이 홍파의 재혼을 일사천리로 진행시킬 수 있게 되었다.

또 한 가지 사례는 막판에 인터넷을 그토록 뜨겁게 달구었던 황당하고 망측한 소피아(이숙 분)의 죽음이다. 그녀는 단지 자경의 출생의 비밀을 알고 있다는 사실 때문에 죽을 운명에 처하는데, 그것도 극중 개그프로 '웃찾사'를 보며 웃다가 급사를 하는 웃지 못할 상황이 벌어진다. 그에 앞서 비밀을 맨 처음 알고 소피아에게 전달한 가정부는 풍을 맞아 말을 못하는 신세가 되었었다. 이렇게 해서 은밀하게 비밀을 누설한 두 인물이 연이어 단죄를 받고, 오로지 계모 배득(박해미 분)만이 비밀의 열쇠를 쥠으로써 영선과 일대 격전을 치룰 수 있게 되고 이로써 극적 갈등은 최고로 고조된다.

이렇게 극적 논리나 합리성과 무관하게 우연적이고 우발적인 사건들이 그야말로 쇼킹한 방식으로 전개되는 것이다. 그런데 여기서 더욱 놀라운 것은 그러한 황당하고 엽기적인 사건이나 갈등들이 어찌나 흥미진진하게 이어지던지, 우리로 하여금 그 결과와 사건의 여파를 안 보고는 못 견디게 만든다는 사실이다. '어머, 어머. 말도 안 돼!'하는 놀라움도 잠시, 바로 이어 '그래서, 그 다음에 어떻게 됐대?', '자경이가 임신했대?', '계모가 모든 사실을 알았으니, 이제 어찌되나?'하는 식으로 끊임없이 다음 이야기를 궁금하게 여기게 되는 것이다. 다음 이야기가 어떻게 이어질지, 어디서 어떤 사건이 튀어나올지, 어떤 인물이 갑자기 나타나고 사라져버릴지 오직 작가만이 알고 있다. 아니 작가 자신도 자신이 어디로 튈지 모르는 거 같다.

드라마 갈등구조

다음 이야기를 계속해서 궁금하게 만드는 이러한 재주는 갈등을 맺고 풀어가는 임성한의 독특한 이야기 직조방식에 있다.

물론 이야기의 큰 줄기는 처음부터 깔아놓은 포석에 따라 누구나 예상 가능한 방향으로 어김없이 흘러간다. 자경과 왕모는 집안 배경과 조건의 심한 격차에도 불구하고, 왕할머니(정혜선 분)나 배득, 예리(왕빛나 분) 등 훼방꾼들의 고약하고 악랄한 방해공작에도 불구하고 결국 사랑의 결실을 맺게 된다. 코믹가족극을 표방하는 〈하늘이시여〉가 인물들 간의 모든 갈등이 해결되고 완전한 가족이 재구성되는 해피엔딩을 맞을 것임은 처음부터 뻔한 것이었다.

그런데 이런 큰 줄기를 만들어주는 자잘한 사건이나 갈등들은 그리 뻔하거나 진부하지 않다. 그야말로 예측할 수 없이 다양하고 무궁한 곁가지들이 만들어지는 것이다. 어디서 튀어나올지 모르는 예측불허의 작은 사건들과 갈등들이 심심하거나 지루할 겨를 없이 극적 긴장을 유지시켜준다. 어떨 때는 너무나 구체적이고 사소해서 쉽사리 다루어지지 않았던 이야기일 때도 있고 어떨 때는 너무나 특이하고 황당하고 우스꽝스러워서 저런 일이 있을까 싶은 것들일 때도 있다. 그러나 이 모든 것이 우리 일상의 한 가운데서 혹은 우리의 주변에서 항시 일어나는 일들이며 일어날 수 있는 사건들이다. 웃기는 사건이나 황당한 상황들, 그것들은 실제 현실 속에서 거짓말 같이 발생하곤 하는 것이다. 드라마보다 더 드라마 같은 현실 속의 무수한 해프닝들처럼 말이다.

이러한 얘기들이 단지 하나마나한 쓸 데 없는 잡담이나 한순간의 자극적인 농담이나 해프닝으로 끝나지 않는 것은 이들이 인물들 사이에 적절히 배치되어 인물들의 성격을 뚜렷이 드러내주고 인물들 사이의 관계, 그 미묘하고 복잡한 갈등의 양상이나 애증의 깊숙한 곳까지 침투해 들어가기 때문이다. 그리하여 일상적 삶 속에 있는 인간들의 날것의 욕망들을 불러낸다. 식탐에서부터 과시욕이나 허영기까지, 혈연가족에 대한 맹목적 집착이나 구애의 대상에 대한 질긴 미망, 가까운 사람들 사이의 반목과 질투, 질시와 음해까지, 사소하고 유치하거나 이기적이고 추악한 측면들, 독하면서도 심약한 그 모든 한계와 치부들까지를 들추어낸다.

게다가 작가는 이러한 갈등들을 결코 길게 끌고 가는 법이 없다. 갈등들은 그 회나 바로 다음 회에 바로바로 해결됨으로써 이야기가 늘어지는 것을 미연에 방지한다. 지겨워질 틈도 없이 새로운 갈등들이 인물들을 달리하면서 일어났다 해결되고, 또 일어났다 해결된다. 이는 갈등상황의 빠른 전환에 기반한 일종의 시트콤이나 에피소드식 구성과 유사한데, 이렇게 치고 빠지는 짧은 호흡의 단타식 갈등해소는 드라마에 대한 순간 집중도와 흡인력을 높여주는 꽤 효과적인 방법이 된다. 이는 또한 등장인물들 모두에게 골고루 갈등의 포인트를 부여하는 효과를 발휘하여, 주인공들은 말할 것도 없이 조연들까지도 갈등의 중심무대 위로 올라올 수 있게 만들어준다.

　그러나 무엇보다 흥미로운 것은 임성한 드라마가 보여주는 갈등의 중첩구조이다. 앞 절에서 언급한 것처럼 〈인어아가씨〉와 〈하늘이시여〉의 기본 설정은 우회적이고 비틀린 구도이다. 아버지와 그의 여자에 대한 원한을 갚기 위해 그들의 딸과 그 애인을 이용하고, 자신의 딸을 되찾기 위해 그녀를 의붓아들과 엮어주어 며느리로 맞아들이는 식으로, 상식을 희생하고 '비윤리성'의 오명을 감수하면서 작가가 얻어낸 것이 바로 갈등의 중첩구조이다. 갈등 당사자들을 일대일로 직접 붙이는 방법 대신 이처럼 한 번 비틀고 꼬아놓음으로써 갈등은 몇 겹으로 두터워진다. 아리영은 아버지 진섭(박근형 분), 수정(한혜숙 분)과 갈등할 뿐아니라, 주왕(김성민 분)을 사이에 두고 예영과도 대립하게 된다. 영선은 딸을 며느리로 맞기 위해 딸의 계모나 친조모, 자신의 시어머니, 나아가 자신의 과거를 알고 있는 모든 인물들과 대립할 뿐만 아니라 자신의 아들, 그리고 종국에는 자신의 딸과도 갈등해야만 한다. 이러한 몇 겹으로 둘러싸인 갈등의 중첩구조는 인물들의 대립과 갈등의 구도를 여러 라인에 걸쳐 다층적으로 풍부하게 만들어준다. 거의 모든 등장인물을 메인갈등의 촘촘한 그물망 안으로 포섭해 들임으로써 다이내믹한 이야기 구조를 엮어내는 것이다.

　이러한 우회적이고 비틀린 구도가 만들어내는 갈등의 중첩구조 안에서 가장 중요하게 부각되는 것은 역시 멜로라인이다. 재미있는 것은 이렇게 꼬이고 뒤틀린 복잡한 갈등구조가 오히려 드라마의 멜로라인을 갈등의 한복판 안에 기입시켜준다는 점이다. 주인공들의 러브스토리가 아리영의 복수극이나 영선의 딸 찾기라는 중심플롯의 메인갈등에도 '불구하고' 형성되는 것이 아니라, 정확히 그

중심 갈등 '때문에' 발생하게 되는 것이다. 드라마의 멜로라인은 아리영의 복수 극과 영선의 딸 찾기가 시작됨으로써 비로소 그로 인해 비롯된다.

이는 확실히 멜로의 전도라 할 만한 것인데, 대부분의 멜로드라마에서 사랑 하는 연인들의 사랑은 다른 외부적 갈등과 무관하게, 혹은 그것을 넘어서서 존 재해야만 하는 절대적 위치에 놓여 있기 때문이다. 이와 달리 임성한 드라마에 서는 멜로라인이 중심갈등 안에 철저히 복속된다. 전도된 멜로라인은 그 안에서 펼쳐지는 사랑을 숭고한 비극미를 가진 것으로 보여주기보다는 지독한 현실의 아이러니를 드러내는 것으로 만들어준다. 아리영은 비정한 복수심으로 빼앗은 남자를 사랑하게 되는 의도치 않은 모순적이고 배반적인 감정에 휩싸이게 되고, 자경과 왕모는 가족들의 반대를 물리치고 이뤄낸 자신들의 순수하고 절대적인 사랑이 결국 자신들의 어머니의 계획에 의한 것임을 아프게 깨달아야만 한다. 이는 젊은 주인공 남녀의 러브스토리를 여느 멜로물들과는 달리 범속하고 음험 한 비밀과 음모에 휩싸인 어떤 것으로 끌어내린다. 그리고 이렇게 형성된 멜로 라인을 통해 극의 모든 갈등들이 크고 작은 파문을 일으키며 번져나간다.

인과응보의 세계

그런데 이 두 드라마는 그 갈등의 중첩구조뿐만 아니라, 부모세대의 엇갈린 사랑과 악연이 정확히 그 자식들에게 대물림된다는 점에서 또한 구조적 상동의 질서를 보여준다. 〈인어아가씨〉의 복수극과 정확히 짝을 이루는 것이 〈하늘이 시여〉의 보상극인 것이다.

여기에서 원초적 사건은 '여자(들)의 버림받음'이다. 정확히 말하면 엄마와 딸의 버림받음인데, 여자(엄마)가 버려짐으로써 그 딸까지 함께 버려지는 것이다. 〈인어아가씨〉에서 아리영의 엄마 경혜(정영숙 분)는 일찌감치 남편에게서 버림받고 눈까지 먼 채 혼자 딸을 키우며 힘겹게 살아왔다. 남편이 자신의 절친한 후배 수정과 바람이 나면서 단란한 가정을 박살냈기 때문이다. 아리영이 아비 없이 눈 먼 엄마와 함께 살아온 고통과 통한의 세월은 그녀에게 자신들을 그렇게 만든 사람들에 대한 사무치는 원한과 복수의 마음을 품도록 몰아갔다. 게다가 자신들을 버린 아비와 여자는 잘나가는 신문사 간부와 유명 배우로, 어여쁜 딸까지 두고 승승장구하면서 호화로운 생활을 누리고 있다. 두 가정의 극단적 대비 속에 아리영이 벌여나가는 복수극은 더욱 더 그 정당성을 확보하게 된다.

그녀는 아비의 가정을 산산이 부수어버릴 각오를 하게 되는데, 그들에게 자신들이 겪었던 상실의 불행과 고통을 되돌려주어야만 하는 것이다. 아리영이 특히 풍족하게 부모의 애정을 받고 자라난 이복동생 예영에게 복수의 칼날을 들이대는 것은 그녀의 뼈에 사무치는 박탈감과 결핍의 정체를 명확히 보여준다. 그녀는 동생이 가진 모든 것을 다시 빼앗고 싶은 것이다. 모든 것이 제자리에 있었다면 원래 자기 것이었을 그 모든 행복과 행운을 도로 찾고 싶은 것이다. 그리고 실제로 드라마는 아리영에게 그 모든 것을 되찾아준다. 아버지와 동생이라는 자신의 핏줄을 되찾을 뿐만 아니라, 사랑하는 남자를 얻어 행복한 가정을 이루게 된다. 그녀는 그간에 자신이 겪었던 힘겨운 현실의 모든 고통과 간난에 대한 최종적 보상을 받게 되는 셈이다.

〈하늘이시여〉의 영선 역시 처녀시절 사랑하는 남자 홍파(임채무 분)와 그 어머니 모란실여사(반효정 분)에게 버림을 받았다. 그후 혼자 몰래 딸 자경을 낳은 그녀는 부모의 갑작스런 죽음으로 정신을 놓게 되고, 자경은 선배부부에게 맡겨진다. 미국으로 건너간 영선은 왕모의 아버지와 결혼해 딸 슬아(이수경 분)를 낳고 유복하고 단란한 가정생활을 꾸려왔다. 그러던 중 남편이 죽고 영선이 자신의 딸을 찾아 서울로 돌아오면서 드라마는 시작된다.

영선이 첫사랑의 실패로 인한 상처를 이후의 행복한 결혼생활로 보상을 받은 반면, 모든 불행은 그녀의 딸 자경의 몫이 되었다. 자경은 아버지에 이어 어머니에게까지 버림받음으로써 두 번 버려진 셈이 된다. 그녀는 영선의 선배언니인 양모가 죽은 뒤 양부가 재혼한 계모 배득의 손에서 키워지는데, 그 양부마저 죽고 나자 계모의 구박과 학대 속에서 눈물 젖은 눈칫밥으로 성장하게 된다. 대학 1학년을 마치지 못하고 생계를 위한 직업전선에 내몰린 그녀가 메이크업 아티스트로 이름을 얻게 된 후에도 죽도록 일해서 번 돈은 모두 배득과 그 아들 태현을 뒷바라지하는 데 들어가고 만다. 유명스타인 외삼촌 청하(조연우 분)만이 자경을 이해하고 위해 주는 유일한 인물인데, 그와의 짧은 연애사건은 그녀에게 자신의 비루하고 희망 없는 처지를 상기시키는 뼈아픈 상처만을 남기게 된다.

자신의 버려진 딸이 그간 얼마나 힘겹게 살아왔는지, 현재의 고되고 지친 삶을 얼마나 간신히 버티고 있는지를 알게 된 영선은 딸을 그 불우한 처지와 불행의 늪에서 구원해 내기 위해 천지신명께 기도하는 절절한 마음(하늘이시여!)으로 온 정성을 다하게 된다. 그것은 자신이 버렸던 자식에 대한 사무치는 죄책감과 회한의 눈물이자, 자경이 행복해질 수만 있다면 무슨 일이든 못할 것이 없는 오랜 세월 억눌러왔던 모질고 독한 모정의 폭발에 다름 아니다. 자경이 겪었던 모든 역경과 불행은 이제 말끔히 해소되어야만 하며, 그녀의 깊은 설움과 외로움은 완벽하게 치유되어야만 한다. 자경은 이제 자신이 당하고 받은 서러운 세월의 무게에 값하는 보상을 받아야만 하는 것이다.

이처럼 이 드라마들에는 사람들이 자신들의 업에 따라 그 대가를 받는다는

268

인과응보의 논리가 강하게 자리잡고 있다. 이것은 주로 선악으로 갈리는 인간의 행위와 마음씀씀이는 그에 따른 마땅한 업보를 갖게 마련이라는 오랜 믿음이다. 죄를 지은 사람은 응당한 죄값을 받아야 하고, 선한 사람은 복을 받아야 하며, 부당하고 억울하게 빼앗긴 사람은 자신의 것을 되찾고 보상받아야만 한다는 것이다.

이것은 사실 현실 속에서는 우리가 너무 쉽게, 너무 자주 배반당하는 믿음이다. 선악과 행불행은 바로 연결되지 않을 뿐만 아니라, 부와 권력의 현실논리 앞에 선악의 논리가 개입할 여지란 거의 없어 보인다. 따라서 대부분의 사람들이 자신은 희생자라는 피해의식에 시달리고 있는 것도 그리 이상한 일은 아니다. 착한 사람이 복 받고 악한 사람이 벌 받는다는 인과응보가 현세에서 제대로 실현된다면 우리가 굳이 전생의 인연이나 업을 들먹거릴 이유가 없지 않겠는가?

현실에서는 인과응보가 그리 쉽게 이루어지지 않는다는 사실이 역설적으로 드라마들이 인과응보에 매달리는 바로 그 이유가 된다. 이즈음의 드라마들에서 선악의 이분법이 조금씩 무너져가고, 매력적인 악인들이 상한가를 친다 해도 여전히 드라마의 주인공은 반드시 궁극적으로 선인이어야 하며, 악인들은 (장렬한 매력을 풍기며) 처벌되어야 하는 것이다.

작가는 어쩌면 인과응보가 배반당하는 현실을 너무나 잘 알고 있는 건지도 모른다. 한발 더 나아가, 임성한 드라마들에서 인과응보를 주재하는 존재가 운명이나 신과 같은 절대자가 아니라 나약하기 짝이 없는 인간들이니 말이다. 인과응보를 몸소 행하는 자가 바로 우리의 주인공들인 아리영과 영선인 것이다. 그녀들은 그 모든 최후의 판단을 하늘에서 내려주기만 기다리고 있을 수 없었다. 그녀들이 직접 행동에 나선 것이다.

269

여자들의 절대권력

어떠한 현실성도, 개연성도 무시할 수 있는 임성한식 드라마의 내적 논리와 문법은 의외로 간단하다. 모든 것이 주인공인 여자들의 욕망과 필요에 따라 이루어지는 놀라운 마법의 세계가 바로 그것이다. 여자주인공들이 신을 대리하여 인과응보를 직접 실행하는 데서도 드러나듯이, 그녀들이 간절히 원하는 것들은 결국 모두 이루어지게 된다. 이렇게 보면 임성한 드라마는 오랜 세월 전해져 내려온 민담과 같은 우리의 옛날이야기들을 떠오르게 한다. 선악에 기반한 인과응보의 세계가 그러하며, 모든 만물이 주인공을 위해 주인공의 성공과 행복을 위해 주인공을 중심으로 돌아가는 내러티브가 그러하며, 또한 그를 위해 우연적이고 우발적인 사건이나 상황에 쉽게 의지하는 방식들도 그러하다. 이러한 옛날이야기식 구조는 매우 황당하고 비현실적인 것으로 보이기도 하지만 끊임없이 반복되고 변주되어 올만큼 끈끈한 생명력을 가지고 이어져 내려오는 것이기도 하다. 이러한 드라마 세계 안에서 우리가 무소불위의 작가의 권한에 모든 것을 위임하듯, 그렇게 우리는 주인공의 절대 권력에 자발적 순응과 맹종을 다짐하지 않을 수 없다.

이들 드라마는 그야말로 드라마의 모든 것을 주재하는 여자주인공의 절대 권력에 의해 굴러간다. 〈보고 또 보고〉의 은주에서 그러한 기미가 나타나기 시작하여 〈인어아가씨〉의 아리영을 거쳐 〈하늘이시여〉의 영선에 이르기까지, 이들 여자들은 자신의 운명은 물론, 타인의 운명과 만물의 흐름까지 주재하는 절대적인 위치를 차지한다.

집안의 오랜 구박덩이이던 은주가 정확한 판단과 영리한 처신으로 능력 있고 따뜻한 남자를 골라 자신의 행복을 스스로 꿰차는 것처럼, 아리영이 계획적으로

270

접근한 의붓동생의 약혼자와 진짜 사랑에 빠져 결혼에 이르는 것처럼, 영선이 의도적으로 자신의 의붓아들을 친딸과 엮어줘 결혼에 이르게 하는 것처럼, 주인 공들의 기획은 처음부터 끝까지 사건의 원인이자 결과이고, 드라마의 발단이자 결말이 된다.

여기서 모든 것은 우리의 주인공들이 뜻한바 일정한 목표를 향해, 그녀들의 의지를 따라 진행된다. 물론 이들 앞에는 이들을 방해하는 숱한 장애물들이 존재한다. 따라서 이들의 기획이 과연 성공할 것인가, 이들의 계획을 가로막는 장애는 어떻게 극복될 것인가 하는 것이 드라마 시청의 초미의 관심이 된다. 그리고 당연히 이들의 계획과 의도를 방해하는 여러 가지 갈등과 난관들은 하나씩 등장했다가는 가차 없이 제거되고, 또 다시 나타났다가는 바로 사라질 운명에 처하게 된다. 이는 일종의 영웅담의 형식인데, 우리의 주인공이 최종 목표가 완수되는 마지막 순간까지 장애와 난관들을 하나씩 극복해가는 고난극복의 투쟁기를 그려가기 때문이다. 이것이 여성들의 이야기가 중심인 이러한 여성드라마에 왜 남성시청자까지 몰입하는 것이 가능한지를 설명해준다.

임성한의 드라마는 확실히 여성들에 의한 여성들의 드라마이다. 이 세계에서 남성들은 실체를 갖지 못한다. 그가 완벽하게 이상화되어 있건, 어떤 결함(체제 자체의 근본적 한계로서의)을 가진 인물이건, 남성들은 단지 체제 그 자체의 담지자인 상징적, 법적인 존재로서 여성들의 욕망의 대상 혹은 그 대리물로서만 존재한다. 여자주인공들에 의해 간택되는 〈인어아가씨〉의 주왕과 〈하늘이시여〉의 왕모의 경우는 모든 것을 다 갖춘 완벽하고 이상적인 남자들이다. 이는 최근 드라마들이 선호하는 남성들과는 상당히 다른 모습이다. 삼각관계에서 결국 여자주인공과 맺어지는 대부분의 남자주인공은 모두 나름의 결핍을 지닌 불완전한 남자들이고, 잘나고 완벽한 남자들은 오히려 여자주인공의 낙점을 받지 못하고 낙오하는 제 3의 인물이 되는 경향과는 확실히 다른 것이다. 심지어 재벌 2세의 경우도 대부분이 사생아라거나 불운한 사고로 어머니(혹은 여자)를 잃었다거나 하는 어두운 과거의 상처를 지닌 인물들이어야만 여자의 사랑을 받을 수 있게 된다. 그런데 주왕과 왕모는 어떠한 결함도 지니지 않은 완전한 인물들로 여자 주인공의 결함과 결핍을 채워줄 수 있는 무언가─체제 내의 위치로서의 상징적 지위─를 지닌 존재들이다. 그들은 인간적인 매력을 지닌 사랑의 대상으로서가 아니라 그들의 위치로 환원될 수 있는 순수한 욕망의 대상으로 존재한다. 그들은 빼앗아 차지해야 할 최종 목표물로서의 완전한 사랑, 완벽한 결혼, 최고의 행복 등등에 대한 상징적 대리물이다.

이에 비해 아버지들은 어머니를 버린 비정하고 잔인한 인물들로 근원적 결함과 한계를 지닌 존재들이다. 그럼에도 불구하고 그들은 과거의 원초적 실수라는 그 한 가지 사실을 제외하면 가정적, 사회적으로 부족함이 없는 완벽한 인물들이다. 모두 사회에서 중요한 자리를 차지하는 성공한 직업인일 뿐만 아니라 심지어 따뜻하며 인간적인 모습의 품위 있는 인격자들이다. 이들이 여자들을 고통과 불행의 구렁텅이로 빠뜨린 모든 문제의 근본적 원인 제공자들임에도 불구하고 결코 자신들이 가진 모든 기득권과 권위와 품위를 잃지 않는다는 사실이야말로 그들에게 여전히 여성들이 되찾기 위해 싸우고 노력해야 하는 어떤 욕망의 상징적 대상으로서의 위치를 고수시켜준다. 남자에게서 남자의 어떤 것을 빼앗아오는 것이 아니라(그리하면 남자들 역시 싸움의 주체로 나설 수밖에 없게 된다) 남자 그 자체를 송두리째 빼앗고 되찾는 것이다. 남자를 목표로 하는 여성들의 싸움이라는 이러한 가부장적 실천 양상이 역설적으로 남자들을 수동적이고

272

비주체적인 대상물로 전락시킨다는 사실은 꽤나 흥미로운 지점이 아닐 수 없다.

반면에 욕망하고 일을 꾸미고 실행에 옮기는 것은 모두 여성들의 몫이다. 오직 여성들만이 무언가를 얻기 위해 위험하고 불확실한 내기와 승부에 자신을 던지며, 자신들의 결단과 행동을 통해 스스로 변해간다. 그녀들은 행위하는 주체이고, 그러한 자신들의 행위가 가져올 결과를 자신들이 온전히 감당해야 한다는 의미에서 윤리적 주체이기도 하다.

드라마는 순전히 이러한 여성들 사이의 갈등과 욕망의 대결구도로 나아간다. 고부간의 갈등이나 계모와 딸 사이의 갈등과 같은 매일매일 가정에서 발생하는 일상적인 수준의 갈등들 뿐만 아니라, 남자를 사이에 둔 여자들끼리의 운명을 건 경쟁은 치고받는 싸움과 악다구니, 노골적 음모 등 저열하고 원색적인 대결로 치닫기 일쑤이다. 이들 드라마가 '여성을 여성의 적으로 만든다'는 페미니스트적 비판에 직면하는 지점이기도 하다.

그런데 사실 그런 비판은 무의미한 것이기도 하다. 여성들의 욕망으로 들끓는 이 세속적 세계에서 남성들은 사라지는 매개자에 불과하기 때문이다. 이 세계에서는 여성들만이 주인공이 될 수 있는 절대적 지위를 차지하기 때문이며, 여성들만이 싸움의 주체가 될 수 있고, 승리할 수 있기 때문이다. 여기서 중요한 것은 목표로서의 욕망의 대상인 남성 그 자체가 아니다. 중요한 것은 여성들이 자신들의 위치를 뒤집어 스스로 군림하게 된다는 것이며 그를 위해 자신의 욕망을 분출한다는 사실 그 자체이다.

아리영이 엄마뻘인 수정과 서로의 따귀를 올려붙이며 대결할 때, 배득이 자경의 머리끄덩이를 붙잡고 싸울 때, 또는 왕모를 사이에 두고 자경과 예리가 육박전을 벌일 때, 흥미로운 것은 단지 자극적이고 외설적인 이웃집 싸움구경이

273

주는 즐거움만이 아니다. 그것은 억압되고 은폐된 욕망들이 밖으로 터져 나올 때의 희열 같은 것이다. 특히 고상하고 우아한 우리의 주인공들이 자신의 본색의 어떤 이면–잔인하고 독하고 비열한—을 드러내 보일 때, 어느 한순간 비루하고 나약한 존재로 떨어지는 그녀들을 보는 것은 확실히 동병상련과 같은 연민을 자아낸다. 그녀들의 욕망은 교양과 체면 따위를 가차 없이 내던져버릴 만큼 그만큼 절박한 것이기도 한 것이다.

여성들의 욕망 – 너무나 세속적인

여기서 특히 주목되는 것은 제법 명확해 보였던 드라마 속 선악의 세계가 어느 순간 혼돈스럽게 뒤엉켜버린다는 사실이다. 피해자와 가해자로 나뉘었던 여성들의 선악의 위치가 뒤집히는 역전의 순간이 도래하는 것이다. 피해자였던 아리영과 영선, 자경 등이 빼앗겼던 자신의 자리를 되찾기 위해 복수와 보상의 기획으로 돌진하는 순간, 그들은 또 다른 희생자들을 낳는 악순환의 굴레 속으로 빨려들어간다. 그녀들은 가혹한 현실을 지탱해온 처연함과 온순함으로부터 때로 매정하고 냉담한 자신들의 속내를 드러낸다. 아리영은 주왕을 유혹하기 위한 목적으로 치밀하고 완벽한 계획을 실행하는 일종의 팜므파탈이 된다. 깊숙이 숨겨진 내면의 욕망을 가리는 청순하고 진실한 얼굴은 어느 쪽이 진짜 그녀의 모습인지 도무지 분간할 수 없게 만든다. 영선은 왕모로부터 예리를 떼어놓기 위해 직접 개입을 하는데, 우아하고 고상한 표면적 모습과는 전혀 달리 잔인하고 냉혹하게 그녀를 잘라버린다. 영선이 아들도 모르게 여러 차례 예리를 만나 이유 같지 않은 이유를 들이대면서 그녀의 접근기회를 원천적으로 박탈하는 부당하고 무리한 월권행위는 오히려 예리의 투지와 오기에 불을 댕긴다.

이와 반대로 가해자의 위치에 놓여 있던 수정과 예영, 배득과 예리 등이 희생자와 패배자의 자리로 내몰릴 때, 이들 악역들이 옴짝달싹 할 수 없는 막판 궁지에 몰려 힘없이 무너져내릴 때, 그들에게서는 억울함과 분노에 뒤섞인 열패감과 회한이 만들어내는 진한 연민이 피어나온다. 영악하지만 어리숙하고 교활하지만 나약한 이들의 그 결함과 한계들이 욕심만 많았지 어리석고 부족한 인간들 자체의 근본 한계들에 겹쳐지는 것이다. 심지어 (제대로 경쟁에 끼지도 못한 채) 예리가 마지막 패배를 인정할 수밖에 없던 순간에 보여준 어이없는 발작적인 패악, 가당찮고 억울하게 왕모를 빼앗긴 데서 오는 그 절절한 슬픔은 가히 압도적인 감동과 전율을 불러일으켰다. 자기 안에 남아 있던 모든 감정을 쏟아내는 정결하고 거룩한 의식처럼 그녀는 자기 나름의 정화과정을 치르는 것처럼 보였다.

이처럼 선악으로 명확히 갈렸던 인물구도가 어느새 서로 전도되고 뒤엉키고 혼재되는 것은 그들이 여자들의 욕망이라는 공통분모로 수렴되기 때문이다. 그녀들은 모두 자기 자신의 욕망에 갇혀 버둥대는 현실적이고 세속적인 인물들이다. 노년 여성에서 중년 여성들, 그리고 젊은 여성들에 이르기까지 그들이 추구하는 목표와 가치, 그 욕망의 정도와 크기는 크게 다르지 않다. 가진 자는 가진 자대로 자신이 가진 것을 움켜쥐고 놓지 않으려 하며 나아가 더 좋은 것 더 많은 것을 가지려고 애를 쓰고, 못 가진 자는 못 가진 자대로 자신이 가지지 못한 것 빼앗긴 것을 차지하기 위해 아등바등댄다. 이들은 서로 빼앗고 빼앗기지 않으려는 충돌과 경쟁 속에서 어느새 하나로 뒤엉켜버린다.

여기서 오랜 세월 우리 삶의 양식을 지배했던 체면과 허식은 가차 없이 내동댕이쳐진다. 현실적이고 세속적인 욕망들이 가식과 위선의 얇아진 외피를 뚫고

275

솟아나온다. 이기적이고 원초적이고 일차원적인 욕망들이 뻔뻔해 보일 정도로 솔직하고 노골적으로 드러난다. 결코 남에게 양도할 수 없는 내 것들, 내 남자 (남편, 아버지, 아들 등), 내 집, 내 가정, 내 가족 등등 내 소유의 모든 것들에 대한 질기고 질긴 애착이다. 빼앗긴 내 자리는 되찾아야만 하고, 빼앗긴 핏줄은 도로 돌려받아야만 한다.

물론 이러한 날것의 욕망들을 알맞은 거리에서 적당히 가려주고 부드럽게 중화시켜줄 가림막이 필요하다. 날것들은 언뜻언뜻 보여질 때 그 생생함이 살아나는 것이지, 생짜의 것이 직접적으로 지속될 때는 그 추악함과 외설성으로 말미암아 시청자나 관객들이 차마 마주보지 못하고 외면해버릴 수밖에 없기 때문이다. 영민한 작가가 선택하는 첫 번째 가림막은 부잣집 마나님들과 젊은이들의 여유롭고 풍요로운 생활상을 매우 디테일하게 보여주는 것이다. 웰빙 열풍에 맞추어 몸에 좋고 맛있는 음식들을 순례하듯 다니면서 품평회를 하고 온갖 건강식품에 헬스기구까지 동원하여 몸에 대한 시대의 관심과 요구에 정확히 부응한다. 게다가 의상은 기본이고 보석이며 장신구들이 자주 등장하여 시청자의 호기심을 자극하고 시각적 쾌감을 높여준다. 드라마 속 간접광고가 이 드라마만큼 효과적으로 보여지기도 쉽지 않을 지경이다.

이렇게 그려진 부유한 사람들의 일상적 생활 모습은 여느 드라마들처럼 단지 인물들의 상황이나 캐릭터를 리얼하게 묘사하기 위한 부수적인 외부적 환경에 그치는 것이 아니다. 그러한 그들의 생활방식과 스타일 자체가 주인공들과 등장인물들이 추구하는 욕망의 실체적 모습의 조각들을 되비쳐주기 때문이며, 또한 시청자들이 보고 즐기는 욕망의 주요한 대리물들을 구성하기 때문이다. 그리하여 여기서 작가가 취하는 전략적 태도는 교양 있고 우아한 중산층 여성들의 허

276

위의식과 그 속물성을 까발리는 것이 아니라, 정확히 그 반대로, 여성들의 제어할 수 없고 감출 수 없는 속물적 욕망들을 점잖고 여유 있는 생활방식과 취향들로 감싸주는 것이다. 이때 그 속물적 욕망들은 적나라하고 노골적이지만 동시에 추악하지 않은 어떤 도달해야 할 가치들을 획득하게 된다.

속물적 욕망을 중화시키는 두 번째 가림막은 영선이 보여주는 바와 같은 모성적 희생정신이다. 그녀는 자발적으로 딸을 며느리로 받아들임으로써 엄마로서의 자기 존재마저 부정하는 극도의 자기희생을 떠맡는다. 마치 딸을 버린 죄에 대한 자책과 처벌을 스스로에게 부과하는 것처럼, 딸을 딸이라 부르지 못하는 통한의 심정, 그 처절하고 애틋한 모성이야말로 〈하늘이시여〉의 센티멘탈리즘을 유지시켜주는 절대적 요인이 된다. 그러나 그러한 희생적 모성이야말로 영선의 속물적 본성을 가려주는 매우 효과적인 차단막이다. 그것은 자신을 희생하고 딸을 속이면서까지 가난하고 불쌍한 딸을 안락하고 부유한 자신의 가정으로 영구히 끌어들이기 위해 취하는 엄마의 고도의 계산된 선택이다. 완벽한 조건을 갖춘 남자와의 결혼이 30년간 잃었던 엄마를 되찾는 것보다 딸에게 더 큰 행복을 가져다주리라는 현실적 계산인 것이다. 게다가 딸 버린 엄마로서의 자신의 과거도 들추어냄 없이, 딸에게 엄마 같은 시어머니를 선사하며, 그 딸과 평생을 같이 살 수 있게 되는 것들은 부가적으로 따라오는 이득일 것이다. 물론 결국에는 비록 모든 사실이 밝혀지게 되어 영선의 그 놀라운 계획이 만천하에 드러나지만, 그녀가 꾸민 그 모든 죄는 그녀의 자신을 희생한 지고지순한 모정으로 용서를 받게 된다. 이로써 자경은 엄마 아빠를 되찾고 동시에 사랑과 결혼도 이루는 완전한 행복을 구가하게 된다. 영선의 계획은 자신의 예상을 초과하여 200% 성공한 것이다.

임성한 드라마의 강점은 그것이 부와 물질의 현실적 가치에 경도된 우리시대의 대중적 욕망의 가장 민감한 지점을 직접적이고 노골적으로 보여준다는 점이다. 대다수의 멜로드라마들이 절대선으로서의 사랑이라는 정신적 가치를 통해 그토록 부정하고자 했던 비루한 속물적 근성들을 자연스러운 인간 본연의 욕망으로 되살려놓는 것이다. 이는 잘 먹어야 하고 잘 살아야 하고 남부러울 것 없이 누리며 살아야 한다는 이 시대의 강박에 정확히 부응하는 것이다. '부자되세요'가 최고의 덕담이 된 이러한 가치전도의 시대에 걸맞게 사람들의 그악스러운 이기성과 물욕을 임성한 드라마만큼 솔직하고 적나라하게 담아낸 드라마들을 찾기란 결코 쉽지 않은 일이다. 이는 표면적으로는 여전히 사회적 감시와 도덕률에 억눌린 점잖은 시민들에게 어떤 카타르시스를 제공함에 틀림없다. 그것은 체면과 위신 때문에 차마 겉으로 드러내놓고 말하지 못했던 내면의 속된 욕망들을 나를 대신해서 그들이 터뜨려 줄 때의 시원한 쾌감과 희열 같은 것이다.

　　게다가 여주인공들의 복수와 보상의 시나리오가 완벽한 성공을 거둠으로써 그녀들의 욕망은 있는 그대로 완전히 수용되고 긍정된다. 승자들의 입장과 논리가 정당성을 부여받듯이 그녀들의 모든 음모와 악행 역시 부당하고 불평등한 현실을 거스르는 자기희생의 필연적 산물로 받아들여진다. 고난에 처한 여주인공에 대한 보상이 무엇보다 부와 지위를 가진 멋진 남자와의 결혼으로 귀결되는 것은 확실히 항상 무언가를 빼앗기고 살아간다는 대다수 여성들의 피해의식에 대한 확실한 보답이 된다.

　　이처럼 그녀들이 그간의 억울한 설움과 고통에서 완전히 벗어날 수 있는 것은 빼앗겼던 자신의 자리, 어머니로서의, 딸로서의 자신들의 마땅한 위치를 되찾는 것 뿐 아니라, 사회적으로 승인된 완벽한 남자와의 결합이라는 최종적 목표를 거머쥠으로써만 가능한 것이다. 그리하여 완전한 가족의 재구성이라는 우리시대의 가족신화는 여기에서도 여전히 반복되고, 남자를 통한 신분상승과 회복이라는 남성중심의 가부장제는 다시 한번 공고한 틀을 다진다.

그러나 이는 여자들에게 보상인 동시에 복수인 셈인데, 체제 밖에 버려졌던 여성들의 최고의 복수는 (그들을 버렸던 바로 그) 체제의 공인된 주인들과의 합법적 결혼으로 보란 듯이 체제 내로 무사히 되돌아가는 것, 체제 내로 안착하는 것이기 때문이다. 아리영이 한 가정을 파탄으로 몰아갔듯이, 영선이 가족 체계의 질서에 문란한 혼란을 초래했듯이, 그녀들은 가부장제의 비합리적이고 모순적인 그 체제를 깨고자 하는 극한적 몸부림을 통해서만 체제 내로 진입할 수 있는 것이다.

그리하여 복수와 보상의 프로그램으로서 이들 드라마는 사회적 지위와 부를 획득하고자 하는 여성들의 욕망을 중산층 가족이데올로기와 가부장제 안으로 효과적으로 수렴시키는 동시에, 그러한 가부장제 가족의 유지가 얼마나 큰 내재적 위험과 균열을 내포하고 있는가를 역설적으로 드러내주기도 하는 것이다. 여성들의 욕망의 한 극점으로서 이러한 복수와 보상의 모순적 동거야말로 가부장 체제의 내적 한계를 스스로 증명하는 임성한 식 드라마만의 매력을 구성하는 것이다.

실상 〈하늘이시여〉를 재미있게 보는 두 가지 방식이 있다. 하나는 주인공에게 동화되어 몰입하면서 보는 방식이고 다른 하나는 인물들의 행태를 엉뚱하고 황당한 해프닝과 코미디, 엽기로 즐기는 방식이다. 영선과 자경을 갈라놓은 비운의 현실을 따라 생이별한 모녀관계의 애절한 감정에 몰입하는 것이 전자라면, 인물들의 적나라한 속물근성들과 욕심들, 우스꽝스러운 이벤트성의 연애행각들을 낄낄거리며 바라보는 것이 후자의 방식이다. 이러한 감정이입과 거리두기의 절묘한 혼합은 애절함과 코믹함을 뒤섞는 이 드라마만의 탁월한 소구 전략이 된다. 그리고 바로 이러한 이중적 시청방식을 통해 우리는 가부장제 가족 안으로 수렴되면서도 끝내 통합되지 못하고 남는 이질적이고 돌출적인 균열의 지점들을 알아채게 되는 것이다.

출생의 비밀,
그 대중적 욕망

요즘 방송 3사의 드라마들을 보면, 가족드라마건 미니시리즈건 사극이건 할 거 없이 온통 출생의 비밀로 둘러싸여 있다. 너나 할 거 없이 출생의 비밀에 목을 매니, 그런 출생의 비밀이나 복잡하게 꼬인 혈연관계가 없다면 드라마 자체가 불가능한 것처럼 보일 지경이다. 오죽하면 드라마들이 출생의 비밀과 관련된 우리사회의 감추어진 어떤 엄청난 진실(?)을 밝히기 위한 비밀스런 임무와 사명감을 부여받은 것은 아닐까라는 황당무계한 생각이 들 정도이다.

물론 출생의 비밀이 그 옛날 오이디푸스신화에서부터 대하소설 〈토지〉나 멜로영화 〈미워도 다시 한 번〉에 이르기까지 어제 오늘의 일도 아니고, 텔레비전 드라마만의 소재나 주제인 것도 아니다. 그러나 일본드라마의 영향을 받은 90년대 이후 트렌디드라마들에서 출생과 혈연에 얽힌 갈등들이 본격적으로 전면화된 것만은 확실하다. 더욱이 최근 들어 트렌디드라마들의 도식성과 상투성이 나날이 심해지는 데는, 어김없이 등장하는 초반 해외로케나 청춘남녀들의 삼각·사각관계, 신데렐라 구도 등과 더불어 출생의 비밀이라는 코드가 한몫 단단히 하고 있음을 부인할 수 없다.

그런데 사실 이러한 현상이 기획력으로 제작되는 고만고만한 트렌디드라마들에만 국한되는 것도 아니다. 이미 중견작가들에 의해 안정적으로 집필되는 가족드라마 안에도 무시 못할 수준으로 침투해 들어갔으며, 심지어 인정옥이나 노희경 등의 작가주의로 분류되는 작품들에서조차 출생의 비밀이나 뒤틀린 혈연의 문제는 빠지지 않고 등장한다. 〈네 멋대로 해라〉나 〈아일랜드〉에서, 〈꽃보다 아름다워〉나 〈굿바이 솔로〉에서 비극적인 출생의 기원이나 복잡한 혈연의 굴레가 주인공들에게 미치는 영향을 생각해보라.

가족드라마 안에서 모든 갈등의 최종 수렴 지점으로 기능하든, 오누이 사이의 운명적이고 비극적인 사랑을 위한 궁극적 한계로 작용하든, 아니면 〈서동요〉나 〈주몽〉에서처럼 자신에게 주어진 운명적 계시를 찾아가는 비밀스러운 경로를 의미하든, 출생의 비밀은 이제 드라마 탄생의 근원적 조건마냥 되어버렸다.

그것은 실로 인물들 사이의 긴장과 갈등을 넘어 극적 구조로서의 미스터리와 스릴러의 수준으로까지 증식해간다. 〈하늘이시여〉가 코믹미스터리 수준이라면, 〈어느 멋진 날〉에서 몇 겹으로 뻗친 근친사랑의 아슬아슬한 수위는 거의 스릴러를 방불케 한다.

그렇다면 이토록 출생의 비밀이 난무하고 남발되는 이유는 무엇일까? 단지 안이한 작가의식과 문제의식의 부재와 무분별한 시청률 경쟁만으로 이 현상이 설명될 수 있을까? 출생의 비밀 코드 그 밑바닥에 어떤 대중적 욕망이 놓여있는 것은 아닐까? 혹시 이 시대의 특별한 사회심리가 작용하는 것은 아닐까? 연속극에 나타난 출생의 비밀 코드는 이 문제에 대한 구체적인 접근을 가능하게 해준다.

가족공동체에 대한 열망

지금 생각해보면 〈서울의 달〉(1994)은 우리가 향유할 수 있는 도시 속 지역 공동체에 대한 마지막 송가였던 것 같다. 그것은 마을이나 지역의 연계로부터 빠르게 이탈되고 해체되어 가던 지난 시기의 고단한 외로움에 대한 마지막 위로가 되어주었었다. 드라마 안의 그 작고 단일한 세계는 점점 복잡하고 부박해져 가는 현실 세계를 꿈의 형태로 되돌려주는 원형적 삶의 모습이었다. 그 속에서 우리는 무지 행복했었다.

홍식과 춘섭과 영숙들이 자신들의 꿈과 욕망을 좇아 뿔뿔이 흩어진 후 도시 변두리의 삶이 복구되는 일은 쉽게 일어나지 않았다. 트렌디드라마들이 앞다투어 개별화되고 분자화된 화려한 도시 젊은이들의 사랑과 일과 행복을 갈구할 때, 공동체의 삶에 대한 끈질긴 욕망은 일일극과 주말극이라는 연속극의 세계 안에서 그 가느다란 명맥을 유지해왔다.

그러나 더 이상 지역이나 마을 공동체는 존재하지 않는다. 그것이 곧 세계 전체를 은유했던 그런 의미의 지역이나 마을은 가끔씩 철지난 시대극을 통해 회귀할 뿐, 동시대의 삶은 이미 그 공간적 유대를 상실해버렸다. 그 대신 나타난 것이 가족공동체이다. 가족은 연속극의 처음이자 끝이 되었다. 혈연중심의 끈끈한 가족은 현대 자본주의의 거대한 원심력 속에서 끝내 내동댕이쳐지지 않기 위해 부여잡는 단 하나 남은 동아줄이다. 비록 그것이 썩은 동아줄일지언정, 끊어지는 마지막 순간까지 줄을 놓아버릴 수는 없지 않은가?

줄곧 시청률 1, 2위를 달렸던 〈별난 여자 별난 남자〉(이덕재 극본, 이덕건·박기호 연출, KBS)와 〈하늘이시여〉(임성한 극본, 이영희 연출, SBS)는 공교롭게도 둘 다 그야말로 드라마 전체가 한 가족으로 엮인 확대된 가족공동체를 이루고 있다. 전자가 따뜻하고 애정어린 시선으로 등장인물 하나하나의 장점과 약점을 풍부하게 살려내는 반면, 후자는 뚜렷한 선악의 구도 속에서 선악을 막론하고 모든 인간들의 모질고 극악스러운 면까지를 잡아낸다는 차이를 보임에도 불구하고 두 드라마는 거대한 가족공동체를 이룬다는 점에서 놀랍도록 닮아 있다.

〈별난 여자 별난 남자〉에는 장남집, 차남집, 막내딸집이라는 한 가족에 둘째 며느리 친구집만이 덧붙여진다. 〈하늘이시여〉에서도 장녀집, 차녀집에 주인공 자경의 생부집, 생모집이 얽혀 있다. 자경을 중심으로 보면 전체 등장인물이 하나의 가계도를 구성한다.

연속극의 세계가 항상 손에 잡힐 듯이 한눈에 내려다보이는 아주 작은 세계임은 분명하지만, 이 드라마들 안에서 세계는 더욱 축소되고 그리하여 더욱 공고해지고 단단해졌다. 이러한 가족공동체는 어떠한 외부의 간섭과 공격으로부터도 자유로운, 그 자체로 완벽하게 자족적인 세계를 이룬다. 이 좁은 세계 안에서 항상 만나고 자주 부딪칠 수밖에 없는 등장인물들(가족들) 사이에서는 크고 작은 사건과 갈등이 저절로 발생하기 마련이다.

근친사랑의 탈출구

출생의 비밀이라는 코드가 주요하게 배치되는 것은 이렇게 축소된 가족공동체 내에서이다. 여기서 출생의 비밀은 두 가지 의미를 지닌다. 하나는 그것이 가족 간의 갈등의 최고 수위를 이룬다는 것, 다른 하나는 그것이 가족 내의 사랑, 근친사랑을 가능케 하는 유일한 출구가 된다는 것이다. 이것은 미니시리즈들에

284

서 출생의 비밀이 운명적이고 비극적인 사랑을 위한 장치로 사용되는 것과는 사뭇 다른 양상이다.

주인공 중 누군가는 그 집안의 친자가 아니어야 하고, 이로써 사촌이나 남매끼리의 사랑도 삼촌에 대한 사랑도 가능해진다. 〈별난 여자 별난 남자〉에서 사촌 사이인 종남(김아중 분)과 석현(고주원 분)의 사랑이 그러하고, 〈하늘이시여〉에서 자경(윤정희 분)과 삼촌인 청하(조연우 분)의 한때의 사랑 그리고 결국은 남매인 자경과 왕모(이태곤 분)의 사랑과 결혼이 그러하다. 혈연 바깥의 인물을 가족 안으로 끌어들임으로써 근친상간의 금기를 위반하지 않고도 가족 내의 사랑을 이루어내는 것이다.

근친상간이 아니되 근친상간이 될 수밖에 없는 이러한 이율배반은 이 폐쇄된 가족공동체의 어찌할 수 없는 숙명인 셈이다. 재미있는 건 이러한 가장 보수적인 가족지상주의적인 홈드라마 속에서 근대 자본주의 가족 형성의 제 1 금기인 근친상간의 욕망이 발현되고 있다는 그 모순적 지점에 있다.

물론 근친상간의 욕망은 근사한 청춘남녀의 사랑 그 배후에 숨어 있다. 특히 두 드라마 모두에서 전면에 떠오르는 것은 버린 여자/버려진 여자로서의 어머니/딸에 대한 이중적 동일시이다. 자식을 버린 여자와 부모에게 버림받은 여자 양자에 대한 강렬한 감정이입, 그리고 이들을 통합시키려는 강력한 욕구는 근친상간의 욕망을 가리는 매우 효과적인 완충작용을 하게 된다.

〈별난 여자 별난 남자〉에서 출생의 비밀을 간직한 인물은 큰집의 둘째 아들로 태어나 작은집 아들로 자라난 석현이다. 드라마는 석현의 출생의 비밀을 둘러싼 큰집과 작은집의 갈등을 중심으로 펼쳐지지만, 여기서 중요한 변수는 외부에서 흘러들어와 고모딸이 된 또 다른 버려진 여자 종남이다. 고아 출신의 종남

285

은 사실상 석현의 자리를 대리하는 인물이다. 버려진 남자는 버려진 여자만큼 감정이입의 대상이 되기는 어렵기 때문이다.

그리하여 자식을 자식이라 부르지 못하는 큰어머니(김해숙 분)의 통절한 심정과 자신이 누구의 자식인지 알지 못하는 종남(곧 석현)의 외로운 처지는 상호 상승작용을 일으켜 드라마 몰입을 위한 감정적 저변을 이룬다. 버린 여자/버려진 여자에 대한 연민과 동병상련은 가부장 권력 아래 불안한 종속적 삶을 살아온 연속극 주시청층인 중년층 여성들에게 가장 원초적인 공감의 경험을 제공해준다. 종남과 석현의 힘겨운 사랑이 행복한 결합을 이루어야만 하는 이유는 버려진 그들을 가족 안으로 재위치시키기 위함이다.

〈하늘이시여〉의 경우는 버린 여자/버려진 여자에 대한 동일시 기제가 보다 자극적이고 노골적으로 진행된다. 처녀 몸으로 낳아 버린 자경에 대한 영선(한혜숙 분)의 애끓는 모정은 딸을 며느리로 맞아들일 만큼 상식과 통념을 뛰어넘는다. 그만큼 절절하고 간절하다. 날로 더해가는 자경에 대한 계모와 그 일가의 구박과 핍박은 버려진 여자에 대한 안쓰러운 동정과 연민의 감정을 한껏 끌어올린다.

그 자신이 버려진 여자였던 영선이 어쩔 수 없이 버려야 했던 자신의 아이를 결국 며느리로 맞아들이는 것은 자신을 내쳤던 그 배타적이고 계급적인 가부장적 가족 질서에 대한 가장 통렬한 복수인 셈이다. 그렇게 자경과 왕모의 결합은 버려진 여자를 합법적인 가족의 틀 안으로 다시 거두어들이는 방법이 된다.

두 드라마 모두에서 출생의 비밀로 인한 갈등이 해결되는 방식은 주인공 두 남녀의 결합이다. 버려졌던 여자에게는 다시 가족 내의 자리가 주어지고, 이로써 가족 안의 위기는 봉합되고 가족공동체는 복구될 것이다. 헌데 어쩌랴? 이들

286

혈연 가족에는 이미 뒤죽박죽 균열이 발생했으며, 근친상간의 금기에도 금이 가기 시작했다. 가족공동체가 그 근저에서 흔들리기 시작한 것이다.

가부장제의 틈새와 자기부정의 판타지

이를 좀 더 일반화시켜 보자면 출생의 비밀 코드가 환기시키는 기저의 의미는 현실과 판타지 양쪽 모두에 걸쳐 있다. 먼저 우리사회의 현실과 관련하여 그것은 곤경에 처한 일부일처 가부장제의 지울 수 없는 틈새와 구멍들을 증거한다. 그것은 근대 이후 단일하고 합법적인 가족의 틀과 정통적인 혈연관계 내에 항시 오점으로 존재해왔다.

그 틈새와 오점은 이제 더 이상 숨길 수 없는 모순의 폭발 지점으로서의 약한 고리가 되었다. 알고 보면 모두 가족드라마인 우리나라 멜로드라마들이 첨예한 갈등과 긴장의 수원水源으로 그 민감한 약한 고리를 물고 늘어지는 것은 어찌 보면 자연스러워 보이기도 한다.

사실 대부분의 드라마의 주인공들이 하나같이 고아이거나 사생아 아니면 한부모 자식, 최근 들어 입양아인 것도 그런 연유일 것이다(여기에는 물론 스타급 연기자들의 개런티 상승으로 인한 궁여지책으로 중년층 베테랑 연기자들을 최대한 줄임으로써 제작비 절감을 꾀하고자 하는 제작여건이 중요하게 작용한다). 드라마가 선호하는 이들 아웃사이더들은 가족 안에 놓인 이질적인 외부자로 존재할 뿐 아니라, 가족 내부의 갈등에서 가족 내부와 그 바깥 사이의 갈등으로 확대되는 그 경계지점에 놓이기도 한다.

이러한 출신의 오점은 흔히 주인공에게 부과되는 계급적 조건으로서의 가난만큼이나 주인공들에게 가해지는 원초적 상처로서 기능한다. 그 유명한 테리우스의 어두운 태생이 그의 존재론적 상처를 드러내듯이, 무수한 신화의 주인공들이 태생적 한계를 자신의 운명적 고통의 멍에로 짊어지듯이, 드라마 속 주인공들은 자신으로서도 어찌할 수 없는 근원적 비애의 상황에 놓여진다.

물론 기대하는 효과는 주인공들이 삶의 고뇌와 비의에 쌓인 인물만이 가지는 독특한 아우라를 뿜어내는 것이다. 많은 경우 그것이 단지 양식화되고 스타일화된 제스처로만 남는다는 것이 문제이긴 하지만 말이다. 예를 들어 〈미스터 굿바이〉의 윤현서(안재욱 분)가 보여주는 입양아로서의 상흔은 치밀하기도 하고 매력이 없는 것도 아니지만 또한 그의 심장병만큼이나 고루하기도 한데, 입양아라는 수식이 이 완벽한 남자를 외롭고 고독해서 사랑해 줄 수밖에 없는 인물로 만들어주는 허울로만 작용하기 때문이다. 반면에 〈연인〉의 하강재(이서진 분)는 고아라는 출신성분이 조폭으로서의 그 자신의 냉정하고 잔인한 성격의 이면에 있는 예민한 콤플렉스와 여리고 안쓰러운 속살들을 효과적으로 설명해준다.

한편 출생의 비밀 코드에 내재한 판타지는 좀더 은밀하고 도착적이다. 그 근저에 자신의 부모를 부정하고 나아가 자기자신을 부정하는 내밀한 열망과 맞닿아 있기 때문이다. 대부분의 가난한 집 아이들이 겪는 성장통의 첫번째 판타지는 자신이 아마도 주워온 아이일지도 모른다는 것이다. 원래 부잣집 아이였는데 어찌어찌하여 버려졌으나 언젠가는 나의 진짜 부모가 찾아올지도 모른다는 환상, 나아가 차라리 내가 고아였으면 하는 더욱 절망적인 판타지까지.

이는 현실 속의 자신의 부모를 부정하고 싶은 욕망임과 동시에 초라하고 비루한 자신의 현실을 부정하기 위한 선회된 판타지이다. 〈패션 70s〉이나 〈넌 어느 별에서 왔니〉의 '원래 부잣집 딸'의 노골적인 설정에서 드러나듯, 출생의 비밀에는 확실히 이러한 현실 부정의 도피적 판타지가 있다. 현실에서 벗어나고 싶은 욕망, 부모를 바꾸고 싶은 욕망의 출생의 비밀로의 선회는 여성들의 신데 렐라 콤플렉스만큼이나 반-주체적이지만, 거기에는 또한 무기력한 주체들이 꿈 꾸는 소리 없는 반란들이 있다.

그것은 또한 현재와 같은 계급이 세습의 문제가 되는 가파른 양극화시대에, 성실과 끈기로 부와 명예를 얻는 따위의 개인의 성공신화는 더 이상 존재하지 않는다는 것에 대한 반증이기도 하다. 출구가 보이지 않는 악무한의 폐쇄회로에 갇힌 존재들에게 다른 세상을 꿈꾼다는 것은 어쩌면 자신이 출생의 비밀의 주 인공이 되는 것만큼이나 판타스틱하면서도 동시에 엄청나게 고통스러운 일일 지도 모르겠다. 출생의 비밀은 확실히 가부장제라는 오랜 제도와 규범의 모순을 뚫고 새어나오는 숨길 수 없는 욕망의 발현이자, 지금 이곳이 아닌 다른 세상에 대한 열망의 은유적 표현이다. 과포화상태에 놓인 출생의 비밀의 출구는 과연 어디일까?

드라마 보는 남자가
늘고 있다

~♥ 수다 떠는 남자

　　내 개인적인 경험으로 볼 때 세상에는 두 종류의 남자가 있다. 대다수의 권위적인 남자와 소수의 권위적이지 않은 남자. 권위적인 남자에 대해서는 굳이 세세히 거론하지 않아도 누구나 알 수가 있다. 단지 과도하게 권위적인 남자를 카리스마 있는 사람이라고 착각하는 우만 범하지 않는다면 말이다. 우리의 관심을 끄는 것은 당연히 권위적이지 않은 남자 쪽이다. 나의 판단근거는 단 두 가지. 하나는 그가 차 한 잔이나 맥주 한 병 놓고 여자들과 몇 시간씩 수다를 떨 수 있는가이다. 특정한 목적(술, 섹스 따위)을 위한 것도 아니고 연인이 아님에도 불구하고, 여자(들)와 재미있게 수다 떨 수 있는 남자는 의외로 많지 않다. 그는 순수하게 수다의 재미를 아는 자이다. 또 하나는 수다의 실제 내용이다. 당연히 자기만 아는 군대나 학창시절의 무용담을 늘어놓는 경우는 가차 없이 탈락이다. 처음에는 정치나 경제 문제로 시작하더라도 육아, 집안일 등을 거쳐 종국에는 영화나 드라마 얘기, 연예인 스캔들 얘기로 나아가는 수순이 중요하다.

남자가 방정맞고 주책스럽고 폼 안 나게 여자들과 앉아서 허접한 수다나 떤다고? 바로 그거다. 권위적이지 않은 남자란 자신이 남자라는 의식(나는 남잔데, 남자가 어찌, 남자에게 감히 등등) 없이 여자들과 편안하게 수다 떨면서 의견을 교환하고 감정을 교류할 수 있는 사람이다. 그렇게 여성들과의 소통과 교류가 가능한 남자가 바로 권위적이지 않은 사람이다. 다행인 건 이런 남자들이 늘어나고 있다는 사실이다(불만에 찬 남자들이 증거를 대라고 윽박지르면 할 말은 없지만).

드라마 보는 남자

그런데 이런 수다에서 비중이 점점 커져가는 분야가 드라마이다. 한류바람이 불고 드라마의 경제적 부가가치가 높아지면서 드라마라는 문화현상에 대한 사회적 관심이 높아진 것도 한 이유이지만(돈이 돼야 남자들도 관심을 갖는다), 무엇보다 드라마 콘텐츠의 발전과 성장이 한몫 단단히 했음을 부인하기 어렵다. 〈허준〉에서 〈대장금〉, 〈주몽〉에 이르는 국민 사극들의 위력, 〈파리의 연인〉과 〈내 이름은 김삼순〉 등 로맨틱코미디 신드롬, 〈다모〉나 〈부활〉 같은 완성미 있는 마니아드라마들, 거기에 〈하늘이시여〉처럼 논란을 몰고다니는 드라마들까지, 몇 년 동안 드라마는 전 국민의 관심을 받으며 화제의 중심으로 떠올랐다.

드라마에 대해 남자들도 관심을 가질 수밖에 없는 여건이 만들어진 것이다. 시청률 통계치가 말해주듯이 이제 드라마 보는 남자들이 늘고 있다. 이와 더불어 드라마가 집에 있는 할 일 없는 여자들이나 보는 거라는 인식도 사라져간다. 시청률 30%이상의 대박드라마가 되려면 남성들까지를 시청층으로 끌어들여야

한다는 얘기가 나돌 정도로 남성시청자가 많아지고 그만큼 중요해졌다. 전반적으로 여성의 드라마시청률이 높긴 하지만 인기드라마의 경우는 여성과 남성 시청률 모두 높게 나오는 경향이 확인되고 있기 때문이다. 남자들이 드라마의 잠재적 시청층으로 중요하게 고려되기 시작한 것이다.

이처럼 드라마 보는 남자가 늘어난 데는 드라마 자체의 성장이라는 내적 요인 외에도 여러 가지 사회경제적·문화적 요인들이 복합적으로 작용했다고 볼 수 있다. 조기 퇴직이나 실직으로 집에 있는 남자들이 많아지고, 일하는 여성이 늘어나면서 육아, 가사노동의 분담을 위해 남자들이 일찍 귀가하는 경우도 많아졌다. 남자들이 집에 있는 시간이 늘어날수록 텔레비전 시청률이 상승하고, 드라마 시청률도 덩달아 늘어나는 것이다.

무엇보다 놀라운 속도로 발전하는 미디어기술로 인해 매체환경이 달라지면서 시공간의 제약이 사라져가고 있다. 케이블 TV, 위성 TV, 인터넷에다 DMB 등 포터블 미디어기기의 빠른 확산으로 방송 프로그램을 시간과 공간에 구애받지 않고 언제 어디서든 자유롭게 볼 수 있게 되었다. 달라진 매체환경이 귀가시간이 더 늦고 상대적으로 기계와 더 친근한 남성들에게 더욱 큰 영향을 미친다고 볼 수 있다. 실제로 요즘에는 출퇴근 시간 전철 안에서도 보란 듯이 최신형 기기를 들고 간밤의 프로를 보는 젊은 남자들을 쉽게 발견할 수 있다. 이렇게 달라진 매체환경에서 특히 드라마 시청이 느는 데는 영화나 만화, 게임 등 서사(이야기)가 중심인 대중문화 타장르들과의 동반상승 분위기 역시 빼놓을 수 없다.

사극의 전성시대

최근 들어 일고 있는 사극 붐은 드라마 보는 남자가 늘고 있다는 가장 확실한 실례이다. 한류바람 이후 관광산업과 맞물린 드라마의 대형화 경향이 시대극이나 사극을 부추기고 있는 것도 사실이지만, 또 한편으로는 사극이 점차 늘고 있는 남성 시청자를 겨냥한 의도적이고 계획적인 기획인 것도 분명하다. 여기에는 점점 기가 세지는 여성 주도적 드라마들에 대한 반동으로서, 무력해져가는 고개 숙인 남성들을 되살려내기 위한 국가라는 이름의 아버지 살리기 프로젝트가 들어있다. 여성 취향이 강한 트렌디드라마와 정통멜로물들이 모두 주춤거리는 이즈음이야말로 사극들이 활개 칠 가장 좋은 시기이기도 하다.

〈주몽〉과 〈연개소문〉, 〈대조영〉이 모두 중국의 동북공정에 맞서는 고구려사와 발해사를 재구성하기 위한 기획의도로 출발하였다. 그러나 사실 동북공정은 아버지 살리기 프로젝트를 위한 시의적절한 구실이 되어주었다고 보는 것이 정확할 것이다. 외환위기 이후 안팎으로 불어닥치는 정치적·경제적 위협은 가뜩이나 여성들의 반격에 위축된 남성들을 더욱 코너로 몰고 있었다. 확실히 〈불멸의 이순신〉에 이은 〈주몽〉의 성공 이후 아버지 살리기 경향은 가속화되고 있다. 올해 기획된 사극들만 해도 〈태왕사신기〉, 〈대왕 세종〉, 〈이산—정조대왕〉, 〈단군〉 등으로, 역사를 빛낸 우국충정의 절대영웅들이 줄줄이 소환을 기다리고 있다.

물론 이들 영웅들이 남성들에게만 소구력을 갖는 것은 아니다. 자본과 인종이 국경을 넘어 밀려드는 세계화시대에, 점차 팽배해지는 위기의식은 전 국민이 막강한 국력이나 부강한 민족에 대한 허구적 향수를 가공해내도록 이끈다. 대륙을 향해 뻗는 장대한 스케일, 역사의 운명을 짊어진 영웅들의 활약, 남성들 사이에서 벌어지는 극적인 대결과 갈등, 역사적 사건의 재구성 등이 이런 사극들을 가족드라마이자 국민드라마로 몰고 가는 동력이 된다.

사극 뿐 아니라 최근 30~40대 남성들에게 놀라운 반향을 일으키고 있는

〈하얀 거탑〉과 현재 준비 중인 드라마들 중 〈개와 늑대의 시간〉, 〈에어시티〉, 〈마왕〉 등이 모두 배경과 소재는 달라도 남자들 사이의 대결을 중심으로 하는 선 굵은 남성 드라마임을 표나게 홍보하고 있다.

남자들이 변해가고 있다

이처럼 남성시청자를 겨냥한 남성 취향의 드라마들이 많아지면서 드라마 보는 남자들도 더욱 늘어날 것으로 보인다. 물론 드라마 제작이나 수용에 있어 아직까지 남성 취향과 여성 취향은 뚜렷이 나뉘어져 있는 게 현실이지만, 그럼에도 불구하고 이런 구별이 조금씩 무너져가는 현상들도 나타난다. 멜로드라마와 사극이 결합된 퓨전사극들이 등장하면서 정통사극에도 조금씩 변화의 바람이 불기 시작했다. 〈주몽〉은 처음부터 퓨전사극의 모양새로 출발하였고, 정통사극임이 분명한 〈연개소문〉의 경우도 한동안 멜로에서 헤어나오지 못한다거나 시트콤을 방불케 하는 코믹 무드로 사극의 변화를 실감하게 했다. 〈대조영〉 역시 부분부분 〈해신〉을 연상시킬 정도로 애절한 멜로라인이 강화되었다. 이러한 변화가 여성시청자까지를 포섭하기 위한 전략의 일환이기도 하지만, 또한 남성들의 취향의 변화를 보여주는 것이기도 하다.

또 다른 예를 들자면, 도시남녀의 이별 후 사랑을 일상적인 톤으로 그려낸 〈연애시대〉의 경우 의외로 30대 남성시청자들이 높은 시청률을 보여주었다. 극적이고 화려한 스토리라인의 전개 대신 섬세하고 깔끔한 심리묘사가 돋보였던 멜로드라마에 남성시청자들이 공감했다는 것은 남성들의 달라진 감수성을 드러내 준다. 비단 젊은 남성들만이 아니다. 50대 남성의 아침드라마 시청률이 매우 높아졌으며, 이에 따라 아침드라마 시청률이 조금씩 높아지고 있다는 조사결과가 나왔다(시사저널, 2006.5.18). 여성들의 전유물로 되어 있는 아침드라마에 근엄하고 점잖은 50대 남성들이 동참하기 시작했다는 것은 참으로 놀라운 변화이다.

특히 인터넷 '다시보기' 세대의 증가는 드라마 시청문화를 빠르게 바꾸어놓을 전망이다. 이는 20~30대 젊은층을 중심으로 하는, 가족적 시청패턴에서 개인별 시청방식으로의 변화를 의미한다. 가족적 시청패턴은 아무래도 개인들 각자의 취향보다는 세대를 아우르는 프로그램에 맞춰지거나, 채널권을 쥐고 있는 사람의 특정 성향에 맞춰지기 마련이다. 이제 PC와 인터넷의 상용화로 사람들은 다른 가족들로부터 방해받지 않고 은밀하고 개인화된 방식으로 방송을 시청할 수 있게 되었다. 남자들도 관습적이고 규범화된 시청행태에서 벗어나 각자 개성에 따른 솔직한 자기 취향에 맞추어 프로그램을 선택할 수 있게 된 것이다. '다시보기'의 경우 남녀 비율이 거의 같고, 드라마가 가장 높은 비율(60%)을 차지하며, 그 중에서도 멜로드라마의 시청률이 높게 나온다는 사실에서 남성들의 달라지는 취향을 확인해볼 수 있다.

남성들의 드라마 취향은 변해가고 있다. 그것은 다양한 취향들로 분화되는 것이기도 하고, 부분적으로 여성적 취향과 통합되는 것이기도 하다. 따라서 이는 소수 취향의 드라마들이 계속될 수 있는 근거가 되기도 하며, 남성들이 여성들과 문화적으로 더욱 내밀하게 소통하고 교유할 수 있는 계기가 될 수도 있다. 확실히 드라마 보는 남자들이 늘고 있다는 사실은 남자들이 변해가고 있다는 반가운 징후이다.

〈각주〉

1 이 글은 『한국문학』 2005년 가을호에 실렸던 것이다.

2 여성성femininity은 논란의 여지가 많은 용어인데, 여기에서는 문자, 논리, 이성 등을 중심으로 하는 남성지배사회가 오랜 시간 체계적으로 배제해왔던 감정, 육체, 자연 등과 결부된 여성적인 성향을 뜻하는 것으로 사용했다.

3 물론 텔레비전 드라마들이 모두 다 멜로드라마인 것은 아니다. 〈불멸의 이순신〉과 같은 정통사극이나 〈제5공화국〉 같은 정치드라마, 〈안녕, 프란체스카〉 같은 일부 시트콤은 예외가 된다. 이들 드라마에서도 간간히 극적 긴장의 운용방식에서 멜로적 특성이 보이기는 하지만, 그것이 드라마의 중심 내용이 아니라는 점에서 여기서는 논의의 대상으로 삼지 않는다.

4 이 글은 여성문화이론연구소 정신분석세미나팀, 『다락방에서 타자를 만나다』(도서출판 여이연, 2005)에 실려있다.

5 크리스티나 폰 브라운, 『논리 거짓말 리비도 – 히스테리』, 엄양선 윤명숙 옮김, 도서출판 여이연, 2003.

6 앞의 책, 280쪽.

7 '여성성'이라는 용어는 논란의 소지가 많은 민감한 개념이다. 서구문화사는 성적 존재로서의 인간을 어떻게 말살해왔는가의 과정이라는 브라운의 통찰을 빌어 재구해 보자면, 여성성이라는 개념은 두 가지 의미를 갖는다고 볼 수 있다. 성적 존재로서의 인간이 지니는 여성성·남성성과 사회적 문화적으로 구성된 인위적인 이미지로서의 여성성·남성성이 그것이다. 이 글에서 '여성성'은 전자인 성적 존재로서의 인간의 양성성 중 하나로서의 의미로 사용되었고, '남성성'은 주로 근대 로고스 이성중심주의가 구축해온 후자의 의미로 사용되었다.

8 앞의 책, 330쪽.

9 이러한 현상은 특히 얼마 전 방영된 드라마 〈불량주부〉에서 잘 드러났다. 이 드라마는 부부사이의 의도적으로 전치된 권력관계를 통해 우리사회의 남성중심주의에 딴지를 거는데, 주인공 구수한(손창민 분)은 실직 후 마지못해 전업주부가 되면서 자신도 몰랐던 자신의 여성성을 되찾으면서 새로운 '인간'으로 다시 태어난다.